正念父母心

养育孩子，养育自己

[美]
乔恩·卡巴金
Jon Kabat-Zinn
麦拉·卡巴金
Myla Kabat-Zinn

著

Everyday Blessings

The Inner Work of
Mindful Parenting

[美]
童慧琦

译

机械工业出版社
CHINA MACHINE PRESS

图书在版编目（CIP）数据

正念父母心：养育孩子，养育自己 /（美）乔恩·卡巴金（Jon Kabat-Zinn），（美）麦拉·卡巴金（Myla Kabat-Zinn）著；（美）童慧琦译 . —北京：机械工业出版社，2023.12（2024.7 重印）

书名原文：Everyday Blessings: The Inner Work of Mindful Parenting

ISBN 978-7-111-74523-5

Ⅰ . ①正…　Ⅱ . ①乔… ②麦… ③童…　Ⅲ . ①亲子关系—家庭教育　Ⅳ . ① G78

中国国家版本馆 CIP 数据核字（2023）第 248756 号

机械工业出版社（北京市百万庄大街 22 号　邮政编码 100037）

策划编辑：欧阳智　　　　责任编辑：欧阳智
责任校对：梁　园　王　延　责任印制：张　博

北京联兴盛业印刷股份有限公司印刷

2024 年 7 月第 1 版第 2 次印刷

130mm×185mm · 12.625 印张 · 2 插页 · 250 千字

标准书号：ISBN 978-7-111-74523-5

定价：79.00 元

电话服务　　　　　　　　　网络服务

客服电话：010-88361066　　机　工　官　网：www.cmpbook.com

　　　　　010-88379833　　机　工　官　博：weibo.com/cmp1952

　　　　　010-68326294　　金　书　网：www.golden-book.com

封底无防伪标均为盗版　　机工教育服务网：www.cmpedu.com

致
我们的
中国
读者

　　简体中文版的《正念父母心》由我们的好朋友童慧琦博士翻译。她是一名临床心理学家，也是一位母亲。出版在即，我们俩非常高兴，亦觉幸运，同时希望这本书能对你有所帮助。

　　我们非常明白，我们所处的文化与你们有很大的差异。不过，为人父母和养育孩子是人类的普遍行为。在希望、恐惧及内心的体验方面，你我可能有很多的共同点。譬如，我们都很容易忘记更大的图景，失去对当下的洞察与内心的平和。尽管东西方社会存在着文化上的差异，但我们希望，正念养育方法能够切实地让你产生共鸣，并在你应对养育中的一些挑战时，为你提供一些新的领悟和方法。

当然，你们的国家更加古老，你们的传统更加悠久。中华文明有五千多年的历史，正念在你们的文化中有着更深刻的传承；而在我们这个年轻的国度中，它近年来才开始存在。以南北朝为起点，至唐朝达到鼎盛，出自佛教禅宗静观传统的正念在中国已有一千多年的历史。很多中国人不一定了解这个事实。但这份被称为"正念"的古老智慧，相对于美国，更多地属于中国。不过，最终，正念关乎的是觉知、慈悲和智慧，它又确确实实是普适的，可以通过不同的方式应用于所有社会中。如今中国的主流心理学和医学对正念的兴趣日益增长，在更大的世界范围内，关于正念对身心健康和幸福的作用的科学研究也与日俱增。

这些深邃、古老而根本的原则与练习，能够帮助我们扮演好父母的角色。我们不至于做得太少或太多，不必过分受制于自身的恐惧和对孩子的期望。与此同时，我们建立起一种明智的环境架构，孩子们可以在此成长，理解他们所进入的世界，并拥有创建美好生活所需的技能。

我们的孩子所进入的这个世界比历史上任何时期都有着更加急速的变化。这意味着，从很多方面来说，我们不能也不会了解孩子们成长的世界。我们能给予孩子的最好的礼物，是我们所提供的一个基础。这个基础可以滋养和支持更大的自我觉察、情商、一种归属于更大整体的感觉，以及自我效能感。以更大的正念（mindfulness）和心念（heartfulness）来养育（中文的"念"是由"今"和"心"组成的，在我们眼中，这是一种美妙且根本的领悟），是提高我们自身和孩子的这些品质的强有力方法。通常，孩子生来就怀有正念。对父母来说，挑战在于尽己所能地培育这种清晰、强大、智慧和慈悲的存在，并身体力行地将之贯彻在生活中。我们需要持续练习。这并不简单，且重要得令人难以置信。正念更多的是一种存在之道，而非技术。在此刻向事物的真实面目敞开，并培育开放的接纳和洞见，这在曹洞宗中被称为"默照禅"或"无法之法"，也恰好是中国禅宗传统中那些丰富的诗歌、公案、故事等文字记载的精华所在，总是能给世俗的日常生活带来生趣。

接下来你将会读到，正念养育既非"开悟"，也非做个"完美的父母"，或者拥有一个"完美的孩子"。也许你的孩子本身已是完美的存在……我们相信，只要教导和爱、明晰与坚定相得益彰，只要我们胸襟开阔、心怀高远，并安住于此刻，孩子就更有可能以最理想、最健康、最有益的方式成为他们自己。

培育正念并没有唯一正确的方法，养育也没有唯一正确的方法。正念养育并非要去遵循某个"处方"，而是一场有待体验的探险、一种发现，包括从自己的"失败"和"不足"中持续学习。生活本身，包括我们的孩子，就是我们的正念之师。如能敞开内心、允许孩子自然发展，他们自然将教给我们生活的功课。当然，我们与他们的相处，也可以为他们的成长和学习提供滋养。因此，他们启发我们，我们启发他们。经由一些容易的时刻和一些困难的时刻，经由一些美好的时光和一些艰难的时光，我们共同学习、成长。唯有在生活中持续保持觉察，并培育了了分明的开放的心态，这种学习和成长才有可能发生。

在这场人生探险中，向你们献上最诚挚的祝福！

乔恩·卡巴金
麦拉·卡巴金

致
谢

/
/

写这本书的时候，我们先写好各自的章节，然后反复推敲、修改，给予彼此反馈，接着一起重读一遍，修改初稿，增添新的素材，直到书渐渐成形。所以，每个章节的思考和写作都经过了我们俩的谨慎推敲。最终的成品是我们身心合作的努力成果，当然，也是我们一同生活的结晶。

首先要感谢的是我们的孩子——感谢他们那些不恭敬的幽默、诚实和自知，感谢他们允许我们超出家庭的范畴与世界分享他们生活的一部分。最终，他们孩提时代的生活故事反映了真正属于他们自己的宝贵时刻。我们尊重并感谢孩子们的宽容，他们的存在和爱护佑了我们。

其次要感谢我们的父母，Sally Kabat 和 Elvin Kabat，Roslyn Zinn 和 Howard Zinn。

在写作的不同阶段，我们也曾征询朋友们的反馈，在此想表达对他们的感激。Larry Rosenberg、Sarah Doering、Robbie Pfeufer Kahn、Becky Sarah、Norman Fisher、Jack Kornfield 和 Trudy Goodman 阅读了文稿，并为我们提供了宝贵的看法和建议。我们也想感谢 Hale Baycu-Schatz、Kathryn Robb、Jenny Fleming-Ives、Mary Crowe、Nancy Wainer Cohen、Sala Steinbach、Sally Brucker、Barbara Trafton Beall 和 Nancy Bardacke 的建议，这些建议在此次写作任务中给了我们极大的帮助。

还有一些人贡献了他们的文字，因此，我们的这份努力中也融入了他们的心声。我们深切感激他们慷慨而令人动情的表达。我们想感谢 Caitlin Miller 在"一封关于禅宗的信"中提供的诗，Susan Block 在"一切都来得及"中提供的素材，Ralph Robinson 和 Kathy Robinson 在"无常"中提供了他们儿子 Ryan Jon Robinson 的诗，以及 Ralph 对 Ryan 的人生和死亡的陈述，Lani Donlon 在"家庭价值"中提供的诗，Cherry Hamrick 在"课堂上的正念"中提供的信，以及她的学生 Rebecca Clement 的诗。我们还要深切地感谢 Rose Thorne、Becky Sarah、Hale Baycu-Schatz、Kathryn Robb、Robbie Pfeufer Kahn 和 Levin Pfeufer 为本书提供的素材。

我（麦拉·卡巴金）想好好感谢 Robbie，尤其感谢这些年来我们之间有关孩子们的需求的很多对话。Gayle Peterson 关于分娩过程中身心联结的开创性工作，以及她于

1984年出版的《正常分娩：个人成长的分娩方式》（*Birthing Normally：A Personal Grouth Approach to Childbirth*），为我对分娩和出生的看法，以及我在20世纪80年代教授的分娩教育课程内容提供了参考。

我们也想对那些与我们分享养育经验的人表达深切的谢忱。在他们的要求下，很多故事以匿名的方式收入书中。有些故事由于篇幅和内容等原因未能收入。然而，我们依旧感激那些找到我们并与我们分享自身故事的人。

我（麦拉·卡巴金）最早是从罗伯特·布莱（Robert Bly）那里听到《高文爵士和丑女》（*Sir Gawain and the Loathely Lady*）这个故事的，他曾以充满灵性、激动人心的方式讲述它。罗伯特将之归功于乔欧亚·提帕里尼（Gioia Timpanelli），而她又将之归功于中世纪的口传传统、乔叟（Chaucer）的《巴斯夫人的故事》（*The Wife of Bath's Tale*）及大不列颠的女神神话。我们使用的版本主要基于罗斯玛丽·萨特克里夫（Rosemary Sutcliff）在《宝剑和圆桌》（*The Sword and the Circle*）中的作品。在复述中，我们充分借鉴了她优美的散文。

我们的出版商，阿歇特图书集团的Martha Levin促成了本书的问世。我们深深感谢她在此过程中给予的关心、关注和体贴。我们也要感谢本书编辑Lauren Shuted的全力相助和悉心指导，以及将本书送至出版公司的Bob Miller。

即便在最亲近的人之间，也依然存着无限的距离，这份距离让他们得以看见天空衬托之下的彼此，而如果他们成功地爱上了这份距离，并接受这个认识，美丽的生命就会并肩成长。

——赖内·马利亚·里尔克，《书信》（*Letters*）

感恩节那天，凌晨一点半，我们第一个出门上大学一年级的孩子由朋友开车送回了家。早先时候，他打来电话，告知无法如我们所希望的那样回家吃晚餐，当时我们都感到有点失望。有几个瞬间，我体验到了一股并不轻微的恼火。我们如约留着门，并让他在到家的时候唤醒我们。其实没有必要。我们听见他进门了。哪怕他竭力想放轻手脚，他那股年轻、朝气的能量还是溢满了整个空间。他上楼来了。我们轻声地唤他，不想吵醒他的妹妹们。他来到我们光线微弱的房间里。我们拥抱。我的床沿比起麦拉的床沿离他近些。他横卧在我胸前，身体往后舒展，把我们两人拥抱在他的双臂间，但更像是以他的整个生命在拥抱。他很高兴回到了家。他就躺在这里，斜倚着我的身体，仿佛这是世间最为自然的事情。

我那原本因为他迟归而无法一起用餐的失望和恼火即刻消失了。

我感觉到从他身上散发出来的幸福，毫无亢奋或狂躁的意味。他的能量满带着喜悦、满足、安静和俏皮，如同老友的重聚以及家人间的庆贺。他现在到家了，就在我们光线微暗的房间里。他属于这里。我们三人之间的紧密联结触手可及。一种喜悦的感觉充满了我的胸膛，一系列与他相处的画面都在此刻被完满地捕捉到。这个 19 岁的大孩子，侧躺在我身上，我曾尽量用双臂抱着他，一直到他想要并能够挣脱开去满世界奔跑，而如今他胡子扎人、肌肉强健。这个孩子是我的儿子。我是他的父亲。麦拉是他的母亲。我们彼此心知肚明，无须言语。我们躺在那儿，沐浴在联结彼此的、不同的幸福中，这是多大的恩典！

过了一会儿，他起身去看电影。他精力太过充沛，以至于无法入睡。我们试着继续睡觉，但是睡不着。在无眠的倦怠中我们辗转反侧了几个小时。我头脑里涌起去他房间与他多待一会儿的想法，但我终究没去。无须去追逐什么，他，甚至是所需要的睡眠。至深的满足最终让了步，我们睡了一会儿。在他早晨醒来之前，我早就出门去上班了。一整天，我的脑海里萦绕着的都是"我回家的时候可以看到他"。

这样的瞬间，如果不被我们弄糟（譬如被我一开始的恼火弄糟），也不被完全忽视（如同我们对待其他无数个瞬间那样），恰是养育中的恩典和福祉。这些瞬间特殊吗？是否只降临于孩子上大学后第一次回家时？或是只有在孩子出生、开口说第一句话、走第一步路时，我们才能够体会到如此深刻的联结和恩典？抑或这样的瞬间出现得比我们想象的更为频繁？有没有可能它们其实并不罕见？如果我们对孩子和当下时刻保持敏感，任何瞬间，哪怕是困难时刻，都可以为我们全然拥有？

在我的经验中，这样的瞬间比比皆是。但我发现，除非我努力地去关注和捕捉这些瞬间，否则它们很容易被忽视，无法被我们体验到。我发现我得不断努力这样做，因为头脑很容易被其他事情所蒙蔽，以至于无法体验到当下的圆满。

在我看来，无论孩子有多大，无论我们是否意识到、是否喜欢，所有的父母在任何时刻都行走在一趟艰难的旅程上，有点像奥德赛的长途探索之旅。而这趟旅程，并非他物，就是生活本身，带着生活所本具的曲折和颠簸。我们看待和保存自己全部经历的方式，与这趟旅程的质量以及它对我们的意义有着密切的关联。它能影响我们去哪里、碰到什么、学到什么，以及我们这一路的感受。

一场充实的冒险需要一种特别的承诺和全然临在，对我来说，这种承诺和全然临在是一种格外坚忍的关注，同时又不失温柔与包容。通常这趟旅程本身也能教会我们专注，并唤醒我们。有时候，某些教训会以我们永不会选择的、痛苦甚至恐怖的方式呈现。在我看来，作为父母，最重要的挑战在于饱满地活在每一刻，尽最大努力规划自己的轨迹，呵护孩子们，与此同时，保持自我成长。在这方面，孩子和旅程本身为我们提供了无尽的机会。

很显然，这是一项持续终生的功课，而我们也正是为了生命本身才会选择修习。我们深知，做一份完美的工作或"做得永远正确"是不可能的。这更多是一种探索（quest）而非一种提问（question）。无论"完美"意味着什么，对养育来说，那几乎都是毫无意义的。重要的是：我们要真实、尽可能地去尊重孩子和我们自己。最起码的本意是"不伤害"。

对我而言，所有的功课都在于关注，在于我对每一刻关注的质量，在于我尽可能恪守有意识地去生活和为人父母的承诺。我们知道，父母一方或双方的无意识，尤其当这份无意识以一种僵化、顽固、自我中心、心不在焉的方式体现出来时，会在不同程度上给孩子带来伤害。而这些特征往往源于父母身上深埋的创伤，倘若没有深切的觉醒，为人父母者可能永远也无法对此有所觉察。

可能每个人都会以自己独特的方式赞同里尔克的洞见。那就是：即便在最亲近的人之间，也依然存在着无限的距离，这份距离让他们得以看见天空衬托之下的彼此，而如果他们成功地爱上了这份距离，并接受这个认识，美丽的生命就会并肩成长。

我视此为为人父母的一项功课。为了完成这项功课，我们需要滋养、保护和指导孩子。一路引领着他们，直至他们准备好去走自己的路。我们也需要成为完整的自我——以自己的方式，作为独特的个体，拥有自己的生活。这样，当孩子看着我们时，就能够看到天空衬托下完整的我们。

正念养育并非一件容易的事，而是一份艰苦的工作。它意味着去了解我们的内心，并在我们的生活和孩子的生活交汇的地方工作。当文化以各种新的方式越来越多地侵入我们的家庭时，这是一项尤其艰巨的功课。

我修习正念的原因之一就是为了在面对这份巨大的挑战时，保持自身的平衡和清晰的头脑，以便能够在任何一种处境中都行在正道上，毕竟在为人父母的旅程中，每天都要面对各种变化。每日，通常是在晨间，哪怕留出几分钟的时间来保持静默，都可以帮助我变得更加安静和平衡，看得更清晰、更长远，让我更持久地意识到什么是真正重要的，并且始终选择去仰赖这份觉知生活。

对我来说，正念是在安静的时刻和白天所做的各种事中培育出来的，它让我对此时此刻更敏感，让我的心更开放，让我的头脑更清晰一点。这样，我就有机会看到我的孩子的真实面貌，并记着给予他们最想从我这里得到的种种，为他们在这个世界里找到自己的道路创造足够的空间。

但事实上，我修习正念并不意味着我总是平静、善良、温和或者总能全然临在。有很多时候，我并非如此。它也并不意味着，当我感到困惑无助的时候，我永远知道该做什么。但哪怕多一点点正念，也能帮助我看到那些我可能忽略的事物，并迈出那些微小却重要、有时很关键的步子。如果没有正念的话，我可能无法做到。

在一次工作坊中，我向众人分享了上述关于儿子回家过感恩节的故事，后来，我收到了一位六十多岁的男士的来信，他写道：

我想感谢你在那一天里赠予我的特殊礼物，你儿子在感恩节回家的故事。它深深地触动了我，特别是你所描述的他如何以自己的生命围绕着你，在床上横躺于你胸前，这样的描述尤其动人。从那时起，我第一次真切地体验到了我已经很久很久没有感受到的对儿子的爱。我不知道究竟为什么，在此之前，我似乎一直需要有一个别样的儿子来爱，而现在我不再需要了。

当事情令人觉得格外糟糕或绝望时，我们常会涌起需要不同的、别样的孩子来爱的念头。有时候，这种感觉如果未经审视，会由一种短暂的冲动转化成一种持续的失望，转化成我们对并不拥有之物的渴望。但若我们如同这位父亲那样仔细回顾，最终可能发现：我们可以很好地去了解、去爱自己的孩子，他们需要我们的爱。

对孩子强烈的爱驱使着我去做被我们称为"正念养育"的内在功课。这份内在的功课带来了出乎意料的礼物和喜悦。它帮助我更加清晰地了解孩子，了解他们的真实面貌，而不被我的恐惧、期望和需求所蒙蔽，并且明了他们每个时刻的需要。正念养育也能帮助我更好地了解自己，并且给了我方法，让我得以与困难的瞬间相处，与这些瞬间中很容易升起的自动反应一起工作。这些反应可能会限制或损害孩子的幸福。

虽然我从未参加过正式的冥想练习，但我一直都需要时间和空间，可以什么都不做，在静默中保持安稳。在孩子还年幼的时候，这一点特别难以做到。那些独自一人的内省时刻，通常在早晨醒来但还不想起床时降临：那时，梦里的情景时而清晰、时而模糊，在这些清醒和睡眠之间的时刻，我对任何造访我的想法都非常开放和包容。

这是我内在的、滋养自己的冥想。它给我外在的冥想带来了某种平衡——持续的对每一刻的觉知、调谐、回应、抱持及放下，这也是我的孩子需要我做到的。

冥想时刻会以很多种形式降临：半夜起来给我的新生儿喂奶，沉浸在平和中，在哺育她的同时被她的恬美所滋养；或者带着婴儿出门散步，想着法子来安慰他，吟诵、歌唱、摇晃大哭的他，同时还要应付我自己的疲惫；或者看着一个不快活、愤怒的青少年的脸，努力识别他做出此种表情的缘由，并凭借直觉感知此刻他究竟需要什么。

正念关乎的是专注，而专注需要能量和注意力。每个时刻都可能带来不同的东西，每个时刻也可能需要从我这里获得一些不同的东西。有时候，我很庆幸我能理解。另一些时候，我茫然无措、困惑、失衡、确实不了解，但我努力凭着直觉创造性地回应任何呈现在自己面前的事物。当一个孩子健康成长、充满幸福感时，我能享受到深入、纯粹的快乐时光。当我所做的一切都不对，我感到完全不知所措时，有很多令人困扰和痛苦的艰难时刻。我觉得要清晰地了解年长的孩子尤其困难。问题通常更复杂，鲜有简单的答案。

但我渐渐地领会到，当我作为母亲不知所措时，我发现自己仿佛在一片漆黑的、陌生的树林里，脚下的路崎岖不平，空气冰冷刺骨。通常在这种时候，我会在自己的口袋里发现能够让我最终找到返途的东西。我必须记得停下来，呼吸，向内探究，并仔细察看它究竟是什么。

　　每一个艰难的时刻都有可能打开我的眼睛和心灵。每一次，当我对某个孩子有了新的理解时，我也会对自己、对自己的孩提时代获得新的理解，而那份理解可以作为我的指南。当我能够对孩子的痛苦感同身受、予以同情时，当我接纳孩子表现出来的那些令人烦恼和气急败坏的矛盾行为时，无条件之爱的疗愈之力会在滋养他们的同时，也疗愈我。当他们成长的时候，我也在成长。我的转化是内在的。

　　与其说我的敏感是一种弱点，不如说它更像是一个盟友。日积月累，我已经学会如何使用我的直觉、感受及情感触角来努力洞察我所面对的任何事物的核心。这一切的关键是尝试从孩子的角度来看待事情。我发现这份内在的功课是非常强大有力的。当我能够选择善意而非粗暴、理解而非评判、接纳而非拒绝的时候，无论孩子处在多大年龄，他们都会得到滋养，并变得更加坚强。

　　这样的养育是在构建一份信任。我努力地去维持这份信任以及在这份信任之下互相联结的情感，而这份情感是在多年的情感和体力劳动中建立起来的。那些心不在焉的瞬间、无意识冒出来的破坏性行为模式，是对孩子信任的背叛，在这样的瞬间之后，我必须有意识地重建和增强我们的关系。

　　年复一年，我尝试着把觉知融入我作为母亲的当下体验中：观察、询问、寻找我认为对孩子最有价值、最重要的部分。虽然这本书并未触及父母养育的诸多其他方面，但我希望通过向你描述这种内在的过程，我们能够唤起在正念养育中所蕴含的丰富的体验，以及成长、改变的潜力。

目
录

第一章

危险和允诺

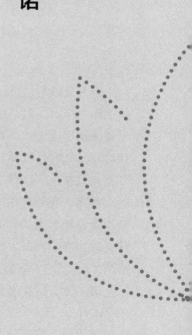

养育的挑战性

　　为人父母是这个星球上最具挑战、要求最高和压力最大的工作之一。同时，它也是最重要的工作之一，因为如何养育在极大程度上影响着我们下一代的心灵和意识，影响着他们对意义和联结的体验、他们总体的生活技能、他们对自己以及他们在这个急遽变化着的世界上所处位置的最深刻的感受。然而，我们许多人几乎是在这样的情况下成为父母的：基本上没什么准备，也未曾接受过相关培训，很少甚至没有获得过指导和支持，又身处一个崇尚"产出"甚于"滋养"、崇尚"行动"（doing）甚于"存在"（being）的世界。

　　事实上，这本书开创了"正念养育"这个术语，甚至开创了一个关于这个主题的研究领域。那些最好的有关养育的手册可以被当作有用的参考，为我们提供看待不同情况的新方法。尤其在为人父母的早期，或者在处理一些特殊问题的时候，这些手册可以给予我们安慰和确信，让我们知道有很多处理事情的方法，让我们知道自己并不孤单。这些手册也可以引导我们了解与孩子年龄相当的发育方面的一些里程碑，从而帮助我们抱有更切合实际的期待。

然而，这些手册通常不会论及为人父母的内在体验。譬如，我们该如何处理自己的想法？怎样才能避免被自我怀疑、不安、每日所面临的问题、所遭受的内在冲突以及与他人（包括孩子）的冲突吞噬和淹没？它们也没有提到与孩子共在的重要性，以及父母如何才能更好地理解和欣赏孩子的内在体验。

有意识地养育孩子既需要我们投入自身的内在功课，也需要我们投入养育和关照孩子的外在功课。从书籍中所获得的"如何去做"的建议，有助于我们投身于外在功课，而这些建议需要一个内在的权威来补充。这个内在的权威唯有经由自身体验来培育。虽然并非所有事情的发生都在我们的掌控之中，但是，通过我们对事件应对方式的选择，通过我们自己着手所做的事情，从很大程度上来说，我们依旧是自身生活的"作者"。只有当我们认识到这一点时，内在权威才能得以发展。在这个过程中，我们得以发现自己在这个世界上的存在方式，得以发掘出内在最深厚、最富创造力的那部分，得以看见孩子和我们自己对生活方式的选择，以及在选择之后担负起责任的重要性。

如果我们努力去做那份内在的功课，就能发展内在的权威和真实性。只有我们有目的地对不断展开的自身体验加以关注，我们的真实性和智慧才会与日俱增。随着时间的推移，我们能够学会更深地了解孩子以及他们的需求，并主动寻找合适的方式来滋养和支持他们的成长和发展。我们也能学着去解读他们那些不同的、有时令人困惑的信号，并相信我们有能力找到一种合适的应对方式。关注、询问和周到地应对是这个过程的根本。

最重要的是，养育是非常个人化的事情。最终，它必须来自我们的内在深处。他人的行事方式可能对我们并无益处。我们每个人都需要找到自己的方法，在此过程中参考他人的观点是必要的，但更重要的是，在不断地检验和质疑我们的直觉的同时要学会相信它们。

在养育孩子的时候，难免有些所思所为在昨天还是行之有效的，到了今天却不一定有用了。我们需要对此刻保持觉醒，以感受和捕捉到此刻可能的需求。当内在资源耗竭的时候，我们需要以有效、健康的方式来补充资源和能量。

为人父母可能在计划之中，也可能是个意外，然而无论它是如何来临的，养育本身都是一种召唤。它召唤着我们每天重新创造自己的世界，召唤着我们每时每刻都精神饱满地迎接它。这样的召唤实际上与严格的心灵训练无异，是对实现我们生而为人的最真实、最深刻的本质的渴求。为人父母本身促使我们不断去寻找并表达自己所拥有的最滋养、智慧和温暖的东西，尽我们所能，成为最好的自己。

与所有心灵训练一样，对正念养育的召唤蕴含着巨大的承诺和潜力。与此同时，它也要求我们以始终如一的意图看待养育，这样我们就可以胜任这一人类事业：非凡的、跨越数十年的生命与知识的代际相传。

那些选择成为父母的人，通常是出乎意料地在一个相对年轻和缺乏经验的年纪（这也往往意味着经济窘迫和不安全的境况）接受了这份最为艰巨却没有酬劳的工作。养育之旅通常是在我们缺乏明确的策略、对该领域还没有全面了解的时候就开始了，这与我们凭着直觉和乐观走进生活的其他很多领域时非常相似。我们在岗位上边做边学。事实上，除此之外，别无他法。

开始时，我们可能对养育所预言的给生活带来的全新要求和改变、对那些熟悉之物的放弃以及对陌生之事的担当没有任何感觉。事情可能也确实如此，因为每一个孩子都是独特的，每一种情形都不尽相同。我们必须依靠我们自己的心、我们人类的至深本能以及对自己孩提时代或积极或消极的记忆，来面对养育孩子这个尚不了解的领域。

与生活本身相似，养育也面临着一系列的家庭、社会和文化的压力。为了遵循那些潜在的、无意识的常规模式，以及养育孩子本身所具有的压力，作为父母，我们常常发现：哪怕意图再好、对孩子的爱再深，这种意图和爱多少都会进入自动导航般的运作，并被我们反复无常的念头所糟蹋。这些念头通常十分活跃，且常常卷入未被觉察到的但永无止歇的思考。

由于长期为时间所催逼，我们很可能已经与梭罗所谓的

"此时此刻的繁花"失之交臂。而事实上，任何一个时刻，包括此时此刻，看上去都可能太过平常、稍纵即逝，无须我们去特别关注。如果我们陷入这种思维习惯中，未加留意的自动反应就很容易渗透到养育当中。我们可能会认为，只要我们爱孩子，企盼他们健康，我们做什么都是可以的。我们可能会为这种观点辩解并告诉自己：孩子是具有韧劲的生物，发生在他们身上的那些小事确实只是些小事，可能不会对他们产生任何影响。我们还会告诉自己，孩子可以承受很多。诚然，其中有些是事实。

当人们在减压门诊及美国国内的一些正念工作坊和静修中诉说他们的故事时，我（乔恩·卡巴金）一次又一次地被提醒，对很多人来说，童年时期或明显或微妙的背叛，通常源于父母一方或双方在某种程度上的失控，他们把各种无法预期的恐惧、暴力、蔑视和恶意劈头盖脸地砸向孩子，而这种失控多半来自他们自己的创伤、忽视、成瘾的经历，以及伴随这些经历而来的深深的不幸福。最具讽刺意味的是：对父母之爱的抗拒会伴随着这些可怕的背叛。很多时候，这种情形会显得越发疯狂，令孩子越发难以理解。还有一些人，即使到现在，也依旧承受着孩提时不被重视、不被了解、遭遇忽视、不被欣赏的痛苦。与此同时，随着社会各个方面压力的增加，时间的紧迫感与匮乏感的加剧，很多事情变得紧张，甚至经常把家庭逼迫至崩溃的边缘，而且一代一代每况愈下。

一名参加了 5 天静修的女子说：

　　这个星期，当我在冥想的时候，我意识到自己好像缺失了什么。当我静下来，并朝思维的表层之下张望时，我无法找到我的某些部分。我不清楚这意味着什么，但这让我有些紧张。当我稍微规律地练习冥想时，有可能会明白究竟是什么在妨碍我成为一个完整的人。但我确确实实地感觉到身心都很空洞，无论我到哪儿，都觉得像是在推一座大山那般艰难。我的丈夫说："那你为什么非要那样做呢？总有其他出路的。"我说："我不知道，如果有什么方法能把洞堵上，我就会尝试。"我觉得自己像是瑞士乳酪，布满空洞。我自小就感觉如此。我年幼时经历了一些丧失，我觉得自己的某些部分被死亡和别人带走了：我还小的时候，我的妹妹死了，我的父母则陷入了某种抑郁，直到他们去世。我觉得我的某些部分可能被拿去喂养他们了。我能感觉到。年轻时，我是一个富有活力、目标明确的人，但我就是觉得有某些部分被拿走了，而现在我已经无法重新取回这些部分。我为什么不能那样？我身上究竟发生了什么？我的某些部分丢失了。而今天当我在这里冥想时，我意识到我在寻找这些部分，但我并不知道它们在哪里。在找到那些部分之前，我不知道如何才能变得完整。如今我所有的家人都已经死了。他们拿走了所有的部分，然后离开了我，而我依旧像瑞士乳酪般留在这里。

　　"这名女子的某些部分被拿去喂养她的父母"，这个意象足以令人打寒战。然而这确实可能发生，其造成的后果足以影响孩子的一生。

　　让事情变得更加复杂的是，父母会借由爱的名义深深地伤害孩子。他们为了教训孩子而使用暴力，且说着"这是为了你好""这伤害我比伤害你更多"或"我这样做是因为我爱你"，这些话恰恰也是他们自己小时候挨父母打时所听到的。瑞士精神病学家艾丽斯·米勒（Alice Miller）在她深具影响力的书中写道，在爱的名义下，那些失控的怒气、鄙视、憎恨、不耐烦、忽视和虐待会频频劈头盖脸地落在孩子身上，而这些父母往往对自身行为的重要性全然无知，或是满不在乎。在我们社会的各个阶层中都有这样的事情发生。

在我们看来，一种无意识、未经检验、得过且过的养育方式，无论是否经由明显的暴力来体现，都可能对孩子及其成长带来深刻且持久的伤害。无意识的养育同时还会扼杀我们自身的成长潜力。十分常见的是，这样的无意识将导致忧伤、错失机会、伤害、怨恨、责备、限制和狭隘的视角，并最终导致各方备感孤独与疏离。

如果我们能够对养育的挑战和召唤保持觉醒，就会在很大程度上规避这样的情况。我们可以借助有孩子在场的种种时刻来打破我们心智上的障碍，让我们更清晰地了解自己、更有效地为孩子而临在。

*

我们所处的文化，并不总是把养育当作一份实在和重要的工作。人们完全可以把自己百分之百地奉献给职业、"关系"或"寻找自我"，却不能把全部精力投入到孩子身上。

　　整个社会及其制度和价值观，既创造也折射了我们的个人想法与价值，也在很重要的方面侵蚀着养育的根基。在我们国家，哪种劳动者的薪酬最高？自然不是日托工作人员或老师这些做着支持父母工作的人。对那些想在孩子出生后与孩子多待几个星期的父母来说，哪里有他们的榜样、支持网络、给年轻父母的带薪假期、工作分担者及兼职工作？哪里有支持性的养育课程？这些问题的普遍性告诉我们：健康的养育在我们的社会中至关重要、极具价值。但这个理念的普及程度却低得令人担忧。

　　当然，乐观情况依然存在，我们也有理由继续期待。美国无数的父母都将养育视为神圣的托付，哪怕他们常常面对巨大的阻碍和逆境，也会想方设法寻找真诚且具有创造性的方式来指导和滋养孩子。全美各地都有人努力发展各种课程，包括养育技能、沟通技能、暴力预防、减压，以及为父母和家庭提供的咨询服务。还有很多组织致力于社区建设和为儿童发声。几十年来，西尔斯夫妇的《西尔斯亲密育儿百科》（*The Baby Book*）提供了满足新生儿和幼儿需求的框架性指导。劳拉·卡斯特纳的《明智的养育》（*Wise-Minded Parenting*）和苏珊·斯蒂克尔曼的《没有权利斗争的养育》（*Parenting Without Power Struggles*）对父母来说是宝贵的资源。丹尼尔·休斯（Daniel Hughes）的《爱与教养的双人舞：聚集依恋关系的养育方法》（*Attachment-focused Parenting: Effective Strategies to Care for Children*）、丹·西格尔（Dan Siegel）和玛丽·哈特泽尔（Mary Hartzell）的《由内而外的教养》（*Parenting from the Inside Out*）把人际神经科学、依恋研究和觉知联系了起来；南希·巴达克（Nancy Bardacke）的《正念分娩：生产及产后头脑、身心的练习》（*Mindful Birthing: Training the Mind, Body and Heart for Childbirth and Beyond*）是一本基于正念分娩和养育的开创性著作。有关这些主题的新研究和新书层出不穷。

尽管会受到塑造我们及孩子生活的社会、文化和经济力量的巨大影响，但作为个人，我们至少拥有一定的自由度，可以有意识地、有意地选择我们将如何与所处的环境和时代产生关联。在某种层面上，我们所拥有的潜力往往超乎自己的想象，这份潜力可以让我们深入探寻我们所踏上的道路，探寻这条道路如何反映了我们最大的关切和渴望。我们总是可以选择给予自己的生活更多关注，尤其是生活中关乎孩子的方面。倘若我们能够拥有一个大的框架，并在这个框架中检验和反省自己的所作所为及更多的追求，那么，绘制这样的路径就可能变得更加容易和坚定。正念恰恰能够提供这样一个框架。

只要愿意琢磨这样一种可能性——我们可以从不同的视角看待问题，在任何时刻，我们所拥有的可能性都比自己意识到的更多，那么，崭新而重要的大门就会在头脑中打开。

当生活在眼前不断展开时，若把正念融入其中，它就可以切实而深刻地取代大多数时候我们用而不知的"自动导航"。对为人父母者来说，这尤其重要，因为我们每天既要穿梭于各种职责和要求之间，又要在压力渐增、日益复杂的世界里为孩子提供保障，满足其内在和外在的独特需求。

什么是正念养育

正念养育召唤我们怀着新的觉知和意图去面对养育中的可能性、收获与挑战。我们的所作所为不仅仅看上去重要，事实上，有意识地投入养育，对孩子、对我们自身都是最为重要的事情。

本书是有关养育的一系列冥想，关乎通过发展某种觉知来尽量满足孩子的需求。此种觉知，也称为"正念"，可以带来对自己、对孩子更深的领悟。正念具有穿透表面现象及行为的潜力，让我们更清晰、更深刻地看到孩子的真实面貌，并基于所见，带着某种智慧和慈悲来行动。正念养育对孩子和父母双方都具有疗愈和转化的力量。

如本书第四章所述，从正念的角度来说，养育可以被视为一场涵盖人生大部分内容的持久的、有时是艰苦的修行。

我们的孩子，从婴儿期至成年以后，都可以被视为具有持久挑战性的住家教师。他们永不停歇地为我们提供修持内在功课的机会，让我们理解自己是谁、他们又是谁，从而得以用最好的方式与真正重要的事物保持联结，为他们的茁壮成长提供必要的滋养。在这个过程中，这份了了分明的觉知可能让我们从某些最束缚我们的感知和关系习惯、从由别处传递给我们的或大脑自行构建的约束和囚禁中解放出来。通常，孩子无须借助语言或讨论，只须经由他们自身，就可以激励我们去做这份内在的功课。我们越是能够牢记孩子内在的完整性和美好（特别是当我们难以看到这些品质时），我们就越能全然临在，也越富有同情心。我们看得越清楚，就越能够怀着慷慨和宽容之心予以孩子有效回应，越能带着更大的智慧去养育他们。

当我们真正投入，尽力呵护与了解他们（特别是在这场"修行"的最初十年到二十年间）时，他们将为我们提供无尽的喜悦盈满的奇妙瞬间，也会带来建立最深厚的爱与联结的机会。他们同样有可能惹恼我们，激发我们所有的不安，探试我们的底线与界限，并触及我们身上那些惧怕被涉足的、满溢的无能感，甚至更糟糕的地方。在这个过程中，当我们分享着他们的生活，为他们提供庇护，爱护他们，并给予自己所能提供的指导时，如果我们愿意仔细关注自己的全部体验，它们将一再地提醒我们，生活中最重要的是什么，生活的奥秘究竟何在。

为人父母所面临的挑战与要求都极高。一部分是因为孩子会以其他人无法采用也不会采用的方式向我们提出他人无法提出也不会提出的要求。他们比其他任何人都更靠近我们，并不断举着镜子要我们往里看。这样做时，他们不断提供新的途径，促使我们检视自己，并自问如何从孩子带来的种种状况中学习。随后，我们可以有意识地做出同时滋养孩子和促进自身内在成长的决定。我们的相互联结和依赖让我们得以共同学习和成长。

*

要把正念引入养育，了解一下"什么是正念"将是有益的。正念意味着了了分明的、非评判的觉知，一般通过有意地改善注意力而后尽可能地保持注意力来培育。在这个过程中，我们会与自己不断展开的生活建立起更好的联结。

一般来说，我们生活中的许多时刻都处于"自动导航"模式，我们有选择性地且颇为盲目地关注事物，以自己的想象来处置诸多重要之事，甚至根本未曾注意到它们，而且往往会以快速但未经检验的、基于个人好恶与欲求的标准来评判所有体验。如何在养育中留意我们每时每刻的作为，并透过无意识的想法和情感之面纱，看到更深层次的现实，正念为此带来了一种有力的方法和框架。

正念是佛学冥想的核心，而佛学冥想关乎的正是注意力的培育。在过去的 2600 年里，正念修习在整个亚洲的各种冥想传统中得以保持活力并长足发展。在过去的 35 年里，正念已经进入了主流社会的各个领域，包括医学、神经科学、心理学、卫生保健、教育、法律、体育和社会性项目。

正念是一种冥想训练。有很多不同的冥想方法，我们可以把它们当作通往同一间房间的不同的门，站在不同的门口查看房间的视野也是各异的。而一旦进入，无论你通过的是哪扇门，房间都是同一间房间。不管采用何种方法或传统，冥想的关键都是使用我们的注意力和能力来理解隐藏在所有活动背后的秩序与平静，无论这些活动看上去有多么混乱。还有什么比养育孩子更混乱？

虽然予"正念"以最翔实阐述的是佛学传统，但事实上，它是所有文化的重要组成部分，是真正普适的，因为它关乎我们生而为人应当如何培育觉知、清明与慈悲。有很多不同的方式去做这份培育的功课。没有唯一正确的正念方法，就如同没有唯一正确的养育方法一样。

在正念养育中，我们要牢记，在我们的日常生活中真正重要的事物是什么。由于我们生活的意义及方向很容易模糊化，很多时候，我们可能需要提醒自己那是什么，甚至承认我们在某个瞬间可能惘然无知。但哪怕是在最艰难、最不易甚至最恐惧的时刻，作为父母，我们也能够有意识地退后一步，重新开始，如同第一次那样，用全新的眼光来问自己："此时此刻真正重要的是什么？"

实际上，正念养育意味着去看看我们能否记得将这样的关注、开放和智慧带到与孩子相处的所有时刻。这是真正的修行，具有内在的学问，其本身就是一种冥想。无论是对孩子还是对父母而言，它都裨益深远，而这种裨益需要在自身的修行中被发现。

若要从孩子那里学习，我们需要关注并学习如何让自己内心平静。在平静中，我们才能够更好地看清、看透常常裹挟我们、存在于内心之中的风暴、阴霾和自动反应。这样，我们将得以培育更大的清明、平和与洞见，并把这些直接地融入养育中去。

如其他人与孩子一样，父母也有着自己的欲求和生活。然而，有太多时候，父母的需求与孩子的需求相去甚远。与其任由我们的需求和孩子的需求相互冲突，不如将正念融入这样的时刻，培育一份觉察，意识到我们与孩子的需求是如何相依相存的。毋庸置疑，我们与孩子的生活深刻地联系在一起。孩子的健康影响着我们，我们的健康也影响着他们。如果他们不顺意，我们会难受；而如果我们不顺意，他们也会难受。

我们需要根据孩子的年龄，去寻找出一些满足大家最大需求的方式。当我们了解自己和孩子的情感及身体需求时，所有的人都会从中获益。单单是把这份敏感融入养育中，也会增加我们与孩子的联结。哪怕是在困难时期，经由我们高品质的临在，孩子也会感受到我们对他们的承诺。同时，我们也有可能会发现，当存在需求上的冲突和竞争时，如果我们的选择出于心中感受到的那份联结，那么，这些选择会具备更大的善意和智慧。

*

　　我们把养育当作一份神圣的职责。父母是保护人、滋养者、安慰者、老师、引路人、同伴、模范，以及提供无条件的爱与接纳的人。如果我们能够在心里把养育当成一份神圣的职责，并随着这一过程的展开融入一定的正念，那么，我们作为父母所做出的选择，就更有可能出自对那个瞬间和孩子需求的觉察。不同的孩子会在各个年龄阶段通过他的存在和行为来对我们提出这份需求。面对这样的挑战，我们不仅能够做出对孩子而言最好的选择，也有可能会第一次发现和了解自己内心最深刻和最美好的东西。

　　正念养育要求我们带着觉知去做养育工作，并能够在这一过程中认识并命名每天所面临的挑战。觉知是广泛的，它必须包括认识我们自己的困扰、不安和缺点，认识自己的界限和局限，甚至认识自己最黑暗、最具破坏性的情感，以及那些让我们感到不知所措的情况。正念养育促使我们有意识地、系统地与这些能量并肩工作。

　　承担这样的任务对我们自己的要求很高。在很多方面，在不同程度上，我们都是孩提时代所经历的生活事件和境遇的囚徒。孩提时代对我们自身和世界观的塑造有着极其重大的影响，而我们对孩子的看法也不可避免地受到自身经历的影响：他们应该得到什么，他们应该获得怎样的关照和教育，以及他们应该怎样融入社会。身为父母，只有当我们意识到这种影响时，我们才能够从父母的教育方式中汲取那些有益的、积极的和有营养的东西，同时克服那些破坏性、限制性的方面。

对那些在孩提时期为了生存而不得不关闭情感、以"视而不见"来压抑情感的人而言，变得更有觉察显得格外痛苦和艰难。在那些被过去的魔鬼掌控的时刻，当那些孩提时代的陈旧信念、破坏性的行为模式和梦魇再次造访我们时，当我们被黑暗的情感、非黑即白的想法折磨时，停下来重新审视它们也显得格外困难。

我们并非暗示说，在正念养育中，存在着某种可以用来衡量一切或应该努力达成的理想标准。正念养育是一个持续地加深和改善觉知、全然临在并明智地行动的过程。虽然深具价值，但正念养育并非一种达到某种既定目标或结果的尝试。此过程的重要部分是带着某种程度的善意和慈悲来看待自己。这包括了解和接纳我们的局限、盲目、依恋模式、人性、不足，并尽力正念地处理它们。哪怕是在最黑暗和绝望的时刻，在那些深觉自己一无所知的时刻，我们也永远可以做一件事情：当下时刻，重新开始。每个时刻都是一个崭新的开始，每个时刻都是一个聆听、谐调并以一种崭新和深刻的方式来看待、感受和了知自身与孩子的机会。

我们对孩子的爱，经由每时每刻与他们关系的品质得以表达和体现。当我们每天对这些瞬间保有觉知并沉浸其中时，爱就会加深。爱体现在我们如何把面包递给孩子、如何道早安之中，而不仅仅体现于去一趟迪士尼乐园。爱在我们每天生活里所呈现的善意中，在给予孩子的理解中，在我们自身的开放中。爱也存在于我们设立的边界、限制和框架中，然后以清晰、坚定和善良的方式待命。爱体现在我们的一言一行当中。所以在一天的任何时刻里，无论面临的是美好时光还是糟糕的境况，我们临在的品质都是一种深刻的衡量标准，衡量我们对孩子有多少关爱，而这份爱又有多恒久。

*

家庭生活质量，已出生和未出生、年幼或成年的孩子的健康——这本书是为关注这些的人而写的。我们希望，这本书能够支持父母们以每日的存在和行动来表达他们的爱。除非我们能够真实地面对自己的生活，并了知情感体验的全部——简而言之，保持觉醒，否则我们不太可能做到这一点。

养育是一面镜子，让我们看到自己最好和最坏的方面，看到生活中最丰沛和最骇人的时刻。将养育写得实在而明白是一项令人望而却步的挑战。有些时候，我们觉得家中一切安好，孩子们看上去幸福、强健又平衡。而第二天，或者只是下一个时刻，如同天翻地覆一般，我们的世界充满了困惑、绝望、愤怒和挫败。我们自以为了解的东西毫无用处。所有的规则似乎在一夜之间或在刹那间改变了。我们不知道发生了什么，为什么会如此。我们可能会觉得自己是最大的失败者，觉得自己对一切一无所知。

无论这些时刻有多么令人不快、多么痛苦，我们也要尽力提醒自己抓住对发生之事的觉知，哪怕只是一线觉知。哪怕再艰巨，我们也要努力认清究竟发生了什么，以及我们可能需要做些什么。另一种可能是我们纠缠于自身的反应和自发的行为，我们的慈悲与清明向恐惧、愤怒或否认投降。即使这种情况发生了（有时这是不可避免的），我们也可以尝试在事后带着更大的平和重新审视它，并怀着能从中学到一些知识的希望。

这本书源于我们为人父母的亲身经历。毫无疑问，无论作为个人还是父母，我们的体验都与你的体验有着诸多不同。你可能会发现，我们所选择的某些特定的养育方法，与你自己被抚养以及你养育孩子的方法有着很大的不同。你可能会发现，我们所说的一些话、所做的一些选择激发了你强烈的情感反应。有关养育的主题本身就可以唤起我们的深层情感，因为它通常与我们如何看待自己以及我们选择如何生活密切相关。

我们并非建议你去做我们所做的一切。倘若你没有如我们所做的那样去做，这并不说明你在某些方面有什么缺陷。我们都知道，在养育这件事上并不存在简单的答案和解决方法。我们也并不是说，正念是生活中所有问题的答案或关于养育的所有问题的答案。我们只是提出了一种看待事物的方法，一种存在之道，而它可以以不同的方式被整合进你的养育方法和生活之中。最终，我们都需要做出个人化的决定，对孩子、对自身都是最好的决定，当然这有赖于我们的创造力，有赖于我们在生活中保持觉醒和觉察的能力。

我们与你分享自身的体验，分享被称为"正念养育"的这种方法，希望它所具有的转化性潜力能与你的价值观和意图产生共鸣，在你规划自己的育儿道路时对你有所贡献。

总之，正念养育关乎这样一种可能性：更明晰地看待孩子，更好地聆听和相信自己的内心。它也能帮助我们找到日常生活中每时每刻对孩子的无条件之爱的源泉。

我如何才能做到这样

　　从来都没有哪两个家庭会拥有完全一样的需要应对的处境或可以依靠的资源。但是，我们相信，无论人们的生活处境如何，作为人类，所有的家庭和个人都有着深层的内在资源，可以供我们利用和培育。这些资源能够在我们做出重大选择、努力平衡生活和家庭时，给予我们极大的帮助。

　　无论处于哪个经济和社会阶层，无论面对多么巨大的困难，都会有人把自己的孩子放在第一位。但把孩子放在首位究竟意味着什么呢？这是一个值得思考的问题。当然，无论它对你来说意味着什么，它都会随着孩子年龄的变化而变化，也可能对每个孩子都有着不同的意义。它并不意味着纠缠孩子，不停地在他们头顶盘旋，即所谓的"直升机式养育"（helicopter parenting）；它也并不意味着以一种本质上不明智甚至可能完全不健康的方式牺牲我们自己的需要。正念养育并不意味着一心集中在孩子身上，以至于丢失了自己。一切都有赖于平衡。正念帮助我们去发展和深化具身的自我觉知，帮助我们扎根于对自己身体和生活的体验。

如同长跑接力赛中接力棒的传递（这一长跑至少要持续十八年），我们作为父母，主要工作是让孩子有效地跑完属于他们的那一棒。这需要我们在陪伴他们奔跑的时候全然投入。做法有很多种，没有唯一正确的路，也没有既定的公式。它也并不仅仅是"做"。事实上，从长远来看，我们在自己的生活中"如何临在"可能比"我们做什么"更为重要。但无论我们的处境如何，如果意愿、动力和关切俱存，我们就可以学会利用存在于我们所有人身上的力量、智慧、创造力和关切等内在资源。每个瞬间都为我们提供了这样做的崭新机会。因为我们身处一场持久战中，所以要学会调整步伐，了解需求，温和地对待自己，这是正念养育能够给予我们的。

与任何深刻的灵性修行或意识训练一样，正念养育需要能量和承诺。我们可能不时地发现，自己会对能否担当起这一终身任务心存疑问。我们问自己："我如何才能在已经做着的所有事情之外，再去做这个呢？"我们可能会发现，其实在很大程度上，所有的父母对系统性训练和正念养育这二者的重要因素都已然熟悉，这可能令我们觉得宽慰和鼓舞。正念养育作为一种实践，作为一种内在的训练，是切实可行的，因为正念养育来自身为父母的我们在每天的生活中所拥有的体验和所要面临的挑战。

譬如，作为父母，我们不断地被要求专注，而且我们已经很自律了。我们必须专注并自律，在每天早晨准时醒来，让孩子起床、吃饱饭、做好上学准备；我们也要准备自己在家里要操持的事务或出门上班。在安排孩子和自己的复杂日程，规划和执行所有需要做的事情（购物、做饭、打扫卫生，以及家庭生活中无数重复的任务）时，我们很自律、很专心。

我们已经对很多任务得心应手了。每天，我们都要应对层出不穷的危机，同时完成花费时间和精力的任务，并使用作为父母早先就发展出来的不可思议的第六感，去对孩子每个瞬间的状态和潜在的危险保持觉察。我们也善于在做别的事情时参与对话，在不断应对各种干扰的同时保持思路的畅通。有时孩子们可能会觉得受伤或无趣，因为我们似乎没有给予他们全部的关注。但作为父母，我们已经发展出了同时关注很多事情的能力。在照看孩子、给孩子系夹克上的纽扣或在他惹祸前及时抓住他的同时，我们可以与他们对话。这是养育这个领域自带的技能和纪律。作为父母，我们必须这样做，越多地使用和发展它们，我们就越擅长于此。它们可能成为一种存在方式。

我们可以很好地利用这些对父母来说自然而然的技能和纪律，以便在养育中灌注更多正念。这些技能和纪律与正念养育相辅相成。正念养育要求我们把这种能量、纪律和关照向内融入自己的身心和体验，更始终如一地关注孩子的内在和外在生活——他们的情感和心灵的需要以及对衣食住行的需要。

我们可以把正念融入任何一个时刻，无论这个时刻多么短暂，哪怕我们身处压力之中且感觉不太对劲。但要做到这一点，需要坚定的承诺，通过某种规律的日常练习来培育正念。

成千上万的人完成了马萨诸塞大学医学中心减压门诊的正念减压课程，而他们中的大多数人都是父母。很多人有严重的健康问题，甚至已经威胁到生命，还有很多人处在困难的社会、经济和个人问题中。很多人在做着了不起的事情，日复一日地应对着过去和现在的极其困难的处境。在八周的课程中，他们要一边继续保持自身和家庭的安乐，一边努力在生活中培育正念。在此过程中，他们的生活、态度、看待与自身有关事物（包括他们的孩子）的眼光通常会发生深刻而持久的变化。诚然，在每天的处境中培育和坚持正念训练，这本身就是一种挑战，但很多人报告说，以新的方式集中注意力，令他们感觉更加放松，更加充满希望，能更好地应对家庭和工作中的压力，并拥有更大的平静与自信。借着正念修行本身，他们可以看到生活中的崭新可能。有些人表示自己拥有了更大的自由感、更大的内在掌控感和安全感，而这些都超出了他们原先的设想。

在正念减压课程中，指导老师向大家介绍正念修行的不同方面，并提出一些把它应用到生活中去的总体建议。但最重要的部分是，课程参加者本人会在课程结束时发现将正念以有意义的方式应用到日常生活的独特处境中的方法。这是修习本身自然地呈现出来的一个创造性的、本能的过程。

正念养育也是如此。我们并非在告诉你应该做什么或需要做何种选择。唯有你可以做决定，因为只有你在过你的生活，只有你有可能了解你在任何时刻的特定处境下需要些什么。除了一些最普通的用语，我们不会直接指导如何应用你的修行。正念的具体应用，以及你所要做出的特定选择，只能来自你自己的修习动机，来自你的郑重承诺（需要经由你全然觉察、尊重每一刻来实现），来自你内心的渴望。如此一来，正念的选择将来自你与孩子相处的每个情境。它们将来自你自己的创造力、想象力、爱与天赋，而作为人类，这些特质都是深刻且无限的。

如今，我们可以看到很多种承担养育责任的形式。单亲父母、离异家庭对养育任务的分担，已有成年孩子之后再添孩子，祖父母养育孙辈，年纪大的伴侣第一次有孩子，相处得好并对养育有相似看法的伴侣，很多时间里相处得不怎么样或对养育持不同见解的伴侣，劳动及养育责任分工很偏颇的伴侣，双职工家庭，有威胁到生命的疾病、躯体受挑战或有独特发育问题的孩子的家庭，孩子年龄相差很小或很大的家庭，双胞胎、三胞胎家庭，有着不同数目孩子的家庭，孩子性别相同或有男有女的家庭。没有哪一种教育方式或知识体系可能与所有情况相关、对所有情况有用。

然而，正因为正念并非程序化的，正因为它关乎人类体验的品质，以及我们在生活中专注的程度，它是真正普适的，因此几乎与一切境况相关。每个人都有一个大脑、一具身体，都可以有意识地集中注意力，每个人的生活都只能在每个瞬间里展开。正念并没有告诉我们去做什么，而是给了我们一种聆听的方式，一种对我们认为重要的事物加以关注的方式，从而在任何处境、任何情况下拓展我们的视野。

作为父母，无论在生活中面临着什么，只要我们学着去认识和触碰自己的深层资源，规划一条与自身价值观及内心一致的道路，就会发现自己拥有着惊人的成长和转化能力。正念养育确实需要努力，但不会比我们已经在做的多出多少。它真正需要的是意识的转变（rotation），一种来自对当下保持觉知的新的观察方式，并邀请和允许我们和我们的孩子把身上最好的部分呈现出来。

*

现在，为了进入正念养育的世界，了解它对我们的要求是什么，它能够提供什么，我们将从讲一个故事开始。这一次，我们将走出时间，走进一个神话、心灵的领域，当我们回来的时候，可能会对更深刻地看待事物和信任我们自己内心的秘密究竟意味着什么获得更好的认知。记住，不妨把故事中所有的人物看作我们的不同方面，而且男性和女性、美丽和丑陋、善良和冷漠都不同程度地为每个人所拥有，这样想可能会对我们认识世界大有裨益。

第二章

高文爵士和丑女：
故事所秉持的关键

高文爵士和
丑女的故事

在很久以前，贵为一国之君的亚瑟王在一个圣诞节被迫直面自身的无能，原因略过不表。他的对手是塔恩·瓦德兰骑士，塔恩"壮硕过人，从脚趾武装到胸，穿着黑色的盔甲，骑着一匹健硕的红眼睛黑色战马"。在平原上拔地而起的黑暗城堡前，亚瑟冲上前去应战，骑士向亚瑟施了一道魔咒，将他和战马的力量耗尽。"一股巨大的恐惧攫获了他，这股恐惧如同一道冰冷的影子，更可怕的是它并非来自骑士或是世界上其他的事物，这股灵魂的黑色恐惧挡在他和天空之间，吸尽了他的力量，以至于他持剑和持盾的手臂垂落到了身体两侧，他根本无力动弹。"

亚瑟喘着气说："你……要把我……怎么样？"

骑士不杀他，也不把他扔进地牢："我可以让你和其他倒下的英勇骑士一起腐烂，然后施法把你统御的领土变成我的，但我宁可选择另一种方法。"七天之后是新年的第一天，骑士让亚瑟王在七天以内回来，说只要亚瑟能找到"所有女人最渴望的是什么"这一问题的答案，就饶他一命，给他自由。

亚瑟心中满是羞耻和愤怒，但除了答应，他别无选择。交易敲定之后，他骑马出发去寻求答案。

整个星期，他四处游荡，询问他所遇见的每一个女人，无论那是赶鹅的姑娘、酿酒的妇人，还是优雅的贵妇。他认真记录所有的答案，但也知道那都不是真实的谜底。之后，在新年第一天的早晨，他怀着沉重的心情，掉转马头朝骑士的城堡出发。一线生机已然溜走，他知道如今自己必须屈服于骑士并死在对方手中。

"山路比之前更加黑暗，风更加凌厉。路途似乎也比以前更加艰难和遥远，而一切都倏忽而过。"

离骑士城堡不远处，当亚瑟紧贴着马背穿行在黑色的灌木丛中时，他听见一个女子的声音甜美而轻柔地唤着他："我的亚瑟王，上帝带来他的问候。上帝要救你，要护你一命。"

亚瑟转过身，只见一个女子身穿鲜艳如冬青果的猩红色外套，正坐在路边一棵橡树和冬青树之间的土堆上。他以为她的脸会如她的声音一般甜美，却大惊失色地看到一只前所未见的可怕生物：长满了疣的长鼻子歪在一边，毛茸茸的长下巴歪到另一边；仅有一只眼睛，深藏在突兀伸长的眉毛下；嘴巴根本就是个说不出形状的裂缝；灰色的头发卷曲着；她的手就像棕色的动物爪子，尽管手指上亮闪闪的珠宝对王后本人来说已经足够精美了。

亚瑟被她的相貌惊呆了，还得由她来提醒一个骑士在女子面前该如何保持风度。而这位神秘女子竟然知道他在寻找什么。她知道他已经问过很多女子"所有女人最渴望的是什么"，也知道他收集了许多答复，却没有一个是正确答案。她接着告诉吃惊的亚瑟王，唯有她才清楚他在寻找的答案。如果要她告诉他，那么他必须郑重起誓，答应满足她所提的任何要求，以此作为交换。亚瑟很快就同意了。她挥手叫他附耳过来凑近她的嘴唇，然后悄悄告诉他答案，这样一来，"即使是周围的树也没办法听到"。

一听到答案，亚瑟心里就知道这是正确的谜底。他放声大笑，毕竟，最终的答案如此简单。

"所有女人最渴望的是什么"的答案是"自主权"。

亚瑟问这个女子想要什么作为报偿，但她拒绝在亚瑟验证答案的正确性之前回答他。于是，亚瑟继续上路，在与塔恩·瓦德兰这名壮硕的骑士进行一番较量之后，他最终给出了正确答案，并因此赢得了自由。然后，他回到了那个丑陋的女子等待他的地方。

他回去之后，这个名为拉格妮尔的女子要求他让一名勇敢、礼貌而英俊的圆桌骑士娶她为妻。亚瑟震惊而厌恶地拒绝了，但女子再次提醒他，他欠她一条命，并且已经许下了一个骑士与国王般的承诺，以换取她的帮助。

当然，如果亚瑟把这个任务分派给自己的骑士，那将是对他们自主权的不尊重。必须让人们自由地做出选择。亚瑟回到自己的宫中，召集了他的骑士们，并向他们讲述了他这一周以来的遭遇，之后他的侄子高文爵士出于对国王叔叔的忠诚，也出于善心，自愿与那个女子结为连理。亚瑟满怀羞愧、内心沉重，不想让高文爵士在见到她之前就做出决定。

于是骑士们在第二天早晨一同去了树林。片刻之后，他们在树林里瞥见了一件猩红色的袍子。在看到拉格妮尔小姐时，凯爵士（圆桌骑士之一）和其他骑士都深觉恶心，甚至有人出言侮蔑她的相貌，也有骑士惋惜地转过身去，策马离开。

但高文爵士却目不转睛地盯着拉格妮尔看，她那可怜的骄傲和她那丑陋的头抬起来的样子，让他想起了一只被猎犬包围的鹿，而她那昏暗的眼神深处仿佛藏着求救的呼唤。

他环视一圈其他骑士，说："现在，收起你们那些躲闪的眼神、苦恼的脸和毫无教养的举止吧。此事不再有任何疑问。昨晚我不是已经告诉国王我会与这位小姐结婚吗？只要她愿意，我即刻与她成婚！"他边说边从他的马上跳下来，在她面前跪倒，说："我的拉格妮尔小姐，你愿意让我成为你的丈夫吗？"

她用那只独眼盯着他看了一会儿，随后用那甜美得令人吃惊的声音说道："高文爵士，你也不会愿意的。你一定与别人一样在心里嘲笑我。"他抗议道："我此生从未如此刻这般认真。"

接着她试图劝阻他："在后悔之前要想清楚，你确定要娶我这个又老又丑的女人吗？我能成为国王的侄子的妻子吗？

如果你把我这样的新娘带入王宫，桂妮维亚王后和她的侍女们会怎么说？你心里会有什么感觉？你一定会因为我而羞愧不已。"然后拉格妮尔小姐伤心地哭起来，她的脸变得又湿又肿，更加可怕了。

"小姐，如果我能够保护你，也一定能够保护我自己。"高文爵士一边说，一边以严肃的应战神情环视周围的骑士，"小姐，请和我一起回城堡，因为今晚我们要举行婚礼。"

拉格妮尔的独眼中噙着泪水："高文爵士，虽然事情似乎令人难以置信，但如果真是这样，你将不会为这场婚礼后悔。"

她站起身来朝骑士们为她带来的马匹走去，骑士们发现，她不只相貌丑，还驼背瘸腿。

高文爵士扶她坐上马鞍，随后骑上自己的马，他们一起回到了国王的城堡。

消息从城门口传开，成群的人争相观看高文爵士的新娘经过。所有人都震惊不已。

当晚，婚礼在教堂举行。王后站在新娘身边，国王则担任伴郎。兰斯洛特爵士第一个走来亲吻新娘枯槁的脸颊，随后是其他骑士。该祝福这对新人婚姻美满的时候，所有的祝词都卡在喉咙里，无法说出口。"可怜的拉格妮尔低下了头，朝拉格妮尔点头行礼的女宾都尽可能快地触摸她的手指，无法直视她或亲吻她。只有猎犬卡波尔走到她跟前，用温湿的舌头舔舐着她的手，用琥珀色的眼睛望着她的脸，完全无视她的丑陋，因为猎狗的眼睛与人的眼睛不一样。"

晚宴上的对话看似热烈，但那不过是一种空洞的假象。高文爵士和他的新娘与国王、王后一同僵硬地坐在主桌旁。当桌子被搬走后，到了舞会环节，很多人都猜想高文爵士终于找到了离开新娘、与朋友们在一起的机会。但是他却说"新娘和新郎必须领跳第一支舞"，然后朝拉格妮尔伸出手去。她挤出一个接近于微笑的怪样，挽住高文爵士的手，一跛一跛地往前，开始与他共舞。在整场庆祝活动中，国王和高文爵士的眼睛都盯着大家，大厅里没有一个人敢露出不对劲的神色。

终于，这场勉强的盛宴结束了，新婚夫妇步入城堡里的洞房。在那里，高文坐在炉火旁铺着厚实坐垫的软椅中，盯着火焰，没有留意新娘在哪里。突然一阵风将烛火吹到一边，壁毯被吹动，上面的刺绣动物似乎活了过来。他仿佛听见了从非常遥远的地方——魔咒丛林的深处，传来的最微弱的号角的回声。

床边传来轻微的响动和女人裙裾的窸窣声，一个低沉甜美的声音说："高文，我的爱人，你没有什么话要对我说吗？难道朝我看一眼都令你那么难以忍受吗？"

高文强迫自己转过头去，惊讶地跳了起来，因为在烛台之间站着一位他所见过的最美丽的女子。

"小姐，"他屏着半口气问，不确定自己是醒着还是在做梦，"你是谁？我的妻子拉格妮尔小姐在哪里？"

"我就是你的妻子拉格妮尔小姐，"她说道，"你在橡树和冬青树之间发现的那个女人，你为了报答亚瑟王，出于一丝善良而娶回来的那个女人。"

"但是，但是我不懂，"高文爵士结结巴巴地说，"你怎么变化这么大？"

"对，"年轻女人说，"我变了，不是吗？我过去被施了魔咒，如今也只摆脱了一半。但现在我要用我的真实面目与你在一起待一会儿。我的爱人对他的新娘还满意吗？"

她朝他走近一点，他伸出手来把她揽进怀里："满意？哦，我最最亲爱的，我是全世界最幸福的男人，我以为我只是挽救了国王叔叔的荣誉，却没料到得到了我内心渴望的人。在见到你的那一刻，我就感觉到你身上有某种东西打动了我，而我身上的某些东西做出了回应……"

过了一会儿，她把手放在他的胸膛上，温柔地按住他。"听着，"她说，"现在你面临着一个艰难的选择。我告诉过你，如今我只是从禁锢我的魔咒中获得了一半的自由。因为你娶了我，魔咒就解除了一半，但也只是解除了一半。"

拉格妮尔小姐解释说，现在她可以在一半时间里以自然的模样出现，而高文必须选择，是要她白天好看、夜晚丑陋，还是夜晚好看、白天丑陋。

"这个选择真的好难。"高文说。

"想想吧。"拉格妮尔小姐说。

高文爵士急急忙忙地说："噢，我亲爱的，就白天丑，晚上跟我在一起的时候美吧！"

"啊！"拉格妮尔小姐说，"这就是你的选择？难道我必须以丑陋和畸形的样貌出现在王后那些美丽的侍女面前，忍受她们的嘲讽和怜悯——实际上我与她们一样美丽？哦，高文爵士，这就是你的爱吗？"

高文爵士低下了头："不不，我刚才只为自己着想。如果能让你开心，那就让你在白天里当一个美丽的女人，在宫殿里得到你应有的位置吧。晚上我在黑暗里聆听你柔美的声音也心满意足。"

"这才是来自爱人的回答！"拉格妮尔小姐说，"但这对你也是公平的，因为宫廷和白天的世界对你来说意义更大，相对于我而言。"

高文说："无论怎样，不得不去承受更大痛苦的都是你。我想，你是女人，在这些事情上你比我更有智慧。亲爱的，你自己选择吧，无论你选择什么，我都会满足的。"

拉格妮尔小姐闻言，把头埋进他的颈窝中，又哭又笑："哦，高文，我最最亲爱的爱人，你给我做出选择的自由，给我一条自己的路，给我自主权，那正是谜语的答案，你已经彻底解除了那个魔咒。我从此不再受束缚，白天和黑夜都可以做真实的自己。"

高文爵士和拉格妮尔一起幸福地生活了七年。在那些年里，高文爵士比之前任何时候都更温和、善良和坚毅。但七年之后，拉格妮尔离开了。没有人知道她去了哪里，而高文的一部分也随着她的消失一道离开了。

第三章

正念养育的基础

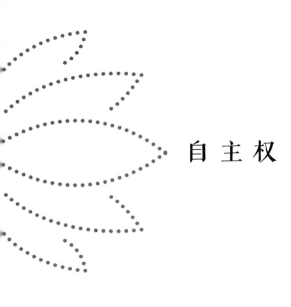

自 主 权

让我们来看看高文这个故事核心中的神秘瑰宝吧。那就是"所有女人最渴望的是什么"这一谜题的答案——自主权。

亚瑟领悟了"自主权"这个谜底，把自己从必死无疑的绝境中拯救了出来。而高文出于对拉格妮尔的同理心，生发了对自主权更为深刻的感受，这解决了（实际上消除了）无论多少思考都无法解除的两难困境。他把选择权交还给她，就这样，他尊重了她的自主权，让自己的心由衷地对她开放，转化便油然而生。

这也是正念养育的关键：尊重孩子的自主权，为他们创造可能性，去展现自己"真实的面貌"，并找到自己的路。这二者都是成年所必需的。

多少次，孩子似乎被自己的魔咒所纠缠，被某种能量所俘虏，突然变成了恶魔、巫婆、山精、巨妖、小魔鬼！作为父母，在那样难免让人退缩的时刻，我们能否如高文那样，透过表象看到魔咒背后的真实存在呢？我们是否能够保留一个内在的空间，如其所是地爱孩子，而他们无须用改变自己的方式来讨好我们？有多少次，我们作为父母，却被自己的魔咒所降伏，在孩子面前展现出凶狠的一面，化为巨妖或巫婆！我们暗地里是何其渴望别人接受自己的本来面目，并在生命中找到自己的道路。

在《拯救奥菲莉亚》（*Reviving Ophelia*）中，玛丽·皮弗（Mary Pipher）回答了西格蒙德·弗洛伊德的傲慢问题："女人究竟想要什么？"她在对女性的治疗中一次又一次揭示了这个答案，尽管她们所需要的东西"千差万别……但有一样是每个女人都想要的——为其所能为，成其所能成"，做"生命的主人，而非他人生命的客体"。

如果自主权意味着做真正的自己并成就真正的自己，那么，难道这不能用来回答一个更大的问题吗？"人的内心最渴望什么？"甚至："人最值得拥有什么？"

在我们看来，从这个角度上来理解，自主权并不意味着寻求外在的权威，尽管与之接触会令人极具力量。自主权被认为与"佛性"这一佛学概念存在着深刻联结，"佛性"是真我的另一种称呼。佛陀的形象代表着一种身心状态的化身，对其最佳的描述是觉知、了知、觉醒。佛教的观点认为，我们个体的心灵与佛陀的心灵在本质上是一样的，生而为人，最深刻的工作就是去实现最本质的合一。万物皆具佛性。所以万物本自具足，又休戚相关。每个人的真正自性是佛性，因此我们全然平等。从自性的角度，每个人都是自己的主人。我们只需要认识它，并尊重他人、所有存在、孩子以及我们自身的自性。

当然，"只需要认识它"并不容易。它是一辈子的功课。我们可能并不了解自己最本质的、天然具足的那些部分，抑或我们已经与内心最深处的召唤失去了联系。倘若我们无法认识自己的真实本性，并在生活中远离它，就可能给自己和他人制造诸多痛苦。

佛陀有时候被称为"自我的主权拥有者"。世事会把我们带走，令我们迷失自我。行禅帮助我们重获自主权，重获生而为人的自由。我们庄严地行走，如同君王，如同雄狮。每一步都是人生。

—— 一行禅师，
《通往喜悦的漫漫长路》（*The Long Road Turns to Joy*）

向他人致意时所行的鞠躬礼象征性地表达了对他人内心最深处的东西的敬意。在很多国家，人们并不握手问候致意，而是在胸前合掌，并向对方微微躬身。这意味着"我向您内在的尊严鞠躬"。这代表着对各自内在的圆满达成共识，那圆满是最深刻、最根本、已然且一直存在着的。你由衷地向他们鞠躬，并忆念着在最深刻的层面，他们是一体无殊的，即使我们意识到，在其他层面，我们是这个"一体"的不同的、独一无二的表达。人们有时向猫和狗鞠躬，有时向树和花鞠躬，有时甚至向风和雨鞠躬。有时，那些猫和狗、树和花及风和雨也会回礼。因为万物都有其内在的天然特性，这决定了它是什么，并帮助其在整体中占有一席之地，而个体与整体之间的关系永远是双向的。作为父母，我们有时会向自己的孩子们鞠躬。

*

作为父母，对不同的孩子、在孩子不同的年龄段以及在不同的环境中，我们围绕给予孩子自主权所做出的选择会有很大的差别。然而，希望有一点不会变，我们承诺承认并尊重这份自主权作为每个孩子的基本属性和与生俱来的权利。它呼唤着我们，作为父母，即便是在与它脱节或者无法看到它的时候，也得牢记并从根本上信任这份自主权，信任孩子内在的良善和美好。

正如所有父母都知道的那样，或者他们很快就会发现，每个来到这个世界上的孩子，都带着属于他自己的特质、气质和天赋。作为父母，我们需要认识到他们是独特的个体，并为他们提供空间以表尊重，而非试图改变他们，尽管有时这样做对我们而言是很困难的。孩子本身在不停地变化，而来自父母的这种觉知能够为他们提供空间，允许他们以对自己最好的方式成长并做出必要的改变，我们不能把自己的意志强加在他们身上。

　　孩子生来就拥有自主权，他们以本来的完美模样来到人间。自主权是人性的根本，我们感受到它和利用它的能力源于早年的际遇，并随着生活阅历得以提升。作为成人，我们与生俱来的自主权可能会被生命中的创伤经历破坏，我们自己也可能会忽略这一存在的基本领域。

　　即便如此，我们所说的自主权是如此深刻、如此坚固、如此重要，如此不可或缺，因为它是我们真正的天性所在，所以很多人即使在孩提时代经历过极其艰难的处境，依旧能够从中汲取养分和力量。有些时候，父母之外的某个人可能会在孩子的生活中扮演一个关键的角色，看到他真实的本性，并给予善意、鼓励、赞赏和接纳。很多人都会把他们的成功归功于一个特定的对象，因为那个人给予他们认可和鼓励，让他们成为自己想要成为的人。

　　由那些已然通过某种方式了知自身完整性的人来教导儿童和青少年，从而指认出他们身上的美和完整性，这是每一个健康社会中的成年人的神圣职责。

　　如果一个孩子学着接触世界并克服障碍，发展出内在的力量和信心，拥有足够的自我安全感，知道自己被如其所是地爱着，那么他对自主权的体验就会得到深化。

　　乍看之下，论及孩子的内在自主权可能容易被误解，以为我们是在提倡把孩子当作国王或王后来对待，父母则时刻准备着伺候他们。并非如此。实际上，这与自主权的真正意义相去甚远。给予孩子自主权并不意味着让他们横行霸道，或者助长一种与他们的行为和生活经验无关的假的"自尊"。它并不意味着孩子可以恣意妄为，或想要什么都能得到，因为他们必须按自己的方式行事或必须永远心满意足。

作为人的真正天性，自主权是存在和生命的普遍品质。最为重要的是，它是一个机遇，帮助我们理解究竟什么是真正的天性，以及它是如何在每个人身上表达出来的。孩子的自主权与生俱来，其他每个人也是如此，包括孩子的父母。我们可能会陷入思考：如何才能在尊重孩子自主权的同时也尊重自己的自主权？如何帮助他们在各方面成为他们自己？如何才能鼓励他们看到并尊重他人的自主权？

自主权与不加约束的权力差别甚大。它并不意味着给予孩子想要的一切，或者别人应该帮他们承担事务。我们要做的是保护孩子的自主权，而不是去助长那种"无论结果如何，我所做一切都是合理的，因为只有我是重要的，只有我的观点和欲望才有价值"的态度。每个人的自主权都与他人的自主权互相依存和联结。我们都是更大的整体的组成部分，我们所做的一切都会影响到他人。

也有一种说法是，事实上，我们的孩子确实拥有权力，他们被赋予了很多权力。成人也是有权力的，只是这段关系存在着很大的不对称性。成人对孩子负有责任。孩子有权被父母和其他成人爱、关照和保护。作为成人和父母，我们不能指望孩子来满足我们的情感需求，我们得指望自己和别的成人。但话说回来，我们确实因为孩子的存在本身而享受到他们所赠予我们的、非强求来的无尽喜悦。

　　说实在的，作为成人和父母，我们或许非常需要探究、滋养和深化与自身自主权之间更持久的联结，鉴于它是如此根本但同时又如此难以捉摸。这是我们生而为人的一项伟大功课，关于觉醒，关于正念，是唤醒真正天性的机会。当然，在大多数时间里，我们可能会说自己太忙了，没空去关心这些观念（如同苏格拉底的警句那样"认识你自己"）。然而，若不真正这么做，我们大部分的生命都可能梦游般度过。最终，我们会不知道自己究竟是谁或曾经是谁，也不知道孩子是谁，却自以为清楚。

　　如我们所见，这趟内在成长与发现之旅的乘载工具之一就是正念，而它可以通过两种互补的方式来加以培育：一是对日常生活中的方方面面加以关注；二是每日预留一段时间，进行较为正式的冥想练习，在静默中关注每时每刻的身心运作。择其一二，将正念融入我们的生活及"我是谁"这份探询中，这可以帮助我们在尊重孩子自主权的同时，觉察自身自主权的本质。

*

　　对父母而言，在根本上尊重孩子的生命之路意味着什么呢？拥有自己的道路究竟是什么意思呢？什么是一个人真正的"道路"、独特的"道路"？成人与孩子对自主权的体验分别是怎样的？在不同的年龄和人生阶段，气质有着很大差异的孩子又是如何体验它的？

　　一方面，尊重孩子的自主权意味着我们要承认他在不同阶段会有不同的习性这一事实。这可能意味着，一个婴儿给予我们的信号得到了回应，因为我们是婴儿与世界之间的重要媒介。若婴儿哭泣，我们会把他抱起来，全身心地投入和聆听，试图提供安慰和一种幸福感。通过这种方式，我们是在尊重他拥有让世界回应他的力量。我们给予他这份尊重，可以让他明白世界确实会回应，而他在这个世界上拥有一席之地，他属于这个世界。我们要把这作为有意的练习，在任何时刻，无论感觉如何，我们都会这样去做。

　　给予自主权可能意味着保持居所的安全性，这样学步的孩子就可以自由安全地探索环境。不过，哪怕是在相对安全的环境里，照料学步的孩子依然是必要的。只要稍微留意就是尊重学步孩子的自主权。对学步孩子的父母而言，自主权是一份尊重，是关于孩子值得密切关注的宣言，是一种第六感。比如，在孩子要去抓桌子上的玻璃杯之前，我们都会意识到杯子离桌子边缘太近而去把它移开，哪怕我们正在与另一个人对话。

　　另一方面，每当孩子想去探索新事物时，持续地发出可怕的警告会损害孩子的信心，并将我们的恐惧灌输给他，比如"不要那样做，你会伤害到自己"。取而代之的做法或许是，允许孩子去冒险，让他找到摆脱困境的方法，如果有必要的话，我们要安静地准备好帮助他，而不是把我们的恐惧注入孩子大胆的探索之中。

　　孩子在青少年时期对内在力量的表达通常让长辈感到震

惊或反感。给予他们自主权或许意味着愿意看到那隐含在底层的良善，那份在他们所选择的表达途径或自我确认的方式之下的良善。我们通过聆听来给予他们自主权，尽力理解和欣赏他们的观点、领悟、技能和力量。此时我们也可以和各种可能影响青少年的力量同在。这或许意味着知道何时保持沉默随他们去，何时以尊重他们日益增长的主权的方式，通过语言或非语言的形式向他们伸出援手。有时这意味着设定明晰的界限，并以善良和坚定的态度坚持下去。

以上只是我们信手拈来的一些关于如何尊重不同年龄阶段孩子的自主权的例子。和拉格妮尔小姐一样，真正的天性并不总是显而易见的。是那份对每时每刻的觉知让我们变得明晰，能穿透表象，并代表孩子的最大利益来采取行动。即便满怀希望，我们的自主权也不能通过单个举动充分发挥出来。同样地，他人的自主权也不能完全由我们来赋予，无论这一给人以希望的举动或这一时刻有多么重要。自主权只会从我们持续并热切拥抱当下的开放而敏锐的心灵中油然而生。

*

我们每天都会感受到层出不穷的挑战，这可能使得我们对自己的自主权产生怀疑，或是觉得它与孩子的自主权互相冲突。这是用另一种方式在说，某些时候，养育真的相当耗费心力，同正念一样，它是一项艰巨的工作。如同我们所见，它是一种训练，一种对我们的召唤，要我们记得全然临在，看到和接受孩子本来的面貌。这样做时，我们与自己的真实自我同在，并与孩子分享。

这项工作的一部分是让我们铭记：只通过思考是无法解决自己或孩子的所有问题的。因为在我们的生活中，还有其他同等重要的智慧在发挥作用，而且，作为父母，我们需要发展自己的这些智慧。其中之一就是同理心。高文真切地感受到了拉格妮尔。借着对感受，即所谓直觉的信任，他的心得以窥破表象，穿透非此即彼的思维面纱。就在放下对特定结局的执着，接受自己进退两难的困境以及承认拉格妮尔的自主权的那个瞬间，一切豁然开朗，一种看似不可能的自由随之出现。

如果每个瞬间都是成长的机会，是一个展现真实自我的时机，是一个导向无数新的可能的、有赖于对此刻理解和抱持的分叉点，那么，每个给予孩子自主权的当下，就都为下一个瞬间创造了空间，在那里，孩子得以呈现真我，并且会被理解，被无声地称颂。如此，自我接受、自尊、自信以及对自己真实本性和道路的信任便得以在一个正在成长的孩子身上扎根、发展并成熟。

同理心和接纳有着巨大的力量，且对接受它们和给予它们的双方都具有深刻的转化性。对孩子自主权的细心呵护和尊重是经由同理心和接纳来达成的，这正是正念养育的核心。

*

下面是一个关于父亲如何给予儿子自主权这份礼物的例子：

"爸爸会对此非常生气的。"妈妈这样说。那是 1938 年 8 月，在一所位于卡茨基尔山的寄宿学校里。一个炎热的午后，我们三个九岁的城里小子感觉百无聊赖。做完了所有在夏日乡村里能做的事，抓够了青蛙，采足了蓝莓，并在冰冷的河水中发够了抖。在那个无聊得令人难以忍受的午后，我们想要干些什么。

考虑了一些选项后，阿蒂、伊莱和我躲进了"赌场"的阴凉处。赌场是一栋小楼，客人们每晚在那里玩五点游戏，偶尔看看巡回魔术表演。

渐渐地，灵感出现了：那个赌场太新了，木质结构和白色的石膏墙如此完美，我们得搞些破坏，在那个地方永远地留下我们匿名的印记。自然，我们没有考虑任何后果。

我们捡起一条长凳，把它当作攻城槌，提着它奔跑起来，撞到墙上，留下一个洞，太爽了。但是洞太小。于是我们又来了一次。

一次接着一次之后，我们三个喘着气，大汗淋漓地考察着自己头一遭搞出的大破坏。几乎没有留下一方完好的石膏墙。那整个过程是如此令人满足，我们有点忘乎所以。

我们还没来得及产生一丝一毫的悔恨，房主拜厄罗斯先生就突然出现在屋子的走廊上。他暴跳如雷，心急如焚地要我们好看："等你们的老爹晚上从城里回来，我会把你们干的好事全部告诉他们！"

他同时告诉了我们的母亲。我母亲觉得我犯下了弥天大错，决定让父亲来惩罚我。"还有，"她说，"爸爸会对此非常生气的。"

六点钟的时候，拜厄罗斯先生已经在车道旁等候了，神情严肃地等着我们的父亲出现……在他身后，屋前的门廊上挤满了人，就像门票售罄的露天看台上挤满了愤怒的客人一样。他们亲眼看到自己的赌博乐园遭到了破坏，知道自己在余下的夏夜里不得不忍受这种状况，他们也想要我们好看。

而阿蒂、伊莱和我呢，每人在门廊上找了个不起眼的地方，谨慎地与另外两个伙伴保持着距离，但离各自的母亲都不太远。我们在等待。

阿蒂的父亲最先到了。拜厄罗斯先生告诉他这件事，让他看被毁损的赌场。他解下皮带熟练地、恶狠狠地抽打自己尖叫不已的儿子。顺便提一句，曾经温和的人们，都摆出了一副丑陋的架子，表示赞同他这么做。

伊莱的父亲随后出现了。他也知道了发生的事并察看了现场，他勃然大怒，朝儿子的头上猛扇，把伊莱打倒在地上。当伊莱躺在草地上大哭的时候，他的父亲踢着他的腿、屁股和背。当伊莱试着站起来的时候，他的父亲又踢了他。

众人压低声音议论着："听着，他们在搞破坏之前就应该想到这样的下场。他们死不了，别担心，我敢打赌他们再也不会那样干了。"

我揣度着：我的父亲会做什么？他从未碰过我一根手指头。我知道别的孩子是怎样的，我在别人身上看到过瘀伤，甚至在傍晚时分会从街上的某个屋子里听见尖叫声，但那时，那些孩子、他们的家庭、他们身上伤痕的由来，对我来说都是一些隐秘的"抽象概念"。直到现在也是。

　　我朝我母亲望去。她显得不安。早些时候，她很明确地说我犯了某种特殊的"罪行"。这是否意味着我今天肯定得挨揍了？

　　我的父亲开着雪佛兰汽车回来了，正好看见伊莱的父亲拽着伊莱经过门廊的台阶到屋子里去。我确定，从车里走出来的时候，他相信，无论发生了什么，伊莱都一定是咎由自取的。恐惧令我头晕。紧接着，拜厄罗斯先生开始讲话。我父亲听着，汗水浸透了他的衬衣，一条湿漉漉的手帕系在他的脖子上。他一直都不喜欢闷热的天气。我看着他跟拜厄罗斯先生进了赌场。我的父亲——强健而自律，又热又烦，他对这一切会怎么想呢？

　　当他们从屋子走出来的时候，我父亲望了一下我母亲，用口型说了声"嗨"。接着，他的目光发现了我，朝我凝望了很长时间，没有任何表情。我试图读懂他的眼神，但它从我身上移开了，转向人群，从一张脸到下一张期待的脸。

　　接着，谁也不曾预料到的是，他钻进了汽车，开车走了！所有人，甚至是我的母亲，都想象不出他要去哪里。

　　一个小时后，他回来了。车顶上绑着一堆巨大的石膏板。他从车里出来，拿出一个纸袋，里面露出一个榔头。二话没说，他把石膏板卸下来，一块一块地搬进赌场里。

　　那个晚上，他没出来过。

　　我和母亲一起默默地吃了晚餐。在那个星期五的后半夜里，在我们上床很久之后，我一直能听见（每个人都能听见）父亲的榔头发出"砰砰砰"的稳定敲击声。我想象着他流着汗，没有吃晚餐，想着我的母亲，对我越来越生气。明天会是我生命的最后一天吗？当我终于入睡的时候，已经是凌晨三点了。

第二天，父亲只字未提前一晚的事，也没有表现出丝毫的怒气和责备。我们度过了平静的一天。事实上，我和父母共同度过了甜美的周末，一如既往，并无异常。

他生我的气了吗？应该是的。然而，在那个时候，当他的同辈把对孩子的体罚当作天赋之权时，他却知道"打屁股"也是殴打，而打人是犯法的。当孩子被打的时候，他们通常记着挨打的痛，却忘记了挨打的原因。

多年以后我还认识到，他从来都没想过要羞辱我。与我的伙伴们的父亲不同，他无法参与到那场复仇和令人难堪的共谋中。

但我父亲让我知晓了他的用心。我永远都不会忘记，那个8月午后的破坏行为真是太出格了。

我也永远不会忘记，那一天我头一次了解到我对他的信任有多么深。

——梅尔·拉撒路（Mell Lazarus），
连环画《妈妈》和《桃子小姐》的作者，小说家
（《愤怒的父亲们》，摘自《纽约时报》，
1995 年 5 月 28 日）

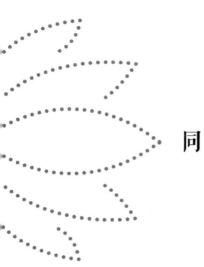

同　理　心

　　在解开拉格妮尔小姐所中魔咒的过程中，高文爵士的同理心起到了关键作用。他感受到了她的痛苦，从她的眼中瞥见了丑陋外表之下的美，尽管那份美是隐藏着的，但依旧存在于那里。"……在她那可怜的骄傲和她那丑陋的头抬起来的样子，让他想起了一只被猎犬包围的鹿，而她那昏暗的眼神深处仿佛藏着求救的呼唤。"

　　城堡里的狗象征着同理心，这令人类感到羞愧。"只有猎犬卡波尔走到她跟前，用温湿的舌头舔舐着她的手，用琥珀色的眼睛望着她的脸，完全无视她的丑陋。"通常，如果我们稍加注意，就能发现狗和猫可以教会我们什么是自主权、同理心和接纳。可能这就是我们与它们共处的原因。它们为我们提供了基础课程。养育孩子则是高级课程。无论是否准备妥当，我们都已注册。可是又有谁真正准备妥当了呢？

*

反思我们在生活中的同理心时，这样问问自己可能会有些帮助："当我是个孩子的时候，我最想从父母那里得到什么？"不妨花些时间来反思，然后看看有哪些词或图像进入我们的头脑……

很多人最渴望的是在家里被看到，被接纳，被待以善意、同情、理解和尊重，获得自由、安全、隐私及归属感。这一切都有赖于父母的共情能力。在孩子受伤时，共情是容易的；但在他又踢又叫扔东西时，就要困难得多。当他的兴趣或观点与我们的相冲突时，保持同理心也是困难的。我们需要有意地去培养自己在各种各样的状况中保持同理心的能力。

在培育同理心时，我们要试图从孩子的立场来看待事物，并试着去理解他可能产生的感受或体验。我们尝试把一种同情的觉知融入每一刻正在发生的事情中，这也包括我们对自身情感的觉察。

对一个新生儿的同理心是什么样的呢？想象他来到这个与九个月前全然不同的世界上时会感受到什么。不妨从对子宫的想象开始，温暖、湿润、安全，有节奏的声音，一种被包容、被抱持、被摇晃的感觉……那是一种浑然一体、与一切都没有区分的体验，什么都不缺少，什么都没有丢失。

我们可以从一名 19 岁的年轻人在母亲节写给母亲的信中瞥见这个触动人心的世界：

衷心祝愿你拥有充裕的平静和力量。感谢 9 个月甜美的冥想。在羊水中，我如鱼儿一般呼吸。当食物如此纯净时，既用不上嘴，也用不上喉咙……祝福。

在出生之际，我们离开了这个和谐的世界，进入到一个崭新且全然不同的世界里。那里可能有着刺眼的光线和寒冷的空气。我们可能会听到突如其来的噪声，感觉到皮肤挨着粗糙或坚硬的物品。我们第一次感到饥饿。所有这一切，都是一种陌生而纯粹的体验，没有对任何事情的了知作为滤网。想象一下，你被猛然推入这个陌生的环境，你全然仰赖这个家庭对你语言的理解能力、对你整个人和敏感需求做出反应的能力。

为什么把婴儿当成能够全然感受、全然体验的存在，对我们而言会这么困难？为什么我们完全无法漠视朋友、爱人甚至是陌生人的哭泣，却可以让婴儿哭个够？当我们和孩子保持距离时，我们可能在抵抗什么或者逃避什么？

我们有可能是在保护自己，以免承担更多工作。每时每刻都积极响应的养育方式在短时期内确实是更大强度的劳作。关注一个孩子的肢体语言，尝试不同的事物，保持敏感以免回应不足或回应过度，拥抱，安慰，轻声吟唱，这一切都需要花费时间和精力。在更多时候，他们会打断我们的睡眠，无论是实际上，还是在象征意义上。当孩子的需求与我们的需求一致时，我们自然比较容易对他们抱有同理心。真正的考验发生在他们的需求与我们的需求相冲突时。

在这种情况下，缺乏同理心，也可能是我们自我保护的一种方式，以免回溯年幼时自己的身心需求未能被回应的痛苦。对孩子的脆弱感同身受可能会让我们痛苦地想起自身的脆弱。

作为成人，若要回避承认年幼时的痛苦，方法之一就是转向婴儿时期所依赖的应对机制。在一个没有响应的环境中，很多婴儿会在情感上封闭、退缩。如果这是在年幼时学会的应对痛苦、困惑的方法，在成年后我们就可能会继续这样做，以完全自动、毫无觉知的方式。我们可能会忽视或贬低（而非关注）婴儿和自己的感受，并以"小孩子挺皮实的，他会适应的""哭不会伤害到他的""我们不想宠坏他"为理由。接着，我们可能会试着借助食物、酒精、药物、电视、电子设备或者报纸，让自己平静下来，把痛苦抛在脑后。

也许我们没有意识到，其实我们拥有强大的内在资源，它们远胜于这些用来逃避的工具。在这些时刻，关注内在并带着同理心去联结，是一种对父母和孩子来说都更令人满意的健康方式。哪怕我们在年幼时未能学会，只要我们准备好听取灵魂最深处的呼唤，我们的孩子就可以帮助我们从灵魂的最深处唤醒这种最原始的能力。

在一些研究中，研究者让母亲故意对婴儿反应过度或过少，而不是以一种谐调的、富有同理心的方式来匹配他们的感觉，婴儿会立即表现出气馁和忧伤。在《情商》（*Emotional Intelligence*）一书中有关于这些研究的报道。

> 父母和孩子之间长期缺乏谐调会给孩子带来巨大的伤害。对于孩子某些特定的情感，如快乐、眼泪、被搂抱的需要，倘若父母持续无法表现出同理心，那么，孩子会开始回避表达，甚至回避去体验这些情感。由此推测，在孩子的亲密关系中，这些情感会被渐渐消除，尤其是在孩提时期就被或隐秘或明显地持续抑制的情感。
>
> ——丹尼尔·戈尔曼（Daniel Goleman），
> 《情商》

这些研究的意义是深远的。戈尔曼引用了精神病学研究者丹尼尔·斯特恩（Daniel Stern）的观点：在父母与孩子之间，那些微小、重复的交流形成了情感生活最根本的基础。因此，父母全身心地投入到与孩子建立联结的舞蹈中，对孩子成为完整的个体、增强情绪能力、拥有自主权并持续发展至关重要。

从这个角度来看，一个哭了十分钟后不再哭泣终于入睡的"乖"婴儿，可能是一个学会了放弃的婴儿。然而放弃是我们想要教会孩子的东西吗？我们想要孩子发展出来的"独立"就是对需求不被满足的适应吗？情感上的封闭、失去部分的活力和开放性，这就是我们对孩子的期望吗？其实，我们真正想让他们明白的是：他们的感受是重要的，我们会予以回应，他们可以信任和信赖对他们很敏感的人，他们可以保持开放的态度并表达自己的需求，与他人相互依存，这些都是被允许且安全的。

*

当婴儿开始蹒跚学步、探索世界时，他们对身边的所有事物都怀有一种天然的好奇心和愉悦。与此同时，当他们试图去做那些力所不能及之事，被尚未拥有某些技能所局限时，这个世界也为他们设下了很多挫折。因而，他们在不断向外探险时，依旧需要回到一个和他们情感亲近的慈爱之人身边。学步期的幼儿依靠的正是父母的敏感和理解，父母以此创造一个环境（如果是在托儿所的话，就去选择一个环境）来满足他们的好奇心，给予他们足够的自由去安全地探索和发现，同时给他们适当的限制和界限，提供他们所需的温暖和安全，比如将他们抱在腿上或者搂在臂弯里。

随着孩子渐渐长大，同理心的表达形式不再全是躯体性的了，尽管有时他最需要的是一个沉默的拥抱，或者让我们握住他的手。从大一点的孩子那里得到的提示可能令人困惑，难以理解：前一天，（甚至前一分钟）他们可能还很友好，乐意沟通，但第二天，他们就可能会愤怒，拒人于千里之外。我们与孩子沟通的能力，甚至是沟通的可能性，很大程度上有赖于我们对他们持久而郑重的承诺，哪怕他们可能对他们和我们的关系怀有疑虑，或者拒绝我们的示好或询问。

在拒绝面前保持同理心，这要求我们不要让受伤害的感觉妨碍我们看到我们的孩子可能正在遭受的痛苦或压力。在某种意义上，无论被多么可憎的（就我们的想法而言）咒语所控制，无论披上多么黑暗的伪装，孩子都需要感觉到我们与他们联结在一起。这份正念的坚持并非出于控制欲，也并非要强留孩子，或是出于对孩子的依赖而纠缠不休，而是出于对他们的承诺——我们会适时与他们同在，让他们知道自己并非孑然一身，我们并没有忽视他们是谁以及他们对我们来说意味着什么。

当我们失落、忧伤，觉得自己一无是处时，感受到亲近之人依旧是同盟，依旧能够理解和爱我们本身，这是多大的帮助！这难道不是千真万确的吗？所以，作为父母，持续地重建和修复与孩子的关系是我们的天职。这需要时间、关注和承诺。如果我们持久地缺席，或身体在场却心不在焉，孩子就不可能感觉到信任与亲近，就不可能让我们知道他们所面临的问题。

孩子们有一种切入问题要害的奇妙能力。有个朋友为我讲了一个故事。某个晚上，她陪着八岁的女儿就寝。她的女儿对抢劫者和绑架者充满强烈的恐惧。连着几年，这份恐惧都会在晚间出现。母亲坐在床上聆听，内心挣扎不已，既想安慰孩子没什么可怕的，又明白在女儿所面对的最深、最持久的恐惧面前，理性显得苍白无力。

她换了一个策略：告诉女儿她在这个年纪时也非常害怕夜晚。年幼的女孩严肃地看着母亲，问道："你也怕？"她点头称是。女儿沉思片刻，极其认真地问："那你能告诉你的妈妈吗？"她的母亲停顿了一下，回想着她的孩提时代，说："不，我没能。"

在八岁这个年龄，她的女儿从自己的直接经验了解到，与亲近之人分享自己的感受是多么重要。她知道父母那份开放、接纳和深具同理心的全然临在是何种模样。她的恐惧不曾遭到忽视、嘲笑或贬抑。在被最真实的恐惧掌控时，毫无疑问，她感觉到了足够的安全，可以告诉母亲，而无须独自面对恐惧。

当孩子与我们分享痛苦时，作为父母，如果将正念融入那时涌现的想法和情感中，我们就可以更好地了解自己。如果我们能观察到我们因某种情感而生发的不适，以及我们内心可能产生的任何想要平息、消除或贬抑某些疑虑和恐惧的冲动，我们就有机会改善自动反应行为，成为更具同理心、更支持孩子的父母。

有时候，当我们被要求倾听、保有同理心、以体贴的方式回应时，可能会发现自身的强烈情感与反应会压垮孩子。他们可能会觉得自己需要来照顾我们，而不是被我们所关照。

当我们发现自己正朝着偏离原意的岔路行进时，倘若能够把正念带入这些时刻，就可能看清正在发生什么，可以选择停下来甚或转头重新开辟一条更理性、更具同理心的道路，这种时时刻刻的敏感提醒我们可以有意识地选择合适的时刻去分享自己的情感，知道何时分享是没有必要甚至具有破坏性的。通过对内在声音的倾听，我们可以学会何时该伸手相助，何时该顺其自然，何时该说话，何时该保持沉默，以及如何在沉默中临在，让他人感觉到我们富有同理心的临在，而不是拒绝和退缩。没有人能够教我们这些事情。我们需要从经验中学习，从每一个接收到的线索和提示中学习，并学着去关注它们来来去去时自己的心理状态。

当然，这并不容易，在特别令人不安和存在冲突的时刻，我们可能会发现自己变得情绪化，说出一些日后令自己后悔的话，或者做出令自己后悔的事情。这些"破裂"，即疏远和断开联结的时刻，在任何关系中都是不可避免的一部分。孩子也需要经历这些——他们的父母也是人，有时可能会不敏感、不适应，甚至因为缺乏同理心而焦躁和愤怒。在这种压力和破裂的时刻，以及在重要的修复和恢复过程中，人们可以学到很多东西。正如家庭治疗师丹尼尔·休斯在他的《以依恋为中心的家庭治疗》（*Attachment-Focused Family Therapy*）一书中所指出的，亲子关系的力量，有时被称为安全依恋，是以这种破裂后又修复的动荡过程，以及亲密和安全的感觉为基础的。在这样的时刻，父母和孩子可以产生一种感觉，即他们可以通过非常不同的方式看待和经历事情，但在充满爱和值得信赖的关系中，这样做是安全的。在这个过程中，不仅关系得到了改善，对于孩子健康成长至关重要的自主感和联结感也得到了加强。

怀着同理心不断编织并重建与孩子的联结，是正念养育的基础。从孩子的角度来看待事物可以指导我们做出决定，并帮助我们把握复杂的、不断变化的联结的流向。

接　纳

　　自主权和同理心经由正念养育的第三个基本元素"接纳"而得到增强。这三个元素互为补充、紧密相连。你可以把它们看作等边三角形的三条边。接纳是一种内在的导向，认识并承认事物的真相，它独立于我们的期待，也独立于情况看上去可能有多糟糕。即使你觉得，就哲理层面而言，这很有道理，但在日常生活中去实施接纳却并不容易。正念实践关乎的是发展我们对此时此刻的觉知，并留意我们何时在抗拒事物的真相。刚才讲述的故事显示出，如果我们不陷入强烈的厌恶的想法与情绪，其他可能性就会发生。

　　高文接纳了拉格妮尔本人。梅尔·拉撒路的父亲接受男孩们的行为已成既定事实。如此一来，他才能看到下一个时刻需要一些新东西，一些能够促进疗愈、完成和尊重的东西。

我们选择如何处理所发生之事的能力的基础就在于接纳事物的本来面目。接纳并非被动地顺从或认同挫败。就如自主权并不意味着不受约束的权利，接纳也并不意味着我们认可孩子们所做的任何事。即使我们清楚地让孩子们知道哪些行为是不可接受的，他们依然能够感受到我们的全然接纳。接纳是一扇门，如果我们选择打开它，它将带来新的看法和新的可能性。

尝试看到事物的本来面目的过程是培育接纳的关键，所以学习接纳本身成了一种正念练习。当事情不如意时，如何觉察到我们的抗拒也属于这个练习的一部分。在这种情况下，各种情绪（包括沮丧和愤怒）都会涌现。当我们以善意和明晰来抱持这些痛苦情绪时，或许会出现一种矛盾的开放和放松。这种放松的很大一部分在于，不去把那些根本上非个人化的东西看作某人特定的属性。但是在遭遇孩子们的所作所为或令我们烦恼、恐惧之事时，做起来可没说起来那么容易。

*

我（麦拉·卡巴金）和女儿们在一家鞋店里。她们一个四岁，一个还是婴儿。四岁的姐姐要买新鞋，但没看见合适的。离开的时候，她开始又喊又叫，抓住一只陈列在鞋架上的鞋，不肯放手。我一手抱着妹妹，一手抓住姐姐，请店员把鞋从她那里拿走。拉锯战开始了。我感到生气、无助和失控。最终我把她弄到店外面时，她还在哭喊，小脸通红。她气得发疯，因为她没能拥有新鞋子。我好不容易把她弄到了汽车座位上。在这个过程中，她用脚踢着半开着的车门，把塑料侧板踢坏了。

如何应对这个事件取决于我如何理解在那个瞬间的孩子。在那个当下，我完全被她的反应所淹没，只感到愤怒，没多少同理心。我没有特别同情她，但也没有冲她发火。我的全部注意力和努力都放在把她弄回家并不让她伤害到任何人上面。直到后来，当我能够把一些线索放到一起并回放当时的情景时，我才感受到对她的同理心。

她之所以如此，原因可能是过度疲劳、饥饿，也可能是对鞋店中皮革气味的反应，再加上没有得到想要之物的失落。更糟的是，妹妹分走了妈妈的一部分关注。最有可能是这些因素共同作用的结果。

回顾当时，我能够理解她又踢又喊，并非出于要弄坏汽车、让我发疯或控制我的恶意。没买到鞋子的愤怒触发了她所无法掌控的巨大反应。她仿佛被什么东西掌控了，就像被施了魔咒。

*

看待孩子身上那些被我们称为"困难"或"负面"的行为，有很多种不同的方法。对某个人而言可能完全无法接受的事情，对我来说，却可能是正常的行为。反之亦然。很多时候，我们拘囿于一种看问题的方式，习惯于那些未经推敲的观点和感情，并可能把社会规范、他人的想法或我们的困窘凌驾于孩子们的情感健康之上。在这些时刻，我们很容易感到被他们控制和操纵，觉得全然无助，并极度愤怒。我们可能极容易冲他们发火，借此确定我们的权威并重新掌控局势。

由于这样的情况在养育中比比皆是，因此我们有足够的机会与这些反应模式一同工作，并根据自己的觉知和判断来发展出一种更合适、更滋养的情绪反应。

如第四部分所述，我们可以把对情绪反应的觉知与正式的冥想练习做适度的结合，以帮助我们加深觉知，更清晰地看待问题。正式的冥想就像身处实验室，在这个实验室里，我们能够更了解自身的心理、情感状态及其对我们的影响。它为我们提供了无穷的机会，来观察每时每刻涌现出的想法和情感，并把它们当作头脑中的非个人化的事件来看待，犹如天气模式一般，我们不需要以特别的方式来应对它，甚至根本无须应对。觉察我们的情感意味着有意识地认识到它们在这里。我们简单地接受，或有点不那么甘心地接受：它们是我们此刻的情绪，无论是否喜欢，都不要去评判它们（通常意味着不去评判我们多多少少正在评判的这一事实）。

倘若我们学着去观察和接纳自己的种种情感，包括那些情感的旋涡，把它们看作增进正念的一部分，我们就自然而然地会对他人的情感，尤其是孩子的情感，变得更有觉察。我们得以了解情感的状况、它们不断变化的本质，也能更富有同理心，但同时，认为事情是针对自己的想法也得以减少。

虽然我们可能并不喜欢孩子的所作所为，但我们却能更好地接纳他们的体验和情感。这样做的时候，我们能够跳出为人父母所陷入的条条框框。如果我们被自己的情感和对事物成见的执着所裹挟，我们就会切断与孩子的联结，并在某种程度上切断与我们自己的联结，从而失去创造性地处理眼前事态的能力。

如何看待正在发生的一切，无论是带着评判和不赞同，还是开放地看到表象底下的真相，都会强烈地影响到我们与孩子的关系。以一种非评判的、富于同理心的开放方式来看待孩子们的问题行为，可以让我们保持与他们的盟友关系，与他们保持一种贴心的联结。如果他们的行为有问题，我们需要让他们清楚且坚定地知道这一点，并设定某种界限或限制。

孩子提供了无穷的机会，让我们透过情感反应性的面纱去练习观察和接纳，并基于对长远图景的理解来做出最好的行动。

*

看待事物的方式总会影响我们的选择。当婴儿哭的时候，是把这种行为看作他在有意识地控制我们，还是他在表达需要什么或哪里不舒服？当孩子开始爬行并探索身边的世界时，是把他们不可遏制的好奇心当成智慧、力量和精神的表现，还是当成对我们掌控的威胁或一种不服从行为？当儿子疯狂

地捉弄妹妹时，当十来岁的女儿出现情绪化的疏离、挑剔和
苛求时，或者当某个孩子愤怒地威胁说他要离家出走时，我
们又如何看待这一切？

　　接受孩子的本来面目，听上去是很简单。但是我们有多
少次希望他们的言谈举止、待人接物不同于当时的实际情
况？哪怕在所有证据面前，我们也拒不接受此时此刻，虽然
孩子现在的表现并不是我们所想要的，但此刻已无法改变！

　　当我们觉得事态失控时，可能会有"约束"冒犯者并恢
复秩序的冲动。随着这种"不良行为"而来的是我们施加的
某种约束，通常不包括任何怀着同理心去理解孩子的尝试。
如此一来，那个困难的时刻不仅没能给父母和孩子带来更好
的理解和更深的联结，反而造成了更大的距离和疏远。

　　另一种选择可能并不清晰，也没有一套既定程式。但我
们可以说，它始于敞开心灵、以崭新的眼光看待那个瞬间的
孩子。当我们试图这样做的时候，通常会发现观点受自身的
需要、恐惧和期待及当时资源的多寡所影响。这些因素综合
起来，要么是为我们配上了滤镜，变成以某种特别的方式看
待所有事情，要么是完全遮蔽了我们的视野。无论是何种情
况，我们都不再能够看到全局，而只看得到某些颜色和细节。
片面的看法会让我们习惯性地给孩子贴上消极的标签，对孩
子的行为做出评判，从而导致持续的愤怒和情感距离。

　　当我们意识到自己的思路变得偏颇、不再清晰时，如果
把正念带入这些瞬间，通过呼吸安住于身体、得以安然地存
在，再仔细地看看孩子究竟是怎么了，通常我们会发现，隐

藏在表面促发因素之下的还有更多原因。如果我们假设孩子的捣乱行为之下有其原因，那么即使我们没有立即看到它们，也并不明白个中究竟，我们依然可能多一点同理心和接纳。当孩子有破坏性或捣乱行为时，如果能够将批判性的惯性看待方式放在一边，我们就可以看到，那疯狂、喧嚣、愤怒的行为未必是"消极"的。有时候，孩子会这样见诸行动以重新找回平衡。他们可能觉得受到了学校或某些功课要求的束缚，而他们的能量、活力和力量需要一个出口。

这些年间，当孩子变得格外疯狂、没头没脑、傻里傻气或挑衅十足时，把这些看成是一种能量释放，看成他们发泄的重要通路，对我（麦拉·卡巴金）来说是非常有益的。有些时候，孩子的身体中涌动着无法控制的能量；还有些时候，他们可能在表达一种隐藏着的深层情感。尽管他们崩溃、喊叫、踢撞，但把这些行为看作是他们内心状态的一种表达让我更加宽容。我选择更加乐观、自信。把这些行为看作一种健康正常的释放帮助我从中获得一些认识，而不至于把它们当作是针对我个人的。这也给予了孩子尝试不同行为的自由，不必被家长的权威锁在只求认同的狭窄行为框架中。

有时，若把孩子突然的爆发看成天气的剧变，可能会有些帮助。我们不得不坐等这样的爆发过去，如同等待雷阵雨过去。我们会认为雷阵雨是操纵性的吗？"操纵"是孩子未能按我们的方法行事的时候常在我们脑中浮现的一个词。有时候，孩子们重整旗鼓的唯一方法就是爆发。不管出于什么原因，当不平衡积聚起来时，将之释放可能是获得平和的唯一出路。在和解、重新联结与新的开始成为可能之前，孩子有时候需要把我们推开，去寻找他们内在的空间。

每次和这种能量抗争，尝试控制或消极地评论它时，我们都只会把事情弄得更糟。在这种时候，寻找办法，与孩子一起行动而非抵抗，一起工作而非反对，才是有益的。

有时要去直接调动他们的能量。一个蹒跚学步的幼儿或学龄儿童变得狂野、失控，可能只是想与你摔跤或玩其他激烈的体力游戏，以更集中、扎实的方式来释放精力。一旦你与他有了联结，就可以更容易地帮助他过渡到他当时应有的状态。

随着时间推移，作为观察者，我们开始能够识别暴风雨在酝酿中的一些早期信号。然后我们可以在更平和、孩子更能接纳的时间里与他们共同工作，并鼓励他们去注意风暴来临前的感受。他们开始能询问自己："我累了吗？""我饿了吗？""我生气（伤心）吗？"渐渐地，孩子会学着提出自己的要求，可能是在房间里独处的安静时光、一个拥抱、一个温水浴、一盘点心，或是一场打闹的游戏。我们可以与他们一起回顾发生了什么，一起谈论它。视孩子的年龄而定，可以告诉他们我们对他们可能感受到什么（困惑、愤怒或受伤等）的所见所感，并倾听他们的回答。经历这样的过程可以在这些不可避免的情感风暴之后加强我们的关系。

让他们知道自己的行为如何影响着我们和周围的其他人是很有帮助的（譬如，会让我们难以去倾听他们，会把我们推开，等等）。面对学龄期的孩子我们可以询问他们是否知道如何表达情感和需求，是否知道如何让他人更好地听到他们的需求。这样一来，他们会开始学习反省自己的体验，并尝试寻找到更有效的方法去表达强烈的情感，从而更熟悉这些情感。

*

秉持开放、接纳和富于同理心的态度，这并不意味着天真无知或被动。不可避免地会有很多时候，我们需要介入并果断地采取行动。当然，我们做什么有赖于孩子的年龄和特定的处境。有时候，孩子就是会做得太多、动得太快、飞得太高。在孩子年幼的时候，他们可能还不能自我调节，需要我们划定约束和边界，让他们在撞到某些东西后慢下来并回归现实。

也有些时候，孩子会向我们发出严重的求救信号："注意！有事情不对头了！"这些信号可以有很多不同的形式，譬如愤怒爆发、害怕、退缩、躯体症状或是不想上学。这种时候，如果我们自动地把他们的行为归结于最坏的动机，并予以严厉的惩罚，或者忽略他们，那就是在贬低孩子和我们自己。我们无法确认孩子的动机，就如同无法确认任何人的动机一样。当我们把他们的行为贴上"操纵"的标签，并以反对和约束来回应时，在本质上，我们与孩子在此时的联结就已经被切断了，而这可能正是他们最需要我们的时刻。我们的评判竖起了一道藩篱。它变成了一个死胡同，令我们失去了建立信任和联结感的机会，也失去了应对真正的问题并对所伴随着的深层痛苦加以共情的机会。

这种时候，我们需要透过表象来看看究竟发生了什么。要找到这些信号的源头可能很难。但是，比起那种消极、恐惧、评判的视角，培育一种更加开放、好奇和关切的视角是更值得尝试的："这些信号意味着什么？""我们可以在这里做些什么？"如果我们对孩子发出的信号更加敏感、更加留心，再结合对他们的了解，通常就能开始看到问题的根本所在，并知道自己需要做些什么。

当然，当一个学步的幼儿又踢又叫，或者一个学龄儿童叫嚷着摔门时，这些并非考虑究竟发生何事的最佳时机。我们首先需要立即度过危机。无论出于什么原因，当孩子气恼的时候，他们都处于非思考状态。他们通常沉浸在强烈的情绪中，并不想跟我们理论。在这种时候，孩子实际上听不到我们在说什么，更不用说理解我们了。他们需要的是我们与他们一起度过这场风暴，并且不会因他们失衡也随之失衡。我们不妨把自己想象成风暴中一棵荫翳、高大的橡树，一个可靠、包容的朋友，我们并不一定理解他们或有答案，只是作为一个深具同理心的存在即可。

一旦风暴过去，就是时候问问自己究竟发生了什么。我们变成侦探，不断探寻孩子不快乐或失衡的可能缘由：与学校的事情还是家里的事情有关？是身体上的、情感上的，还是二者兼而有之？是相对简单的事情，譬如太累了、饿了或者受刺激过度，还是有什么麻烦的事情发生了？发生的事情是否有一定的模式值得我们关注？他们生活中可能有哪些压力源？他们需要利用或开发哪些内在和外在的资源？

接受孩子的本来面目和他们当下的经历，就意味着去问上述问题，并去深究可能发现的答案。

＊

熄灯之后，我十岁的女儿躺在床上问："妈妈，我觉得好困惑。"

我回应说："你困惑些什么？"

她说："我不知道，我就是觉得困惑。"

我强压住想让情况好一些的冲动："不要为感到困惑担心。"

她说："是吗？"

我说："是的。"

她沉默不语，安然地入睡了。

在那个时刻，她不需要讨论或答案。感觉到我的支持，她就能接受不确定性和困惑。我的接纳让她也接纳了自身。

要接纳年纪稍长的孩子并非一件容易的事情，尤其是当他们所说的一切似乎都是针对我们的直接批评时。这通常发生在一天结束前每个人都觉得精疲力竭的时候。伴随着一连串负面评论与贬低的，是对我们为他们做事的要求，以及对他们有多累又有多少任务要完成的抱怨。我们越是觉得与孩子有隔阂，他们就变得越发愤怒、苛刻和挑剔。他们的行为也会相应地激发我们的怒气，让我们越发不能接纳、越发拒绝他们。

我十多岁的女儿走进厨房，穿着 T 恤衫，发着抖，我们有如下对话：

"这里冷。"

"添件衣服吧。"

（被招惹了）"我不需要添什么衣服，这里有点冷而已。"

"这里并没有很冷，你为什么不去穿件暖和点的衣服呢？"

（生气了）"我不需要添什么。这里冷。"

这场对话似乎无关痛痒，但每个回合我们都把彼此推得更远。近来我觉得她不停地挑衅我，因此被她的行为惹恼了，一点也不同情她。后来，事情发展到了一个令人不安的境地，她待在自己的房间里，拒绝与我说话。这如同向我泼了一盆冷水，让我清醒下来，我最终能够透过自己的愤怒，意识到她所经历的困难时刻。我看到在过去几个星期里，我们越是保持距离，她就变得越发生气，而她对我越凶，我就变得越加恼怒，与她越加疏离。这是一个可怕的恶性循环，最终导致了目前的僵局。结果会怎么样呢？

显然，我需要来终止它。我发现她无法从我这里得到她想要的。她想要获得些什么，但她不想从我这里得到……她既想又不想。在那之间存在着一个谜。

　　她抱怨感到冷但拒绝添加衣服的时候，我本该有点同理心，把空调温度调高些，以一种她能够接受的方式给她温暖。我本有各种各样的方式来回应，但前些日子里积压起来的火气令我变得不能忍受她。我把自己和她隔离开来，并把她当成一个问题。

　　此时，她需要的是我别把她过去几个星期里的批评放在心上，而把它们看作她内心挣扎和处于压力之中的一个迹象。我无法改变她此后人生中的各种事情，但我可以更具同理心，并努力地倾听她言行背后的情感。很有益的做法是在孩子敌对行为发生的早期就着手解决，让她知道我的感受，这样我的怨气就不会累积，她也能更深刻地认识到自己的行为对他人的影响。

　　比起他们小时候，向十来岁的孩子表达温暖和关爱可能没有那般容易。我们需要找到方法提醒他们：我们是站在他们那边的，他们对我们来说很珍贵，就如他们还是脸颊红红的可爱小天使时一样。

　　孩子的情感属于他们自己，他们如何表达这些情感则会影响我们和其他人。当他们的行为令人讨厌、粗暴、缺乏尊重、具有伤害性或造成疏离的时候，忽视我们自身的情感、忽视他们的行为对我们的关系的影响，这对大家都没有益处。弄清楚是否该对他们说些什么，又该在什么时候说，是一个创造性的过程，这需要我们与当下时刻保持联系。没有程式，没有唯一正确的答案。这种创造性来自对每个情境、每个孩子及我们自己的具体回应。因此，一个正念的回应只可能源于我们对当下开放的意愿，对跳进一些预设"答案"（这些答案通常源于我们的不适，来自我们想安排、纠正或教导的欲望）的拒绝。

*

在有些情况下，孩子的某些行为方式可能会触发我们的强烈情绪和破坏性行为。这些反应模式可能是我们童年的一部分，而我们在不知不觉中把它们内化了。在出现类似的情况时，它们就会浮出水面。我们的反应可能以不自觉的姿势、紧张、自以为是、蔑视、不容忍、残忍及灾难性思维等形式出现。

任何行为都可以被看成至恶，也可以被以一种更具接纳和善意的方式看待。如果我们成长于一个充满不信任的环境，曾被怀疑和评判所伤，曾遭轻视或嘲笑，那么我们就会习惯性地掉入这些熟悉的模式，并在自己的孩子身上重演。摆脱这种模式需要持续的、对每时每刻的觉知。这有助于我们意识到自己在说什么、是如何说的，以及会对孩子造成怎样的影响。只要我们能清楚地看到自己的反应模式及它们的出处，我们就有更大的可能去创造出新的、更健康的应对方式。

太多的孩子和成人带着那种不被接受的感觉生活着，不知何故，他们令父母"失望"，或没有符合父母的期望——他们"不合格"。多少父母花时间聚焦于孩子"太这样""太那样"或"有这样或那样的不足"。父母这种抑制性的评判行为造成了大量不必要的痛苦和悲伤。以羞辱、拒绝给予的方式来表达不赞同，对孩子的行为会有积极的影响吗？即使它带来服从，但会给这个孩子及以后的成长埋下怎样的隐患呢？

父母无须喜欢或赞成孩子做的每一件事，也不必喜欢或赞成他们成年后选择的生活方式。差异是永远存在的，最终每个孩子都必须找到自己的路。

无论孩子有多大，若他能感受到我们的接纳与爱，且知道这份接纳和爱并非仅仅因为他那个容易相处、可爱、吸引人、讨人喜欢的自我，也因为他那个困难、令人讨厌、恼怒的自我，他将能够自由地变得更加平衡与完整。如果能够回到我们无条件之爱的源泉，他们就能面对任何一种困难和挑战。在我们对他们本来面目的全然接纳中，内在的成长和疗愈会自然发生。

第四章

正念：
一种看待事物的方式

养育是一场
全然的灾难

无论是有意规划还是偶然发生，一旦我们成为父母，虽然我们可能还需要一段时间去认识这一点，但实际上我们的整个生活已经立刻变得不同了。为人父母令压力呈指数级增长。它以前所未有的方式让我们变得脆弱。它以前所未有的方式召唤我们去担负责任，要求我们把时间和注意力从别的事物上（包括我们自己身上）移开。它制造混乱和无序、力不从心感、争吵的场面、挣扎、恼火、噪声、看似永无止境的责任和差事，它制造足够多的机会令你不知所措、愤怒、憎恨、伤害、衰老、感到被淹没和无足轻重。这不仅仅发生在孩子还年幼的时候，甚至在他们完全成年独立后还会继续。要孩子是自找麻烦。

那为什么要生孩子呢？皮特・西格（Pete Seeger）说得特

别好："我们为了丰厚的报酬——亲吻，而这样做。"孩子为我们提供了分享鲜活生命的机会，这是他们尚未出现在我们生命中时所无法触及的。特别是在孩子年幼时，父母的工作就是为他们而在场，并尽最大努力去滋养和保护他们，让他们自由自在地体验孩提时代的无邪和纯真，在他们尝试寻找和定义自己的道路时，温柔地提供真诚和智慧的引导。

孩子体现了生活中最美好的部分。他们生活在当下。他们是生活最美好的花朵。他们是纯粹的可能性，是生命力、生发、更新和希望的体现。他们纯粹是自己原本的模样。他们与我们分享着充满活力的本真，当我们能够去仔细倾听召唤时，孩子就在召唤着我们的本真。

一旦有了孩子，我们与整个宇宙的关系就完全变了样。我们的意识改变了，从一种看问题的方式转变成另一种。我们可能发现，我们以从未有过的方式感受到与他人的绝望和痛苦休戚相关。我们悲悯的范畴得到扩大。对孩子和他们的福祉的关注可能会让我们对贫穷、环境、战争和未来有不同的看法。

至于麻烦，在卡赞扎基斯的小说《希腊人左巴》（*Zorba the Greek*）中，那个脾气急躁的老人左巴，在被问及他是否结过婚时，他回答："难道我不是个男人吗？我当然结过婚。妻子、房子、孩子，全然的灾难。"他又说："麻烦？生活就是麻烦。只有死亡才不麻烦。"

不管正念与否，我们终究需要做出自己的选择，并承担它们的后果。即便如此，我们也从不知道即将发生什么。全

　　然灾难的很大一部分是无所不在的不确定性。问题在于，我们能否如水手娴熟地运用各种风向把帆船驶向特定的目的地那样，去利用生活中所有的境遇，哪怕是最艰难、最具压力的境遇，来成就我们的力量、智慧和坦诚开放的心胸？如果我们想长久地成为孩子的好父母，自身的持续成长是绝对必需的，这样一来，他们才可以得到保护，并以自己的方式，在自己的时间里健康成长。

居家的禅师

虽然我们不是佛教徒，但是我们在禅宗仪式中举行了婚礼。我们的婚誓是"帮助彼此与一切众生共成佛道"。从很多年前第一次接触禅宗开始，禅的传统就对我（乔恩·卡巴金）有着深刻的吸引力。禅修辛苦而严格，强度颇大而无法预测，狂野又深具爱和趣味。它非常简单又不那么简单。它关乎正念和不执着，关乎在最深的层面去了知我们是谁、我们在做什么，包括难以言喻的无明与无为。

对我来说，习禅的疯狂之旅似乎与养育有着很多共通之处。二者都关乎对生命本身保持觉醒。所以，当我把我们的宝宝（和其他人的宝宝）视作居家的禅师时，这似乎也并不牵强，他们都有圆圆的肚子、大大的脑袋和神秘的微笑。禅师不会为自己辩解。他们只是具身体现存在。他们不会钻牛角尖或掉入对各种事物的理论思考中。他们不执着于事物以某种特定方式存在。他们并不总是一成不变。今天未必与明天相同。他们的存在和教导可以帮助我们突破，进入对我们自己的真实本性的直接体验中，并鼓励我们在此时此刻找到自己的道路。他们并不通过语言来告诉我们怎么做，而是通过给予我们非思维性的无穷挑战，来映照生命的圆满。最重要的是，禅师具身体现了觉醒，并把它从我们身上召唤出来。

孩子们在很多方面都很相似，尤其当他们还是婴儿时。他们越大，我们就越难看到这一点。但如果我们愿意观察并看清楚，就会发现他们的真实本性一直存在，且永远镜像般映照着我们的本性。

孩子们拥有开放、纯真、无所挂碍的"初心"。不可否认，他们全然存在。他们不断学习、发展、变化着，并需要从我们那里得到新的回应。随着他们逐渐成长，他们似乎会处处挑战我们可能持有的期待、成见、珍爱的信念以及期望某件事以某种方式发展的愿望。作为婴儿时，他们把我们的生活填满了，需要我们对他们的身体和情绪投入那么多的注意力，他们不断地挑战我们，让我们全然临在、保持敏感和耐心、探询究竟发生了什么、冒险尝试一些事情，并从他们对我们尝试的回应中学习。他们教会我们如何与他们保持谐调，并在与他们的联结中找到喜悦与和谐。没有时间来多讲理论，而且理论若不与实践相联系，也帮不了多大的忙。

当然，孩子并不是真正的禅师。孩子是孩子，禅师是禅师。但倘若我们能够开放、接纳地看待孩子，并看到经由他们所表达出来的生活的纯真，那么无论他们处在什么年龄，这份纯真都能令我们在任何时刻对孩子和自己的真实本性保持觉醒。

别人告诉我们的，都不足以让我们真正准备好去成为父母。我们边学边做，规划我们自己的发展道路，仰赖自己内在的资源，包括那些我们从来不知道自己拥有的资源，从我们孩子身上以及每一个呈现出来的新状况中获得线索。我们需要活在养育之中，才能知道它是什么。它是一份深刻而持久的内在工作，如果我们选择聆听它每时每刻的诉说，那么这本身就是一种精神修行。

来自孩子和所处环境的教导不断地涓涓流淌，我们可以全然忽视它们，或是出于不方便、不重要、太复杂和困难而拒绝它们；我们也可以深入研究它们，让它们引导我们该关注什么，判断此刻正在发生什么，又该去做些什么。这完全是我们的选择。如果我们抗拒，可能会带来很多不必要的挣扎和痛苦。忽视或抗拒孩子探索、学习和成长的生命力，对他们的自主权不加认识、不予尊重，这样的行为否认了一个基本事实，而它终会以某种方式体现出来。

举例来说，一时忘掉两岁的孩子只是孩子，而僵硬无情地把我们的期望强加于他，要他乖一点，就是忘记了他的行为是一个两岁孩子的正常表现。如果我们在那一时刻要求事情有所不同，脑中充满抗拒或狭隘的思路，并试图将自己的期待强加给当时的处境，就会造成各种各样的麻烦。毫无疑问，作为父母的我们都或多或少经历过这种状况的后果。

　　如果我们能够放下"理应如此"的想法，去接受孩子的本来面目，换句话说，如果我们能够记着自己是成人，能够在当下内省并怀着一定程度的理解和善意去行事，那么，我们的情感状态与行为选择都会有很大的不同。而接下来那一刻的演变及决心也会有所不同。如果我们选择这条路，它将教会我们一些很重要的东西：我们是何其执着于事情发生的特定方式；一旦我们被挑战，心就会开始动摇，我们看似有着各种不同的选择。一种选择是允许自己被自动反应和无明冲昏头脑，忘记两岁的孩子只会做两岁孩子能做的事情；另一种选择是，确信我们有能力看到自己的反应，并选择一条不同的路，这条路会让我们同时与自己的反应及此刻孩子的经历一起工作。从理论上说，也许在那个时刻之前，或者在另一个处境中，我们对这一切都已经熟知，但此刻还是无法以一种能够防止自动反应的方式来应对。所以两岁的孩子经由他禅师一般的存在向我们展示，我们是如此容易在情绪反应中迷失，但我们不一定非得如此。这是可以应用在生活中很多方面的一个重要教训。毕竟，我们的内心总是紧紧跟随着行为，在感觉失控或不喜欢正在发生的事情时，心就会以相似的方式做出反应。

　　如果我们能把注意力和意图融入养育和生活的其他方面，哪怕它们可能令人痛苦惧怕，这种全然临在并凝视任何事物的指向感及坚定意愿，也可以让我们与万事万物的本来面目更加和谐地相处。而这一切的发生，需要我们仔细聆听这个世界提供给我们的东西，并更加开放地看待呈现在我们面前的一切体验。

　　有趣的是，如果我们能够把觉知融入每个时刻，不坚持它该有何种特定方式，也不强求某种特定的答案或结果，只是一次又一次地提供空间，让它自然呈现，那么和谐就在此时此刻，就在我们心中，就在孩子们心中。因为万物本身就已然蕴含着这样的和谐。

　　　　我们先是编草结绳，然后拔河。

　　　　接着我们轮流歌唱，把球踢到空中。

　　　　我踢球他们唱，他们踢球我来唱。

　　　　时间过得飞快，我们都已将它遗忘。

　　　　路过的行人指着我笑：

　　　　"你为什么像个傻瓜一样？"

　　　　我点头不回答。

　　　　我可以说些什么，但为什么要说？

　　　　你想知道我心里装着什么？

　　　　自时光伊始：这便是一切！便是一切！

　　　　　　　　　　　　　　　　　　——良宽，

　　　　　　　18 世纪日本禅师，隐士，书法家，诗人

一次长达 18 年的禅修

正如视孩子为禅师有助于我们更好地帮助他们成长并自我成长，我（乔恩·卡巴金）常常觉得，养育可以被看作一次长期的禅修（meditation retreat），我们因此有机会做深刻而专注的内在功课，而这可能对孩子和父母都有着深远而持久的好处。

禅修通常会持续几天、几个星期或几个月，而"养育禅修"在每个孩子身上都要持续 18 年。当然，日常养育的要求与那些远离尘嚣的高强度禅修不同，但将二者都视作持续的内心功课使我深受鼓舞，得以将坚忍、包容一切的视角，融入做父母的召唤中，融入需要专注、关怀与智慧的养育岁月中。

那么，什么是禅修？它的目的是什么？把养育看成一种静修如何能够帮助我们（哪怕我们并不经常冥想或者缺少个人静修体验）理解并加深正念养育的能力？这样看待养育为什么有助于我们自身的成长和发展？

禅修是我们进行内在工作的机会。由于日常生活充满竞争性义务、分心及诱惑，这样的内在工作极难在静修场所以外的地方进行。静修时，因为我们会在一个特殊之地待上很长一段时间，远离家庭和工作的要求，所以我们有一个难得而珍贵的机会来简化我们的生活，并对我们的存在予以极大的关爱。

禅修通常会由一个或多个有经验的老师来指导，他们勉励、鼓舞、指导、点拨，并聆听静修者的体验。基本的练习常常包括一段时间的坐禅与行禅，通常从清早一直持续到晚间，只是打坐、行走。也常有一段时间的工作，亦在静默中进行，这样我们就可以把打坐和行走时所培育起来的心念融入打扫盥洗室、洗刷锅碗瓢盆以及在花园中除草的任务中。任务是什么并不重要，重要的是我们带入工作的那份心念。

注意力主要被转向内在，转向生命体验，这些生命体验通常被完全想当然地对待，譬如气息的进出，以及我们在每个瞬间里需要觉察的身心体验。除此之外，我们在静默中吃饭，在静默中睡觉。除了偶尔与老师面谈，通常没有阅读、写作，也没有电话，你真正是在独处。这样的修行可能极其艰苦和富有挑战，但有着深刻的疗愈力。

开始的时候，头脑可能非常活跃或不安，但渐渐地它会安静下来，并变得非常集中和专注。有时候，心念能够在比较长的一段时间里保持集中、静止和相对平衡的状态。通过自律地培育注意力，加上对所观之物的认识和接纳，你能够以一种崭新的方式理解自己心念的全貌。一种具有高度穿透力的觉知得以发展，为你在外表、依恋关系和个人历史之下的本性，提供一种深刻的观照。这种集中而持久的关注，有时会触发深刻的领悟，一种真正的开悟——也许会让你以从未知晓或从未想到过的方式启示自己，并照亮你的生活。

集中的冥想练习既是一面镜子，也是一个深刻的净化过程。我们可能会获得一种更加宽广、更加准确地看待问题的方式，可以让我们深入了解自己，并学会释然和放下。在这一过程中，也许最重要的是放下我们所认同的绝对的、僵化的方式，放下我们的物执、视角和成见。

对我们的心念加以持久的关注时，你会发现其实心念的运作遵循一定的结构，且具有可以辨识的模式。有时候，这种结构和模式极其顽固，一再地重复。只要坚持坐禅和行禅，你就可能了解到，思维是如何无止境地流淌，其过程是如何混乱（很难明辨其内在的秩序），以及我们大多数的想法是多么不可靠和不确定。你可能会认识到心念是多么具有反应性，而情绪的风暴是多么强有力。

你可能意识到，心念会花很多时间在考虑过去（用来回味、憎恨或责备）和未来（用于担忧、规划、希望或梦想）上。你会发现，在某个特定的时刻，心念不停地在对自己和周遭一切做着评判：是愉快的、不愉快的，还是中性的。你可能会看到心念的执着有多么强烈，如何不断地认同各种事物和见解，以及如何被拥有不同的事物和关系的痴心妄想与欲望所驱使。

你可能会看到，要让心念安住在当下有多么困难，但随着时间一点点过去，心念也确实能够平静下来，使你看到它所卷入的这些无休止的活动，并达到一种内在的静止、安然和平衡，不轻易被它自身的活动所扰动。

如果你有足够的动力来坚持修习以度过困难时刻，并能够在长时间静坐时与身体的疼痛相处；如果你能够与心念对"谈话""娱乐""分心"和"新奇"的渴望相处，同时能够与时不时涌现的厌倦、抵抗、悲伤、恐惧和困惑相处，如果与此同时，你坚定地带着全然的善意和温和，不加期待，坚持纯粹地观察你的觉知中每个瞬间涌上来的一切，那么，在你修习的某些时候，你可能会在自己的心念中遇到如海洋般深邃的寂静、幸福和智慧。

在很多方面，心念确实如水，它是一片名副其实的海洋。受不同季节、天气和风的影响，海面可以全然平静，也可以卷起数十米高的惊涛巨浪。如果你潜入得足够深，哪怕在暴风雨最猛烈的时候，那里的水依旧是静止的。

只要坚持修习，我们就可能感觉到心念是大致不变的，平和与深厚的止静是其本质，它们一直存在。即使我们出于某种原因被情感风暴的巨大旋涡所裹挟，平静、止静及觉知的能力依旧在这里，位于我们的存在之下，是我们整体的一个部分。这份平和与止静可以被召唤、被使用，并非为了消除心念表面的激流（就像我们不会试图去平息海上的波浪），而是为了理解这种激流，并为其提供更大的包容——可以令激流本身得到抱持、被看见，甚至可以用来加深我们的理解。

我们可能会了解到，想法和情绪不一定如生活中经常发生的那样，以这样或那样的方式淹没我们或蒙蔽我们。我们也无须做任何努力来压制它们，以摆脱它们所包含或导致的痛苦。

以这种方式研究我们自己的心智活动可能令我们觉得自己是孤立的，而这种想法其实是我们虚构出来的。我们可能看到，"我"（I，主格）"我"（me，宾格）以及"我的"（mine，所有格）本身都是想法，是心智异常强大、根深蒂固的习惯，但终究只是想法。揭开常常占据脑海的"独立"之念以及对自身、对个人得失之虑这层外衣，我们可能会看到：我们是整体流动中的一部分，我们属于这个整体，它要比我们大得多。

我们可能会明了个体生活的一个奥秘：我们从父母的联结中诞生，他们则因他们的父母而诞生。一直追溯下去，我们是自己父母和孩子的中介，是所有我们永远不会认识的先人和后人的中介。

我们可能会认识到，宇宙最深的本质在于：它是一个没有缝隙的整体，每件事情都是一切事物的某个方面。我们可能会明白，万物皆彼此蕴含、互相映射，是一个更大整体的一部分，而互相关联与依靠是关系的根基，无论是意义也好，个体生活瞬息万变的细节也罢，都从这个根基而来。

你也可能会以全新的眼光、全新的理解和领悟看到：在我们面前展现的生活既是非个人的，同时又是极为个人化的。当思考和强大执着的面纱变薄之时，你可能会直接意识到，此时此地，你就是你，你是独特的，有你自己的面貌、性格和欲望，你有一段特定的历史，这是你父母的赠礼，你以自己的方式成长，你有自己独特而神秘的道路和使命，它们可以为你的生活注入愿景和激情。你在你工作的地方工作，在你生活的地方生活，你的责任是你的责任，你的孩子是你的孩子，你的希望是你的希望，你的恐惧是你的恐惧。

我们可以看到，"独立"和"不独立"只是思维在尝试描述一个更深层次的现实，即我们自己。我们可以看到更优雅地生活的可能性，了解到把发生在自己身上的事过于放在心上并不完全明智，因为万物都是非个人的。佛教徒会说，指出一个固定且永恒的"你"是不可能的，你自然是你自己，你对很多事情担有责任，但你又不是你所认为的那个你，因为思维本身是有局限的，而你的本性是无限的。

静修时，我们得以看到：我们不是我们的身体，不是我们的念头，不是我们的情绪，不是我们的想法和见解，也不是我们的恐惧、不安与伤痕。虽然这些是我们的切身体会，而且会像气候影响海面一般给我们的生活带来巨大的影响，但如果我们对此形成无意识且强烈的执着，这份影响就会变得格外强大——我们宝贵的生活会依附于它，透过它看待周遭的一切，如同透过暗的、亮的、彩色的镜片或万花筒那样看待世界。

我们不等同于我们的想法和见解。如果我们能够在生活中了解这一点，并摘下那过滤一切体验的眼镜，那会给我们的视角、我们的选择以及每日的生活带来怎样的不同！光是这种领悟就足以让我们以不同的方式来看待自己、看待我们的养育，事实上，也会让我们以不同的方式来生活。

我们可能也会如他人一般认识到：如果能把觉知融入那些瞬间，被我们称为"一生"的短暂时光也可以是无限长的，因为在任何一生中都有着无限的瞬间。生活在此时此刻，令我们跨出钟表时间而进入到永恒的当下。这样的体验可以向我们展示：我们并非完全受时间的束缚。

于是，我们会开始了解无常，因为我们所关注的事物都不会持久。每次呼吸、身体的感觉、念头、情绪都来来去去，想法与见解来来去去，每个瞬间来来去去，日日夜夜来来去去。相似地，我们也可以看到，季节和年岁、青春、工作和人也都来来去去。甚至山脉、河流和物种也会来了又去，没有什么是固定的，哪怕看似永恒，其实也只是幻象。一切都在一支复杂的舞蹈中流动、变化、生成、消融、涌现与演变，而外在世界的舞蹈与我们内心的舞蹈并无二致。我们可以看到孩子也是这个舞蹈的一部分……同我们一样，他们也是这个美丽而陌生世界的短暂访客，我们与他们共处的时光则更为短暂，并且我们也不知道究竟会有多长。

这个认识难道不能很深地打动我们，并教会我们一些有价值的东西吗？它难道不是在提示我们，我们与孩子共享的时光是多么宝贵？难道不是在提示我们该如何带着觉知来珍惜本质上稍纵即逝的时光？难道这不会影响我们如何去拥抱和亲吻孩子，如何与他们道晚安，看着他们入睡，呼唤他们晨起？当他们想寻找自己的道路却与我们的见解相左时，难道这样一份认识不会让我们意识到我们有多么为难他们？我们的耐心有限，过于看重自己的全知和全然正确，我们忘记了我们需要更为宽广的认知、对人生抱有更大的肯定。

把养育当成一种禅修，并用与静修中相同的专注和持久临在时时刻刻去做这份内在的功课，可能会帮助我们认识到了解并牢记这一整体性的巨大力量，而不至于迷失在自身心念的表面波澜中，也不会迷失在概念狭隘而固执的生活中。我们可能会以不同的方式对待每一个时刻，也许这样它们就不会悄无声息地从我们身边溜走了。

如果我们把已然深刻了知却时常遗忘之事保持在头脑与内心中，我们可能会给予孩子更多的、不同的照顾和关注。也许我们会知道如何立足于我们的生活，感受脚下的大地，感受吹过脸庞和身体的风，知道地点是此地，时间是此刻，并敬重万物和孩子本自具足的神秘智慧。

这些是在高强度的正念冥想静修修习中可能理解和认识到的体验之一。当我们能够在生活中安排出时间，不时地练习，静修将具有巨大且持久的价值！但也有很多时候，在别处待上很长时间可能是不必要、不可取或无法实现的，特别是在我们要尽量兼顾养育、家庭生活和工作的时候。

这正是把养育孩子的经历看作一次加长版禅修可能有用的地方。虽然在某种程度上，家庭生活有可能为我们缓冲一些来自外部世界的压力，并创造一种内在的安全与平和，但养育孩子并非脱离世界的静修，我们只是善加利用我们所面临的各种情况（通常都是困难的境遇），帮助我们培育正念，深入检视我们的生活，让行为出自存在，而且并非只是偶尔为之，而是一直把正念当成一种生活方式。

自然，日常家庭生活的时间安排比起静修时要复杂和混乱得多，它会随着孩子的变化和成长而改变。改变有时发生在一日之间，有时甚至在一瞬间。但正念修习的本质永远是相同的：我们尽最大的努力，全然临在，尽可能地去明察究竟发生了什么。但如我们所见，这并非永远这般容易，如果需要采取行动，就要带着意图、觉知和善意去行动。每日里，在方便时进行的正式练习可以稳固我们的内在功课，但最重要的承诺是在日常生活中培育正念，回应每一天、每一刻所涌现的对养育的召唤，让每一天、每一刻都为深化正念提供舞台。

于是，晨醒是晨醒修习，刷牙是刷牙修习，因为孩子哭而没法刷牙就是暂停刷牙去照顾孩子的修习，依此类推。给孩子换尿布、穿衣、将食物端上桌、送他们上学、上班、购物、规划、打扫、做饭，一切都成为正念修习的一部分。一切皆修习！

修习的重要性

如何过好当下，是最深奥的一门艺术。

——梭罗，《瓦尔登湖》

毫无疑问，仅仅是听说在生活中（尤其是在养育中）更好地活在当下，拥有更多的觉知、同理心和接纳的重要性，就可以给一些人足够的提醒，令他们走上一条不同的路，对自己的能力保持觉知，并如梭罗所言，有意地"过好当下"，在生活和养育中激发出一种新的开放和敏感。

但我们也知道人的大脑自有其运作方式，让大多数人难以一下子"当即觉醒"。与此时此刻保持联结通常需要努力和坚持。洞察本身也并不容易维持。譬如，对于我们的自主权及每日实施自主权的能力，我们只能偶然瞥见或捕捉到一些模糊的暗示。原则上，领悟和转化不会轻易降临在人类身上。

我们必须通过练习来学习如何活在当下，练习以完满的目光去看待事物。也许是出于人类大脑的本性，我们花费生命中诸多时间所练习的事恰恰与正念相悖。我们练习不活在当下，练习被我们的念头、情绪和喜恶从平衡、崇尚自主权和互相的联结中带离。我们练习焦虑，练习愤怒，练习执着于自己最想要的事物。我们练习得越多，越是精于此道，就越难从这些重复的模式中脱身。

正念养育之所以需要被看作一种修习和训练，而不仅仅是一种哲学或好的见解，原因就在于此：作为一种修习，它把我们从生活和头脑的最深模式中解放出来，这些模式割断了我们与自身、与生活和成长的联结。

我们这里所说的"修习"，含义与其原意略有不同。在这里，"修习"是指赋予此刻临在与觉醒：它与练钢琴或练舞步不同，也不是一种运动或排练。虽然你练习正念的次数越多，就能更好地临在，但它并不是通过不断的重复来让你更精于某事。

每一次当你抱起宝宝时，如果你是带着觉知在做，那么这就是修习。它关乎的是全然存在。那么，"全然存在"意味着什么？它意味着全然存在于此时此地，意味着当你抱起宝宝的时候你知道你抱起了宝宝。它意味着与正在发生的一切保持情感、嗅觉、触觉、听觉、抱持和呼吸的联结。觉知你的本能、你的宝宝和此时此刻需要你去做的事，全然临在，无论是喂食、换尿布、穿衣服、唱歌还是其他事情。可以是什么都不必做，除了在那个时刻里全然临在，别无他事。

你不需要"精于"此道。自然，评判自己并非正念的精神。在那个特别的瞬间全然存在就已然足够好。为什么？因为你已经足够好，为什么不全身心地活在那里呢？也许你会体会到那一时刻的完满。因为它永远在此时此地，可以被看见、被感觉和被拥抱。我们既是独立的，又并非如此。

所以修习就是有意识地去记得，无论发生什么，都做到全然活在当下，这样你就不会总处于自动导航模式或机械地行动。当你抱起宝宝的时候，你就在那里抱起宝宝。当你拥抱孩子的时候，你就在那里拥抱孩子。你的心念没有在别处，或者即使在别处，你对此也有所觉察，并能够把它带回来。这貌似简单，却并不容易，因为我们的心念随时都可能移开。

修习方法有很多种。只要通过有目的地融入觉知并加以保持，在生活或养育中没有哪个方面不能成为修习。我们越是愿意专注，就越能坚实地扎根于正念和正念养育中。每一个人都拥有做这份内在功课的工具。每一个孩子、每一种处境、每一次呼吸、每一个瞬间，一切具足，只等待着在此刻被拥抱。如果我们以这种方式接近生活，那么，如梭罗所提议的，对生活质量的塑造确确实实变成了一种艺术形式：它成了我们对如何生活、如何立足于世界的一种持续的完善，而我们自身也得以被每个日子所提供的素材完善着。

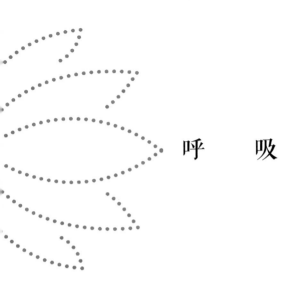

呼　　吸

　　我们如何以一种令人舒适且真实的方式开始正念养育呢？是等待"合适的时刻"到来，还是"既来之则安之"？是从怀孕或第一个孩子出生时开始这份"工作"，还是无论生活在何方，无论处在任何时间段，都可以开始？

　　倘若我们决定不去等待那个虚幻的"最佳时刻"到来，而是抓住所拥有的此刻，那么无论它们是多么不规整、破旧和凌乱，我们都有可能为自己开启一个崭新的、健康的局面。

　　下决心从此时此刻开始，并善用手边拥有的资源，这已经为我们提供了正念修习的精神：无论正在发生什么，我们此刻在哪里，我们是刚开始为人父母、已有成年的孩子，还是已经当上了祖父祖母，我们都可以探索全然临在的价值。

　　开始正念养育的方法之一，是在某些静谧时分培育与呼吸的亲密关系，若能整天坚持便再好不过了。你的呼吸从不间断地流动着。它是永远的全然临在。它与你的生命、你的身体和情感状态紧密相联。对呼吸保持觉知，会把身心带入当下，并带来觉醒和清明的观察。

你现在就可以试着与你的呼吸进行接触，并注意观察能否让它在觉知前线保持几分钟。要点是去感觉气息的进出，吸气的时候知道气息的进入，呼气的时候明了气息的呼出。你可以用注意力来驾驭呼吸的波动，如同感受橡皮筏子在温和的波浪上漂浮那般去感受呼吸的起起伏伏。然后，无论你在做什么，无论你在面对什么，你都可以努力把觉知带入呼吸中。

你可能很快就会发现，当你这样做的时候，你的心念同所有人的心念一样有着它自己的主张。它可能不想记着去呼吸并与之保持接触，它不习惯持久地保持觉知。你会发现你的心念不断地跳来跳去，跳到过去或者未来，总是从一个想法或情绪跳到另一个想法或情绪。当我们面对时间的压力或要应对困难和冲突时，它尤其如此。无论是谁，即使表面看上去很平和，当他们第一次坐下来在静默中跟随他们的呼吸时，哪怕只有几分钟，他们都会立刻发现这种状况。

通过持续不断的练习，你有可能与你的呼吸发展出一种亲密感，将你的觉知延伸到你此刻所处的整个世界，延伸到这个世界里正在发生的一切。以这种方式培育觉知，可以让你在每一刻都发挥出最大的潜力。

当你努力练习的时候，培育对自身呼吸的觉知所带来的价值的增长会体现在你身上。它会令此刻变得轻松，并让你持有更大的平静和明晰。然而，把对呼吸的这份觉知延伸到此刻的任何活动中去，这需要能量和承诺。它既是向外寻找又是向内探视，所以它既是一种观看又是一种看到，可以被称为洞察或智慧的专注。你可以把这份觉知带到生活的任何一个方面：呼吸和换尿布，呼吸和购物，呼吸和目光接触，呼吸和陪孩子玩耍、给他们读书、哄他们入睡，或是与稍大一点的孩子谈话，呼吸和做饭，呼吸和同时兼顾十件事并觉得你快要无法掌控了，呼吸和在崩溃后调整心态继续前行，等等。这不需要额外的时间，只须去记得。

　　换尿布、收拾残局、劝架、跑东跑西、坐卧不宁、工作或是玩耍、"准点"或是"误点"，这些场合都适于运用呼吸来让你更好地临在。

修习就是培育

　　就如你可以在园子里栽种西红柿或玉米，你也可以在生活和家庭中培育正念，而这份培育正是我们所说的修习。无论是阐述我们的注意力需要更多的正念，还是关照孩子的成长，任何培育的关键任务都是关照已经种下的种子。关照（tending）意味着加以关注（attending），这个词来自注意力（attention）。它们都蕴含着"准备好的""有意识的""临在""觉醒""朝向"的意味。这种感觉可以延伸到温柔（tender）地关照自己。

　　这份关照或注意就是正念练习的核心。如同照管幼小植物的一部分工作是保护，孩子和刚刚起步的正念练习同样需要保护。如果你希望去承担正念养育之责，这个意图本身和你练习的努力都需要得到保护，不然它们很容易被嘈杂的环境和生活无尽的要求所践踏，并很快就被放弃。我们需要为在生活中培育正念的意图和努力设立一个支持性的框架。

这一框架由正式和非正式的练习和训练组成，它们共同构成了正念修习。正式练习需要花些时间。是否练习、练习多少都取决于你。如我们所见，非正式的练习（如在一天里保持对呼吸的觉知）并不费时。我们只要加以注意并记得就好。

从习惯的角度来看，我们都会偶尔保持正念，但是若要保持静观、非评判、非反应性的觉知，产生并更新这份保持正念的意图将非常有用。这部分在于如何不让我们成为自己的妨碍，不被我们的念头和情绪所挟制。这可以通过观察我们的念头和情绪，并练习不被它们所裹挟来进行。

就像培育西红柿或玉米那样，约束在这里也是很关键的。并非外界所施加的约束，而是持续关照的内在自律。如我们所见，正念是一种保持接触的手段，就像 T. S. 艾略特（T. S. Eliot）所说的，我们需要时不时地与"动荡世界里的静止点"保持接触。

由于正念修习与抚养孩子确实需要相同的专注与自律基本功，因此尝试一道做好两份工作并不牵强。如此一来，一方就能滋养、深化和支持另一方。

在禅修传统中，人们喜欢说修习没有任何特别之处。修习是没什么特别之处，就如做母亲和生孩子没什么特别之处，做父亲没什么特别之处，做一个从田里种出庄稼来的农夫没什么特别之处，甚至活着也没有什么特别之处一样。在某种意义上，这些都是真的，但你可以对一个母亲、父亲或农夫这么说说看。"没什么特别之处"同时也意味着非常特别。全然平凡同时也是全然非凡。这全赖于我们如何看待事物，你是否深究，以及是否按照你所见到、感觉到和知道的去生活。

思维中的内在自由

当我们问那些参加了正念减压课程的人从课程中学到的最重要的功课是什么时，他们所说的不外乎两件事。第一，"呼吸"；第二，"了解到我不等同于我的想法"。

当然，每个人来参加课程前都在呼吸着，他们所谓"呼吸"是指对呼吸的觉知，是指发现在一段安静的时间里培育正念呼吸并把这份正念融入日常生活是多么强有力的行为习惯。

第二句话则道出了一个事实：大多数人只是模糊地觉察到自己总是在思考。直至我们开始系统性地关注呼吸，并发现非评判地观察自己的想法、把注意力稳定下来并集中于某个目标（甚至简单如呼吸）有多么困难时，我们才能强烈地体验到这一点。

　　一旦开始关注自己的呼吸，关注头脑里所发生的一切如何把我们的注意力从呼吸上带走，我们几乎马上就会看到思考在无休止地进行着，看到我们大多数的想法都是武断的，并不完全准确甚至完全不准确。我们看到，思维忙于评判和评价各种知觉，并产生相关的想法和见解。我们也看到自己的想法复杂、混乱、不可预测，常常前后不一致且互相矛盾。

　　这种思维流一直进行着，我们基本不曾检视和了解过它们。我们的想法似乎有着自己的生命。它们如同我们意识领域的云彩一般，来来去去。我们在头脑中不断形成对自己、对世界的观点与见解，并创造着现实的模型，然后相信这些模型是真实的，并常常否认相反的证据。

　　不知道想法只是想法，这可能会令我们陷入生活各方面的麻烦中。而了解这一点可以帮助我们摆脱头脑设置的藩篱。这在养育中显得格外真切。

　　譬如，如果你有"汤姆很懒"这样的想法，你可能很容易就相信汤姆确实如此，而不认为这只是你自己的看法。然后，每次你见到汤姆，都会倾向于认为他是懒惰的，并忽视他的其他方面，那些方面被你强烈的看法所蒙蔽或过滤掉，即使你缺乏甚至完全没有依据。结果你可能会以一种非常有限的方式去与他建立联结，而他对于你对待他的方式的回应可能只会进一步证实或强化你的观点。事实上，你在头脑中把汤姆想成懒惰之人。你无法把汤姆当成汤姆并认识到他是一个完整的人，而不是你所关注的某个特征，哪怕这个特征是部分真实的，或是可能根据情境而改变的。由于你所说或所做的任何事都可能是导致他感觉不适的"负担"（你甚至看不到这起源于你），这样一来，你几乎不可能与他建立有意义的联结。

有时老师会这样做，家长也会。事实上，我们都会这样做，不仅对孩子和他人，也对我们自己。我们告诉自己，我们过于这样或不够那样，给自己贴上标签，评判自己。然后我们相信评判，从而令我们对真相的观点变得狭窄，令观点逐渐变成自我实现的预言。它约束和限制了我们自己和孩子，同时也遮蔽了我们自身和他人所拥有的转化的可能性，因为我们囿于成见，无法从事物的多维性、复杂性、完整性和恒常变化的角度来看待它们。

因此，当我们练习正念时，把念头当作念头而非"真相"来看待，这一点非常重要。我们也可以这样来看待情感状态，因为我们的情感最终是与想法联系在一起的。

当我们这样看待自己的想法和情感时，对人称的固执也会得以放松。在这样的时刻里，它可能不再是"我的"想法，而只是"一个"想法；不是"我的"情感，而仅仅是"一种"情感。这可以让我们从对自身想法、见解和情感状态的执着中解脱出来，给予我们更多的视角、更大的自由来看待问题。无论是恼怒、尴尬，还是不耐烦、气愤，我们都可以在正念中认识到它们的存在，并知道它们向我们敞开了新的选择，我们不需要迷失、固执或立即反应。它既不意味着不去认真对待我们的情感或想法，也不意味着不因它们而采取行动。但觉知到想法就是想法、情感就是情感，这能够帮助我们采取更合适的行动，更了解自己，更懂得随机应变。

清空忧虑。
想想是谁创造了念头！

为什么当门如此敞开时
你却待在藩篱中？

从恐惧想法的纠结中走出来。
在静默中生活。

在不断扩展的存在中
顺流而下。

——鲁米（Rumi）

洞察与评判

正念被定义为"不予评判、有意识地专注于当下的觉知，为更深切的自我理解与智慧服务，并最终从我们通常不加审视的心理习惯以及它们所制造的无知和痛苦中解脱出来"。不予评判这部分很关键。如果花一些时间来留意头脑里正在发生什么，我们很快就会注意到，在大多数时间里，内在的"法官"或"批评家"一直在工作，它不仅要评判我们周遭的一切，还要评判我们自己和我们的体验。不知不觉，我们就成为这一切评判的囚徒。它消耗了大量的能量，并常常妨碍我们明晰地看待事物和持续学习。

如前一章所述，我们常常很快形成见解，并信以为真，全然坚持。而实际上，它们只是想法，其内容是我们的头脑对事物、他人或自身所得出的结论。就如对待头脑中的其他想法一样，我们受困于这些结论，无论它们是积极的还是消极的，准确的还是不准确的，进而失去透过它们看到其他一切的能力和自由。在某种程度上，如果我们执着于自身的想法和见解，就会被削弱和束缚，我们成长可能性也会变小。

如果我们一直这样生活下去，多年后回望时势必会带着悔恨，我们会意识到我们在某个时刻的见解仅仅是见解而已。我们可能会看到，它们限制了我们去追求或者甚至仅仅是看到其他选项与可能性，并将我们引向一条对内心最深处的存在而言并不真实的道路。我们的见解会模糊我们的自主权，如同云朵将遮蔽太阳的光芒。它们也会阻碍我们看到他人自主权的能力，包括孩子的自主权。

培育正念和正念养育需要的不是评判，而是洞察力，那种深入观察事物并能够尖锐而清晰地区分事物的能力。洞察力是看到"此和彼"，而非"非此即彼"，是看到全局及其细节，是看到微细的层次的能力。明辨是非是一种尊重现实的内在标志，因为我们既注意到事物的整体概貌，也关注到复杂奥妙之处。其中有一种公平，一种正确性，因为它更真实地反映了整个现实。在《高文爵士和丑女》这个故事中，凯爵士和其他骑士根据拉格妮尔小姐的外表对她做出了狭隘的评判。这样做违背了他们的骑士风范和尊严。高文透过她的外貌察觉到了更深层的东西，所以没有评判她。

当我们说正念是一种非评判的觉知时，这并不意味着我们拒绝看到那些重要且必需的区别，并不意味着不看到正在发生什么。事实上，只有保持非评判，才有可能透过表象，透过我们有限的见解，透过我们的喜恶、信念、恐惧，透过我们未经检验、时常处于无意识中的偏见，透过我们希望事物是某种样子的深刻渴望，去看到和感受真正在发生的事情。

非评判意味着觉知到头脑中总在做评判的那些部分，并有意识地搁置评判，把心念带回此时此刻的洞察中。这种导向不仅对正念和养育的内在工作很重要，对其他很多工作（比如那些试图在已知和未知的边界上找出潜在秩序的科学研究）亦然。科学研究已经认识到，科学家对产生偏见、匆忙得出结论或过分自信的倾向保持准确觉知是十分重要的。

如果你具有有洞察力的觉知，你甚至可以在头脑中保有自己评判的同时了解它的实相。我们可以带着某种程度的同情来观察这种根深蒂固的习惯，并不对我们的评判予以评判。通过了解我们所见事物的重要性，洞察就能带来智慧。它让我们更加自在、明智地与孩子相处，而不会被自身的喜恶和恐惧所裹挟，以至于无法看清事情。在我们（作为父母）提出的许多批评和评判的表面之下，我们往往会发现可怕的想法。对待这些想法可以像对待其他想法一样，只是将它们抱持在觉知中。在这样的时刻里，质疑它们的重要性或真实性或许是有益和有启发性的。

评判是存在于思维中的本性。但如果没有洞察力，看不到黑与白、好与坏、此与彼之间的复杂渐变，我们的评判就可能导致自身做出不明智的行为。洞察力使我们看到并明智地驾驭蕴藏着新机会的时刻，不假思索的评判则可能掩盖这些机会。如果没有洞察力，那么当我们最需要对富于想象力的选择保持开放，正念地回应而非反射性地反应时，我们可能就会自动地、不知不觉地限制自己的视野。

如果一位母亲一直在排查五岁儿子所在处境中的危险，并不断在他头顶盘旋，指出"要这样，不要那样，否则可怕的事情就会发生"，她就会受困于一个非常狭隘的视角中，觉察不到她自己、她的想法以及对孩子可能的影响。这样一来，她只会增加孩子的恐惧，或对他造成阻碍和不必要的限制。

如果她能够对自己的行为和心态源头有更深的洞察，就可以调节一些出于恐惧的冲动，让自己少受一些制约，获得更大的自由。她可能会看到比上一刻更多的选择，可能会在她的恐惧（担心孩子的安全是重要成分）与孩子对自主性的需求之间找到更好的平衡，并给予孩子的好奇心和探索欲充分的空间。自然，父亲也可能陷入相同的受恐惧驱使的行为，而且这种行为对儿子和女儿都有影响。

把事物看成非此即彼、非好即坏、危险或安全、可以或不可以往往是一种根深蒂固的习惯，对此抱有一定的宽容是有益的。譬如，你做了身为父母可能会后悔的一些事后，不妨看看那些你做得好的事情，反之亦然。一种僵化、非黑即白、非此即彼的观点多多少少是不准确的，只会带来错觉和妄想，加深与伴侣和孩子之间的矛盾。

把正念和洞察力带到养育中后，我们可能终会认识到，作为父母，我们评判孩子和自己的倾向有多强。我们对孩子、孩子是谁、孩子应该如何，都抱有自己的见解，并用我们头脑所创造的标准来衡量。以这种方式评判孩子，就是把我们自己和他们割裂开来。通过有意识地搁置评判并培育更深刻的洞察力，我们得以创造出与孩子、与我们自己重新联结的可能性。

洞察包括认识到这一点：即使努力识别孩子的真实面目，我们也无法完全了解他们是谁，或者生活会将他们带至何方。我们只能爱他们，接受他们，尊重他们奥妙的存在。

正式练习

　　哪怕你选择不做正式练习，或只是偶然为之，熟悉正式的冥想练习的指导语也是有益的，因为它们提供了培养正念的清晰规则，有助于你把正念带入包括养育在内的日常生活中。正如我们所看到的，倘若你通过正念这块透镜来观照自己的体验，那么你的整个生活都会变成你的冥想练习。所有的时刻都是培育觉知和觉醒的机会。

　　对那些想要进行正式练习的人来说，无论是为了养育、减压，还是为了更深地滋养自己，都不妨充分利用自己所拥有的任何安静时光，即使这样的时光很难得，甚至需要做出安排，譬如要比平常起得早，或在某段时间里关掉手机。

　　独处，一个人的时光，是人类生命中一种很重要且深刻的支持。生活节奏的加快令时光飞逝。对父母来说，在某些阶段里，在精疲力竭之前找到时间来做正式练习几乎是不可能的。我们要不要、何时以及怎样在生活中找出安静的时间，这是每个人自己可以做的决定。

一段安静的时间不需要很长，一两分钟也可以，可以在上床睡觉前、午休前的五分钟里，可以在躺椅上或宝宝睡着时停着的车里。如果有足够动力，大多数的人都可以在每天二十四小时中抽出几分钟甚或十几分钟的空闲。但这确实需要一种强烈的意图去执行，哪怕在开始时是困难或无聊的。否则，我们很快就会用互联网、短信、报纸、电视、广播或其他消遣来"打发"或"填满"时间。我们生活在一个充满外部干扰和内心杂念的时代。

清醒、安静的时光能够滋养身体和心灵，年幼孩子的父母可能比别人更需要它。自己的时间、独处的时间正是很多父母最缺少也最渴望的。但是当我们真正拥有时，往往又不知道拿它来做什么，尤其是如果这段时间只有几分钟，或是出现的时间不对，不足以做任何特别的事情。

正式的练习不可避免要花费时间。如果你认为这是值得的，不需要多久就可以体会到其深刻的价值。这部分是因为当你处于当下，真正将过去和未来放下，跨出思维流的时候，这份体验是永恒的。哪怕只有几分钟，它们也可以帮助你复原，因为永恒的瞬间就是解放的瞬间。无处要去，无事要做。在那个片刻，你得以从时间和责任的压力中解脱出来，进入到完整的体验中，同时成为更大的完整和联结的一部分。

如果你想尝试把正式练习整合到生活中，这就是开始的一种方法：抽出几个安静的片刻，然后躺下或端坐。把心念放在腹部片刻，感觉它随着呼吸而动；或者把注意力放在鼻端，感觉那里的气息流动。无论在哪种情况下，都不要试着去憋气或挤压腹部，而是让你的气息流动，腹部怎么动都是被允许的。

关注你的呼吸和身体，并不意味着去打扰它。它只意味着对身体及气息进出身体时的感觉加以关注。可能是腹部随着每次吸气而隆起、随着每次呼气而收缩，也可能是空气进出鼻腔的感觉。在试验一阵子后，选择其中一个部位并将注意力集中在那里。

正如我们所讨论的，你（可能）很快就会发现心念很是躁动，如同海面般起伏不定，如同一面旗帜一会儿朝一个方向飘，一会儿朝另一个方向飘。心念往往被占满，被念头和情感所裹挟。你的注意力可能会从呼吸那里游移开，或时不时被拉走，哪怕只是一口气的时间，通常注意力也没有任何平和与连贯性可言。而且，试图保持对呼吸的感觉一点都不轻松。你体验到的大多数是焦虑或无止境的分心。

那都无妨。并非一定要感觉到放松，虽然通常能感觉到。没有什么去感觉的特定方法。你只需要对每一瞬间事物的本来面目（实相）保持觉知就行。所以，若你感觉紧张，就注意这种感觉；若你感觉愤怒，就注意愤怒；若你感觉沉闷或昏昏欲睡，就注意沉闷或昏昏欲睡。那就是一切。你只须观察自己的身心，无须评判。实际上，我们是在对任何时刻里的体验努力培育一种不强求、非反应性、非评判的态度，只是觉察和感受这里有什么，如果可能，放下任何把情感状态贴上个人标签的倾向。

当你开始正式的正念练习时，另一个需要牢记的关键是：当你觉察到你的注意力已经不在你的呼吸或身体上时，留意一下它在哪里。换一种说法，就是留意头脑里有什么。这种留意非常重要，因为它把思想、情感和图像带进了觉知，并深化了我们对自己头脑状态的熟悉和亲密程度。一旦觉知到了此刻涌现在头脑中的一切，你就可以有目的地将之放下，并重回呼吸本身，无论它是在腹部还是在鼻孔，重拾这一次吸气和这一次呼气时的感觉和直接体验。如果心念从呼吸上游移开，就把正念带到你的心念上，看看究竟有什么。无论它是什么，哪怕游移发生一千次，你都可以用这种办法把它带回来一千次。既无须追究思维的内容，也无须试图压抑头脑的活动。你要做的就是观察它、顺其自然、放下它，回到呼吸。随着时间的推移，你可以扩展你的练习，去关注呼吸内以及呼吸外的其他目标。

正式和非正式的练习关系密切，双方彼此强化，最终冥想与生活本身无异。你无法静坐着养育孩子，所以我们的每一刻都是重要的。我们必须让孩子及生活中的一切成为老师，并尽可能保持全然临在的意图，让它强大且充满活力。

如果你能留出时间，那么有很多种正念冥想的正式练习供你选择。在正念减压课程中，人们通常做多种练习，包括身体扫描、静坐冥想、正念哈他瑜伽。有关这些练习的更细致的介绍，参见《多舛的生命》（*Full Catastrophe Living*）、《正念：此刻是一枝花》（*Wherever You Go, There You Are*）⊖、《恢复理智》（*Coming to Our Senses*）以及《不分心》（*Mindfulness for Beginners*）⊜。

⊖　这两本书已由机械工业出版社出版。

⊜　这本书即将在机械工业出版社出版。

一封关于禅宗的信

　　有一天，我（乔恩·卡巴金）收到凯特琳的来信，她是我朋友的女儿。她选了佛教禅宗作为学校的研究性课题，除了那些能够找到的书面资料，她还想做更深入的了解。她的父亲建议她给我写信。她的来信措辞优美、语调温稳、问题饶有趣味。我当即坐下来，尽力尝试向她传达禅宗观点的美妙和深邃。后来，我意识到，我在回复中述及的冥想练习的有关要素，在某些方面可能对成年人也有益，所以将其收录于此。

　　一般来说，我们认为，若要让孩子冥想，须得非常谨慎，而且父母可能并非教导孩子的最佳人选。当然，让他们看见你冥想是很美好的。当我们的孩子还小的时候，在我打坐时他们会爬到我的腿上，我则会用毛毯裹着他们，并把他们抱在臂中，并继续静坐。当他们想走的时候，我会打开毯子，他们就会出来。秉承将正念融入养育的方方面面的精神，对来自孩子的一切、对我们把自认为重要之事强加给他们的欲望保持敏感，这是很重要的。如今，有很多资源可供希望尝试与年幼孩子一起冥想的家长选择，图书类型的资源包括《正念养育》(*Sitting Still Like a Frog*)、《培养情商》(*Building Emotional Intelligence*)，等等。

对凯特琳来说，了解禅修的冲动来自她自己。你可以说，我的回答是尝试为她培育自己的花园提供一些工具。我发现她已经是一个像模像样的园丁了。征得她的同意后，我在此分享写给她的信的部分内容，以及她寄给我的一些诗。

*

1996 年 2 月 11 日

亲爱的凯特琳：

感谢你 1 月 31 日的美好来信。获悉你对禅宗和佛学的兴趣，我很高兴。对这样一个课题，你能够突破一般性的资源来收集信息，我觉得很好。书籍非常有帮助，我给你寄去几本我最喜欢的，希望你能够一直留着它们，并每隔一段时间就读一读，因为它们对你诉说的内容会随着时间而改变。尤其是禅宗，你应该突破书中所言，去体验到它们所指，去真正理解禅究竟是什么。

禅宗和佛学所真正关心的是了解你是谁。你可能会说："啊，那有点傻。我自然知道我是谁！"接着你可能会说："我是凯特琳，我十一岁。"但是"凯特琳"只是一个声音（我们称之为名字，一个很美的名字），是你的爸爸妈妈在你出生时给你取的。而十一岁是自你出生以来地球绕着太阳转动的圈数。在你被取名为凯特琳之前，你是"你"吗？还有，五岁时或两岁时的你是同一个"你"吗？当然是，又不是，因为你一直在成长和改变。你当时所思考的、想要的以及所感受到的，可能与你此时的所想所要和所感不一样了。但那份深层的东西，那个"你"依旧是你，并将永远是你。

你是否觉得这个"你是谁"的问题有点神秘呢？所以禅宗关乎了解你自己，懂得你自己，并知道那意味着什么。部分的意思在于，了解到有些认识和理解是超越言语、思维及任何诉说的。这份了知非常的个人和直觉。禅之所以常以诗歌和不可解的谜语形式出现，原因就在于此。它们透过思考的头脑，直指背后更加自由、更为根本的东西。那并不意味着思考是"坏的"。思考是很好的，且非常重要，学习如何好好思考是必须的。但它并非全部，如果你不小心，思考可能就会统领你的生活，令你忘记你那些更深层、更感性、更直觉、更艺术的部分，而你真实的自我（如同佛陀所言……你的"实相"）是超越你的名字、年龄、见解和喜恶的。听上去有点糊涂了吗？这只是因为我不得不用语言来谈论超越语言的东西。它很纯粹，是禅宗的妙处之一……纯粹而简单。但那也是令它表面看上去很神秘的原因，实则不然。你只须理解它所指何处。

这里有一些传统的禅偈。我有位朋友最近写了一本小书，里面全是这样的话，她还画了插图。

坐时，只管坐。

吃时，只管吃。

走路时，只管走路

讲话时，只管讲话。

聆听时，只管聆听。

看时，只管看。

触摸时，只管触摸。

思考时，只管思考。

玩耍时，只管玩耍。

享受每一天、每一刻的感受。

——娜拉彦·里本森（Narayan Liebenson），

《唱歌时，只管唱：生活好比冥想》

（*When Singing Just Sing: Life as Meditation*）

你问是否有些对我来说有意义的、被我铭记在心的禅之谜语（在东方传统中它们被称为公案）。是的，有，这些年来我发现它们相当有益且美好。正如你所提到的，关键是要敞开心扉，让它们一整天拜访你。

这里就有一些：

● 狗有佛性吗？

● 你父母出生前你有怎样的面目？

● 你是谁？

● 你吃过早饭了吗？那快去洗碗吧！

记住，仅凭通常的思考或讲述，你无法充分地回答或理解它们。我有位老师是韩国的禅师，他曾说："你一张嘴就错了。"（有时禅师就是这样讲话的）。他们有一个说法："不要把指向月亮的手指误认为是月亮。"所以，把禅宗的谜语和故事当作指向某个东西的手指就好。这个指向并不是那个东西（你不会爬到一个写着"纽约市"且标着箭头的标志上，认为你已经到了纽约，对吧？）在禅宗的公案中，这个被指的"东西"（something）甚至不是"事物"（thing）。所以，最好就把谜语或故事记在心里，抱持它，让它温和地存在于你的内心和头脑里，无论那对你意味着什么，不要试图以惯常的方式去回答它、理解它。这是禅修真正的意味，它让你记着所有的奥妙和美好：生活、拥有一个身体、活着、与你的家人朋友共处、与这个星球的自然联结、没有全部的答案，甚至并非在所有时间都知道你在往哪里去。一切都可以。重要的是要觉醒，活在当下，觉察你的整个的体验、情感、直觉和想象，你的身体、一切所感所为和思维。这些都是你的一部分，但你要比这些更多、更完整，同时你总在成长，总在存在和成为，知或无知。这不仅仅是可行的，而且是绝对美妙的。那意味着，你已经很了不起了。所以，你不需要变得美好或更好，你只须做自己，并学着不要总是成为自己的妨碍（这个问题你可能没有，但不幸的是，很多人有，那就是禅修可能对他们有用的原因）。这是佛陀的原初发现，它既非常特殊，也并不特殊，因为每个人的头脑都可能与佛陀一样。重点就是觉醒和予以关注。那也是我附上的这本书叫《毫不特殊》（*Nothing Special*）的原因。它是我的朋友约科·贝克

（Joko Beck）写的，顺便说一句，这是一个七十八岁的祖母级的美国禅师。如果你遇见她，你会觉得她就是个普通人，因为她确实是。就像你、我和你的妈妈爸爸一样。毫不特殊，又非常特殊。

这样，话题就转到了技术上，这是你提的第三个问题。是的，确实有技术可以帮助你培育对"你是谁"的理解，以及对活着、与其他众生分享生命的完全的感激。在我告诉你一些技术之前，我想对你说的很重要的一点是，这些技术也仅仅是指向月亮的手指而已。它们本身不是目标，只是指向你自身体验的标记，是一种有用的帮助，如同自行车上的辅助轮，在你真正"体验"到什么是存在于当下之前由你正式地使用（记着，"行走时，只管行走……"），这就是对所谓"禅心"的简约概括。

事实上，"只管行走""只管坐"，只管做任何事情，都并非那般容易。以走路为例，如果你试着"只管行走"，你可能会发现，除了行走，你也在想着你要到哪里去，或在担心迟到、到了之后会发生什么，以至于你对自己的身体、腿、脊柱或呼吸并无完全的觉知。你需要为此修习，这种修习被称为"练习"或"冥想练习"。对，冥想就是为了保持对每个瞬间的觉知而做功，无论你在做什么，都不被你的思维或情感所裹挟，无论它们是什么，是有趣的、开心的，还是不开心的、乏味的。它并非要改变什么。要点是对你此刻所体验到的一切保持觉知。

在年轻时就学习这些，并让它成为你的生活方式，会对你将来年复一年的生活带来不可思议的影响，因为它会发展你内在深层的能力，让你成为一个更明智、更幸福、更具关怀也更有趣的人。我们都拥有这种能力，尤其是在我们还年轻的时候，但是年龄和生活有时会给人以沉重的负担，以至于他会忘记自己是奇迹般的存在，忘记自己拥有着智慧、慈悲和创造等巨大的能力。冥想练习是一种令你避免忘记这一点的方法，是一种终身、完全发展"你是谁"的方法。事实证明，很多事情在有些时候会进展得很好，但也有困难的时候，而你将能够参与到这些事情中，为之付出，并借由自己的智慧和觉知，为你的生活指明方向。这样你的生活选择会变得更加合理，你将能够更好地去处理所有的事务，哪怕是在有着很多压力的困难时期。

所以，如果你想练习，那么有很多的技术供你参考。关注你的呼吸可能是最好的开始，因为你无法把它落在家里就出门。你并非总在走路、讲话、坐或吃，但你永远呼吸。所以你可以对你的呼吸加以关注，并在任何时候与它为友。如果你这样做了，它就能够在你不安时令你平静下来，但更重要的是，它会帮助你与此刻保持接触，就是此刻，你将永远无法再次拥有的此刻。所以禅宗说，不要错过。"不要让这样的机会擦肩而过"，伟大的苏菲派/印度诗人卡比尔（Kabir）如是说。

还有一点需要强调。正如技术不仅是技术，而是一种系统性的、与你的生活更加亲密的方法，冥想练习也不仅局限于每日花一段时间来坐、卧和专注于呼吸。它真正关乎的是每一天、每一刻，在你所做的一切事务中，保持全然临在、觉醒和对生活的

觉知。因为无论你走到哪里，呼吸都跟随着你，你永远可以用它
来将你的身体带回此刻：

当你行走时，你就是在行走，
当你吃饭时，你就是在吃饭，
当你帮助弟弟时，你就是在帮助你的弟弟，
（当你与弟弟玩耍时，你就是在与他玩耍。）
当你打电话时，你就是在打电话，
当你学习时，你就是在学习……

我想你已经明白这个意思了。

另外，练习对呼吸或其他事物每时每刻的觉知需要不带评
判、少带情感反应。这不是说评判和情感反应不会发生，它们自
然会发生，但你要对不断评判的头脑保持觉知，并试着去把评判
放在一边，让事情顺其自然，至少在你练习时如此。如果你总是
在评判所有人和事，对一切事物都有自己的看法，你的心和脑就
会被思考和评判、喜好和厌恶所充斥，你的看法会蒙蔽你清晰地
看问题的能力。

这是我最喜欢的一则禅宗故事：一名大学教授去拜访一位禅
师，并问他禅宗究竟是什么。他已经读了很多的书，现在一心想
获得答案。

禅师邀请教授在桌前与他相对而坐，并开始为他斟茶。他
将茶水注入客人的杯子，当杯子盛满时，他还是继续地倒啊倒，
茶水从杯中溢出来，淌到茶碟上，并一直流到了桌子和地板上。

教授吃惊地喊起来："您这是在做什么？您难道没看见杯子已经满了吗？"

"是的，我看到了，"禅师说，"这与您的头脑相似。您的头脑已经装满了想法和见解，怎么能够期待我再装进更多的东西呢？"

所以，记着，不要总是试图去评判所有事情，不要总是对一切事情都抱着强烈的见解。我知道这是困难的，因为学校和整个社会不停地要求我们发表见解。但你并不等同于你的见解，知道这一点是很好的。事实上，你不等同于你的任何想法。你可能会说，你是一个思考者、感受者、观察者。但是回到这封信的第一页上："你是谁？"这是需要牢记的问题。相信觉知和觉醒高于一切。相信你真实的自我、你自己的内心、你的直觉。换一种说法就是，可以有见解，但如果你对它们没有觉知，你就会执着于它们、头脑封闭，你将不可能学习任何新东西。

你问我为什么选择去练习这些技术，奉行这些教诲，这是因为，当我还是个分子生物学研究生的时候，我内心明了，生活一定大于我所体验到的，我不想错过正在流逝的生命。所以我开始学习瑜伽、冥想和武术，因为我发现它们满足了其他事物无法满足的深层需求。结果，我变成了一个更少愤怒且更加快乐的人。冥想帮助我变得更平静、更明晰、更有爱心、更具接纳性，并让我在生活中更有效地行动，我想象不到自己在开始练习之前能够这样做。那已经是三十多年前的事了。如今我依旧每天坚持……并非为了达成什么，甚至也不是为了感觉良好。我这样做是因为这是一个热爱生命、与生活中重要的事物保持接触的好方式。我爱在静默中谛听。

你问佛学和禅宗是如何影响世界的。我觉得它们指向了人们生活中普适的东西，这些东西对我们这个种族的生存、我们这个社会以及个人的幸福都至关重要。随着世界变得越来越复杂、发展越来越快，我们感受到的时间的催逼和压力越来越多，需要学习如何更好地照顾自己和这个星球。佛学的智慧在这里很有裨益。还有"佛学经济学"这一说。你可能听到过这样一句话，"小即美"，这就是当中的一部分。不给众生带来伤害是这个世界可以向佛学学习的另一方面。我觉得政治、商业领域以及整个世界都需要更多的觉知和更多的无私。如今，上百万的美国人在练习冥想。比起二十多年前，有了很大的不同，这是一个很积极的变化。

最后，你问及有哪些信念或练习让我觉得有趣、富有见解。我猜你可能会说上面提到的都有点不同寻常。我觉得现在我们回到了原点，就是说，重要的是观察你自己的信念。信念没什么问题，但重要的是不去执着于它们，否则它们会让我们看不到现实的其他方面。归根结底，就是自在地做你自己。这些练习都是为了帮助我们那样去做，并提醒我们，我们已经本自具足，我们非常宝贵且非常独特。

有这样一个说法："我问他几点了，他却告诉我钟表是如何工作的。"我不知这里是否也是如此。我所知道的就是，我很喜欢你的信件及它背后的热情，以至于我发现自己写了七页纸的回复。我希望你不会觉得被这封信所淹没。有可能我说得太多了，或者把事情搞得太复杂了。如果真是这样，只须保留那些对你来说有意义的部分，把其他的丢到一边去。

你想写信的话，请随意地写。祝你的课题进展顺利。

致以最诚挚的祝福。

乔恩

1996 年 2 月 22 日

亲爱的凯特琳：

感谢你的来信及随附的诗。你选择了多棒的一项课题啊！（或者是它选择了你？）当代最伟大的诗人之一，威廉·斯塔福德（William Stafford）每个早晨在做其他事情之前，都要写一首诗，写了三十年。这是一种相当不错禅修练习！

尽管确实如你所说，你对禅宗和佛学的理解会逐渐增长，但从你的信和诗中我可以看到，你已经如你所言"吸收了很多东西"。

感谢你让我以这种令人愉快的方式认识你。祝你的课题进展顺利。请随时写信来。

致以最诚挚的祝福。

乔恩

*

凯特琳的诗选

树枝

纤细，交错纠缠。

这般剪影，没有艺术家能够刻画。

除却自然，

魔罗有诸多扮相，

金银珠宝和绫罗绸缎，

钻戒和塑料心，

贺卡上虚假的"我爱你"。

它追逐、引诱，将你套牢，

以欺骗性的歌声迷惑你。

去寻找实相，如佛陀所说，

你必须聆听过往岁月的富饶，

这些树、空气和自然的歌声，

一直是真正的愉悦。

（在佛陀证悟前，魔罗曾用世俗的享受来诱惑他。）

*

禅宗

静止、明晰，

欣赏、存在、关照

星光下的一朵花。

觉知。

两道波浪间的寂静

正念和自它而来的明晰都是非常简单的。它确实没有什么特别之处，但同时又非常特别。T. S. 艾略特在他的《四个四重奏》（*Four Quartets*）中提到的"没有什么特别之处"是：

> 一种极其简单的状态。
>
> （要求付出的代价却不比任何东西少。）[一]

所有的孩子都是独特的，每个孩子都是一个充满无限可能性和感觉的神秘宇宙。我们能否学着仔细倾听，听到他们

[一] 汤永宽译本，后同。——译者注

声音的质地和回音、他们的歌、他们的生活？如同艾略特所说的，我们能否听到"藏在树叶间的孩子们的欢笑"？因为只有此刻才适合做这份功课。

倏忽易逝的现在，这里，现在，永远——
一种极其简单的状态。
（要求付出的代价却不比任何东西少。）

倏忽易逝的现在。无论是孩子，还是我们变化的心念，一切只应在此刻被看到、感受到和听到。这需要我们愿意专注，活在当下，并全然投入，去看、去听并保持心灵的开放。不然，那些与孩子联结的宝贵机会将是非常隐晦的。

不被知道，因为未被寻找。

但如果真正去看，我们有可能瞥见一缕微弱的光亮；如果向内倾听，我们有可能听到自己的生命，听到真实的自我在召唤：

而只是听到，隐约听到，
在大海两次潮汐之间的寂静里。

当我们的觉知能够捕捉到念头之间的空隙时，在寂静中，我们能够听见：

有深藏的瀑布的飞湍声，

在苹果林中有孩子们的欢笑声。

一次又一次，诗人深沉的领悟提醒着我们想起当下这份召唤、渴求和潜藏着的可能性。艾略特指出并命名了揭示我们的本质和可能性的空间和寂静：

我们将不停止探索，

而我们一切探索的终点，

将是到达我们出发的地方，

并且是生平第一遭知道这地方。

当时间的终极犹待我们去发现的时候，

穿过那未认识的，忆起的大门，

就是过去曾经是我们的起点。

在最漫长的大河的源头，

有深藏的瀑布的飞湍声，

在苹果林中有孩子们的欢笑声，

这些你都不知道，因为你

并没有去寻找，

而只是听到，隐约听到，

在大海两次潮汐之间的寂静里。

倏忽易逝的现在，这里，现在，永远——

一种极其简单的状态，

（要求付出的代价却不比任何东西少。）

而一切终将安然无恙，
时间万物也终将安然无恙，
当火舌最后交织成牢固的火焰，
烈火与玫瑰化为一体的时候。

这种永不停歇的探索正是觉知了不起的功课。我们可以把它融入一切。还有什么比养育孩子更能培育这样一种明辨事物的方式、生命自处的方式呢？

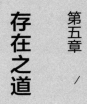

第五章

存在之道

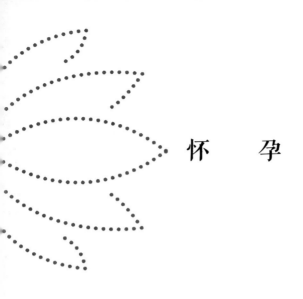

怀　　孕

　　怀孕是自然的开始正念修习的时刻，也是深化正念修习的时刻。我们的身体、认识、想法和情感上所发生的戏剧性的变化日益增加，它们带来了新的觉醒、好奇和理解。对一些人来说，怀孕是她们完全与身体同在的第一次体验。

　　身体上的变化不仅与我们自己有关，通常与周围的人也有关。从温暖的询问、一些不请自来的建议，到肚子上突然的轻轻拍打，来自别人的反应不断提醒我们自己所处的特殊状态。

　　在整个孕期，我们所经历的身体和情绪上的种种改变为我们提供了独特的机会，让我们得以与正念修习的各方面亲密接触——专注于自己的体验，全然临在，对自己的期待保持觉知，培养接纳性、善意和同理心（特别是对自己和孩子），体验到深层的联结感。

父亲或伴侣也有着充分的机会把正念带入这段特殊的时期。孕期是一个重大的转折期，对身体、情感和关系来说，都是如此。伴侣可以把正念带入自身的全部感受中，其中一些可能是新鲜而令人不适的，包括对不断变化着的身体及孩子出生后不可避免的生活转变的感觉。在参与规划和出于需要做各种决定时，他们有自己外部和内部的功课要做，也可能需要以新的方式感知自己付出和关怀的能力。

敞开心扉的觉知和接纳，就是对这种特殊状态及"从两个人变成三个人，从三个人变成四个人……"这一过程中的奇迹和奥秘的认知与尊重。当孩子降生之后，这种觉知将变得更加重要。

*

在怀孕前，我们的生活状态可能是不断地行动，这是一种高驱力的状态：快、相对无意识、追求越做越多。突然之间，我们发现自己处于一种更慢、更为接纳的"存在"模式中。当我们的身体通过新形成的神奇胎盘和大量增加的循环血量，努力地创造和滋养我们的孩子时，有时我们所体验到的极度疲倦会迫使我们慢下来。如果忽略这些变化，像往常一样拼命生活，我们可能就会错过用和以前不同的、慢一些的、更有意识的和更敏感的方式体验世界的机会，而这些蕴含丰富机会的时光很快就会过去。哪怕即将到来的分娩不停地把我们的思维和想象引向未来，不断变化着的状态依旧会将我们越来越多地带向此刻正在发生的奇迹中。

怀孕时自然而然地向内聚焦，为我们提供了关注自己、用呼吸让自己安稳并加深与当下联结的机会。我们更多地觉察到自己的身体和孩子的想法、情感。让呼吸变得舒缓而深沉，并意识到哪里有紧张感，我们就可以开始让身体的紧张感随着呼气而去。过去用以掩盖或忽视愤怒、恐惧和焦虑的能量被释放，我们可以开始带着接纳之心观察自己的情感，留意它们每时每刻的变化。

孕期可能会是一个情感激烈变化的时期。哪怕当初再想怀孕，伴随着我们的除了幸福感，也还有恐惧、矛盾、后悔和不确定性。我们的生活会有什么变化？我们准备好做父母了吗？在怀孕期间，女人通常觉得自己在情感上更加脆弱、坦率，并有着更为敏锐的视觉、听觉和嗅觉。

每一次怀孕、每一个女人、每一天都不尽相同。而体验的范围也是巨大的，从感觉前所未有的健康、容光焕发、一切安然，到觉得不可思议的难受、悲惨和不能动弹。我们可能觉得失望、生气或困扰，因为这种体验与我们对怀孕的期待和设想完全不一致。

在怀孕时保持正念，并不意味着我们"应该"有某种特定的感觉，或是我们可以达到某种对孩子、对自己来说最理想的状态。它意味着认识和接纳我们所有的感觉与体验，并尽可能地与之一同工作。这种扎根于觉知和接纳的态度，虽然看似矛盾，但通常可以带来更大的平静、放松和幸福感。

在不同程度上，我们都带着痛苦的经历、复杂的家庭关系和尚未愈合的旧伤。当我们准备做父母的时候，去疗愈这些孩提时代由评判、挑剔和有条件的爱所带来的伤痕显得格外重要。当发现我们在评判和贬低自己或他人时，可以将觉知带入这些时刻。我们可以为所有出现的事物留出空间，以觉知来抱持它们，并以某种善意对待自己，哪怕是在很短的片刻里。

另一种疗愈的方法是每天留出一些时间集中于内在的体验，让自己沐浴在慈悲和非评判的能量中。对一些人来说，把慈心和接纳带给他们最深层的自我和宝宝是自然而容易的事。对另一些人来说，开启这样一种能量并将它带给自己可能会非常困难，她们会觉得很不自然和尴尬。不妨先回忆让我们体验到爱和接纳的人或动物，当我们与我们对他（它）们的慈心和接纳有了更好的接触时，再让这些感觉流向我们自己。

当我们向内聚焦并对体验到的诸多变化有所觉察时，也可以把觉知融入我们对怀孕、生产、分娩和养育可能怀有的根深蒂固而充满情感的信念中。我们都有意识或无意识地拥有这样的信念，它们来自我们的亲身经历，来自我们在各种媒体上的所见或所闻，来自我们从家人、朋友和熟人那里听到的故事。这些根深蒂固、未经检验的信念可能会影响我们对即将到来的分娩的希望和忧惧。

无论我们对生孩子怀有怎样的信念，它们都不一定是"真实"的，这一点很重要。它们仅仅是信念而已。有意识地把它们当作想法来觉察，有目的地检验它们、努力地去理解它们的来源及滋生环境，这是消除它们可能对我们的心灵产生的任何负面影响的开始。

朋友或家人不经意间的评论，可能会播下对怀孕、分娩和养育的负面信念（或态度）的有毒种子。当这些评论来自我们心目中那些强大和有学问的权威人士（无论那是我们的父母、医疗服务提供者，还是朋友）时，它们对我们造成的影响可能更大。

若要更多地觉察我们对于分娩的有关信念，方法之一是与我们的母亲和祖母谈谈她们和其他家人分娩时的经历，去获得尽可能多的细节。我们也可以寻找这方面的专业人员，他们经历过很多无须医疗干预的正常分娩过程。我们可以请求他们根据其知识、经验与信念，向我们解释那些我们可能听过的吓人的分娩故事。

虽然在一些情况下，剖宫产是必须的，但一项研究［摘自《健康事务》（*Health Affairs*），2013 年 3 月］显示，即使是在"低风险"怀孕中，剖宫产率也在显著增加。在所有女性中，剖宫产率的范围是 7.1% ～ 69.5%，在低风险怀孕女性中则是 2.4% ～ 36.5%，具体数字取决于医院和照料者。该研究显示，如此大的数据差异主要基于不同医院所提供的照料模式，而非实际的医疗风险因素。

通过关于正常分娩的自我教育，我们可能会理解，虽然无法控制一切，但我们还是可以做很多工作来创造一种积极的分娩环境。在这个过程中，很重要的一个方面是选择由谁来帮助我们做产前准备和助产。不同的分娩教育者、产妇陪护、助产士、产科医生所受的训练和他们自身的独特经验并不相同，而且他们对分娩过程也有着自己的信念系统。那些相信身体有能力顺产而不需要干预的人、见证过很多这种分娩过程的人，更有可能拥有丰富的经验和更多的信心。理想地说，这会令他们更好地以尊重和自主的方式去支持女性。

一个执业者看上去不错还不够。如果有可能（也有很多不可能的原因），约见几个可以考虑的照料者，问一些具体问题，譬如他们在哪里执业，如果他们不在，谁来替班，他们的引产标准是什么，剖宫产率如何，这些是很重要的提示，可以帮助你了解他们对分娩的态度和执业情况。与接受过这些照料者服务的其他女性交谈，倾听她们体验的细节，这也会很有益。

当我们收集信息时，我们会越来越多地觉察到什么令我们感觉舒适，什么对我们来说是重要的。仔细倾听执业者所使用的语言，询问令他们感觉舒服的工作范畴，我们可以开始看到他们不同的见解，并决定哪些是与我们的看法相匹配的。

准备工作的一个重要组成部分是决定什么地点、什么人最令我们感到安全、舒适。有些人开始时觉得医院是最安全的，到后来发现自己想在家里分娩。另一些人起初想在家里生孩子，后来觉得还是在医院或生育中心更舒服些。

取决于社会的保健体系如何、有没有特定的健康保险，一些人可能觉得自己没有任何选择或选择很少。这可能是真的。但是，更加开放、里外兼顾、创造性地去为我们所面临的局限寻找解决之道，并利用信息收集、自我觉察和直觉的组合，我们可以根据这些信息做出决定，并制订一个能够更好地满足我们和孩子需要的计划。

分　　娩

分娩时的力度和强度会把我们直接拽入每一个瞬间。每一次分娩都是独特的，就如同生活一样，你永远都不知道事情会如何展开。每一次分娩都有它自己的节奏和进度。有时候分娩带着一种沉静、神圣的感觉。每个人都执行着自己的那部分工作，而产程稳步地进展着，直到婴儿出生。但分娩也会令人觉得像一出疯狂的戏剧，过程进展得如此之快，以至于人们在慌乱中忙得团团转。

分娩需要在场的人把他们的期待和评判都放到一边，对每一刻里所呈现的可能性都保持开放，并全身心地与之共同工作。我们可能对分娩时的按摩或轻抚有正面印象，但一旦真正身临其境，却可能发现自己根本不想被触碰。我们可能计划在房间里播放优美的音乐，有很多朋友在场，届时却发现我们想要安静和有少数几个人相伴。我们可能希望享受圣母分娩时一般的安详与宁静，却发现自己很生气或很沮丧，有时会痛骂、抱怨，发出各种反常、令人吃惊的声音。

分娩给了我们一个机会，让我们卸下社会中女性常戴的盔甲——安静、善良、周到、整洁、体贴的"好女孩"，让我们得以随心所欲地做自己，全然自由地向内关注，并完全沉浸于手边的工作。如果身边的人能够让我们做自己，能够在我们扮演着核心和关键角色的这个奇妙过程中，尊重我们的自主权，那么分娩可以成为我们对自己心灵强有力的肯定和疗愈，成为进入一种新的存在领域的开始。

如果你在怀孕期间一直使用呼吸来培育正念，那么当分娩的阵痛开始时，你便可以相对熟练地应用这一技术，借此更好地临在、更好地放松和集中。当阵痛变得越来越强烈时，你可以通过专注于呼吸自如地回应分娩时的疼痛和要求。无论你的产程如何进展，你将遭遇怎样的剧烈痛苦，当我们面临这个巨大的、未知的过程时，对这个过程的觉知都有助于把体验带入一种全然接纳、全然拥有的境界。其结果不仅是迎接并养育一个新生儿，还有一段足以伴随我们一生的强有力的体验。

在分娩中培育正念，是在宫缩越来越强烈时，提醒自己深缓地呼吸，在吸气时体验强烈的感觉，在呼气时释放身体所有的紧张或强忍的感觉。每次宫缩的末尾都会带来一阵放松，无论多么短暂，它都给了我们机会，去改变体位、喝点饮料、拥抱一下、笑一声，或是将注意力集中于呼吸。保持觉知，活在当下，我们可以更好地看清或感觉到每个时刻里的需要。

在分娩过程中使用呼吸来全然临在，把空气吸入疼痛或不适处，比分神或抗争都要少消耗些能量。身体自有其内在智慧，抵抗和紧张会让身体更难以开放并完成分娩。深缓地呼吸，改变体位，让支持我们的人帮忙按压或热敷，表达我们的情感、困惑，用手抓紧伴侣或朋友来与我们的感受相处，都可以让我们在分娩中更自在一些。

女性通常发现，在生育这件事上，她们对疼痛的畏惧比起疼痛本身更糟糕。如果她们有意识地体验每一次宫缩，而不去担心它会持续多久，不去想着下一次，那么她们会在此刻拥有更多的正能量。在生产和分娩中，像这样从一个时刻到下一个时刻保持全然临在，需要勇气、专注，以及你周围人的爱与支持。

我们习惯于把疼痛与病理联系起来。但分娩时的阵痛是一种强烈的物理过程中的健康疼痛，子宫收缩先让宫颈扩张，然后把孩子推出来。女性可以通过联想力量、强度甚至所感觉到的疼痛，来把积极的"信念"带入分娩中，在脑海里刻意唤起一些意象，譬如宫颈像花一般地绽放，或是随着每次宫缩，孩子都往下滑得更低。随着每次宫缩，发出"哦"和"啊"的声响，可以让我们的喉咙打开。通过在脑海中联想宫颈和阴道像喉咙那样打开，我们能够有意识地与强度很高的分娩同做"内在"工作。

分娩就像养育一样，每种情形和每个时刻都会带来不同的挑战。有些时候，我们全然面对；另一些时候，我们会退缩、关闭情感，进入自动导航状态；还有些时候，我们可能会完全失控，或者发现自己在抱怨、诅咒和拒绝那些痛苦和令人不知所措的体验。

当我们发现自己倾向于退缩和关闭情感时，把注意力带回呼吸上会有所帮助。这会让我们把注意力带回到每个时刻，让我们与它的本来面目同在。每个时刻确确实实都是一个新开始，而每一次宫缩后所需的正是一个新开始，尤其是在一个人觉得精疲力竭、焦虑或受挫时。对这个新开始身体力行的意愿本身，恰是最大的新开始。在所有的准备和辛苦劳作之后，孩子出生了，与此同时，产生了一位母亲与一个新的家庭系统排列（family constellation）。

*

分娩就像生活，有时会出现出乎预料的情况。我们无法预期或控制可能发生的事。分娩是温柔待己的重要时刻，当我们对自己、对分娩的期望没有达成时，无论出于什么原因，执着于事情非得如何都会给我们带来很大的痛苦。也许我们强烈地想要一个"自然"的分娩，却发现自己要求用止痛药或需要医疗干预。那些时候，我们对一个"完美"分娩或"完美"婴儿的期待，可能会妨碍我们应对正在发生之事。面对出乎预料的情况，保持正念绝非被动。哪怕是在非常艰难的处境中，我们还是可以相信自己的情感和直觉，尽最大能力来做一些必须且迫切的决定。

与所呈现的一切共处，并放下对诸事特定模样的强烈期待，这并不是一件容易的事情。它包括给予自己更多的许可和时间去全面体验所有的感受——困惑、愤怒、失望、恐惧和悲伤。对我们自己、我们的困难、努力、局限以及我们的人性心怀慈悲，是疗愈我们自己和加快身心恢复的一个重要部分。

怀孕时，我们把大多数精力放在关注孩子的出生上，可是直到孩子出生，我们才真正了解到，出生仅仅是一个开始。但在怀孕和分娩时我们所做的内在功课，是对正念养育很好的训练。分娩时，我们强力而直接地被拉到当下，被迫放下自己固执的见解，触及正念修习的本质。随着孩子的诞生，我们会发现自己内在的新的可能性也诞生了。

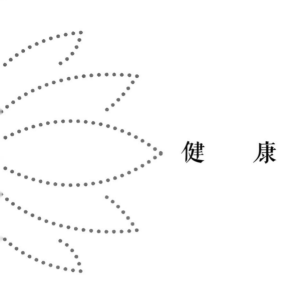

健　　康

　　当我们开始把正念带入生活和养育中的时候，我们所获得的全新觉知可能会引导我们去重新检验和质疑很多想当然的基本假设。

　　譬如，初为父母者常常被问："宝宝可以睡整觉了吗？"在这个问题背后是对父母健康的自然关切。它常常基于"婴儿应该可以睡整觉"这个假设。而底层的假设可能是父母的需求应该优先考虑。

　　此种假设常常以对新手父母的建议的形式出现："要确保你们两个有单独相处的时间。""关心你们的关系。""把孩子交给保姆后出去约会。"这种建议不请自来。如果仔细观察，我们可能会再次看到，焦点主要在于父母的健康而非孩子的健康。宝宝被视作坚忍的，父母则被认为是脆弱的，需要保护。自然，新手父母确实需要照顾好他们自己和彼此。在这段紧张的适应期内，各种新的要求加诸他们身上，他们需要朋友和家人的关爱和支持。在这个过程中，不轻视或忽略孩子的需求同样重要。如果我们能够带着某种觉知去行动，我们就能够找到不以宝宝健康为代价也能照顾好自己的方法。

在决定如何养育孩子及确定优先次序时，我们需要了解，建立和维护与婴儿之间的信任和联结感是极其重要的，这既是对他们长远健康的考虑，也是对整个家庭长远健康的考虑。正如我们在"同理心"一章中所提到的，研究婴儿的科学家们已经找到证据：情感生活最重要的基础是在孩子幼小时，父母与孩子之间的那些细微、重复的交流中建立起来的。据依恋关系研究者丹尼尔·斯特恩所述，在所有亲密的瞬间和交流中，最关键的似乎是"让孩子知道有人会以同理心接纳和回应他的情感"。这是"谐调"过程的一部分。了解到婴儿期的谐调是孩子日后情感能力的基础，这可能会让我们有动力给予孩子更多的关注，尤其是在孩子还年幼的时候留意每个瞬间里我们与他们的互动，以及照顾他们时所做出的选择。

让我们假设一下：婴儿还不能睡整觉，而父母又累又烦，决定让婴儿"哭个够"，直到他"识趣"并入睡。但请考虑一下这个婴儿的经历可能是怎样的。婴儿和父母形成一个互相联结的整体。在痛苦的时候，婴儿无法满足自己的需求，需要仰赖父母来抚慰他，与他保持接触。如果那些需求没有被满足，也没有人可以接触，那么在这种时候，婴儿就可能无法忍受不适感，而关闭情感可能成为唯一的选择。在缺乏回应的情况下，断开联结和关闭情感也是成人可能经历的。我们有什么理由觉得拥有更少资源的婴儿不会如此呢？

正念养育聚焦于父母与孩子需求的相互关联上，而不把孩子的健康视为父母健康的"竞争对象"。威廉和玛莎·西尔斯认为："在相互的给予中有着一个生物性的角度……当母亲用母乳喂养宝宝时，她给出滋养和舒适；而宝宝的吮吸反过来又会刺激激素的释放，以进一步强化母亲的行为……你能够在母乳喂养时让宝宝睡着，是因为你的乳汁里含有可以促进睡眠的物质……同时，当你给宝宝哺乳的时候，你会产生更多的催乳素，它对你会有镇静作用。这就好像妈妈哄宝宝入睡，宝宝哄妈妈入睡。"更多地觉察到我们和宝宝在很多方面有着如此高度的联结，可能会让我们对养育的诸多方面（包括哺乳、与宝宝同床而睡等）产生不同的看法。

正念养育并不意味着我们不会感觉到强烈的困惑，或是当自己的需求与孩子的需求有直接冲突时，我们不会期望处境有所改变。譬如，有些夜晚，宝宝会在凌晨三点钟的时候想要被抱着或被带出去散步。我们首先的冲动可能是去抵抗这种情况，但我们需要有意识地把正念和洞察带入这样的时刻。我们可以承认自己的愤怒、憎恨和困扰，也承认自己的同理心和理解。将所面对的一切都看作正念养育修习的一部分，秉持这样的精神，我们可以选择看清自己在那个时刻里对满足孩子需求的抵抗，可以选择放下非此即彼的思维方式（无论它看上去有多么理性、合理），并怀着极大的智慧从内心做出回应。这种抱持当下的方法，让我们得以找到真正有创意的、不以孩子的健康为代价的解决之道。这样一来，当我们突破自认的极限而成长时，自身的健康也得到了滋养。

婴儿会很快长大，这段依赖我们的成长时期相当短暂且弥足珍贵。在此期间，与他们的幸福感紧密相连的，是每时每刻我们与他们的感受、需求的谐调，我们回应的质量和恒常性。所以在正念养育中，要尽最大努力去尊重和回应孩子对我们的最大需求。

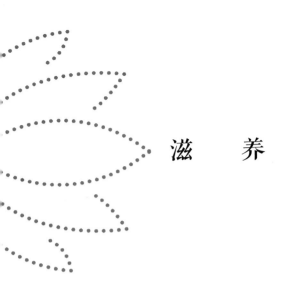

滋　养

　　摄取营养是人类的一项基本活动，虽然会占据很多的时间、能量和思考，但我们往往很少给予它每时每刻的觉察。与此相似，即使父母从早到晚都忙于哺育孩子，在哺育中缺乏这种觉知依然会削弱我们的能力，令我们难以看到和理解为宝宝提供滋养时的最重要的方面。如果我们对人类联结和交互作用的重要性有所理解，并带着这份理解去养育，那么，我们在哺育中所做出的那些看似寻常却对宝宝成长有深远影响的选择，以及更重要的，我们的关注质量，将会让我们与宝宝的各种需求范畴保持谐调，不仅仅是喂饱他们的胃，同时也满足更多其他方面。

*

喂饱婴儿之后的那些时分弥漫着一种祥和与幸福。有时候，正如文艺复兴时期很多画作所刻画的圣母凝望圣婴的场景，母婴会互相凝视，表现出一种非常平和的感觉、一种显而易见的联结感和奉献精神。

在奥吉布瓦语中，表示"镜子"的单词是 wabimujichagwan，意思是"看向你的灵魂"。这个概念捕捉到了一些神秘的意象和实质。如果我们真的是自己婴儿的镜子，注视他们就形成了自我的边界，在这些满带深情厚爱的凝视中，时间停滞了，空气氤氲，大地温润，一种深厚的安适感占据了我们的生命，一切皆可能有助于成就我们的灵性自我。

——路易丝·厄德里克（Louise Erdrich），
《冠蓝鸦的舞蹈》（*The Blue Jay's Dance*）

无论选择哺乳还是用奶瓶喂养，我们在喂养时都可以回应宝宝给出的提示，怀着一份敏感之心抱着他们，让他们贴近我们温暖、舒适的身体，确保我们有足够多的时间，远离手机和网络，放下书或报纸，关掉电视，给予宝宝全部的注意力，并培育凝视的艺术。这些都是冥想本身。

如果依据时间表而非婴儿的提示来喂养他们，那么，食物就只会在成人决定的喂养时间内供应，孩子在这时饿不饿则无关紧要。婴儿体验到饥饿后，会给出各种微妙或明显的提示来与我们沟通，让我们做出回应，包括回应他们的饥饿感被满足后的感觉。但这种体验很容易被剥夺，从而造成婴儿与喂养人之间关系的脱节。婴儿被剥夺了自我调节的能力，被置于一个被动的角色中。由此，喂食可能会变成一种分离性的体验，而不是充满活力、可以持续地滋养和强化父母与孩子之间信任与联结的体验。

无论是奶瓶喂养还是哺乳，根据孩子的提示做出回应，可以强化和建构他们的自主性。他们体验到自己有能力获得需要之物，并从周边环境中获得合适的回应。这种成功达到期待效果的重复体验，是内在信心的基础，被称为"自我效能感"。很多研究显示，自我效能感是预测健康和疗愈的最强单项因素，是成人和孩子应对压力、采取更为健康的生活方式的能力。这种始于孩提时代的彼此回应的亲密互动是强大而广泛的自信基础。

出于种种原因，在某些情况下，母亲可能无法母乳喂养。这会带来各种各样的痛苦情绪，包括沮丧、力不从心和内疚。正如我们提到的对分娩方式的执着，在这种情况下，不妨给自己和处境一些善意和接纳。我们是如何抱孩子、看孩子、回应孩子的？这些比母乳喂养更为重要。

如果要以母乳喂养你的宝宝，那么，从有经验的个人或团体那里获得支持会有极大的帮助。根据孩子和你自己身体的特定需求，开始的阶段可能会是困难且令人沮丧的。当困难来临时，很容易让人觉得无法承受。但有些时候，哪怕是看似无法解决、令人沮丧的问题也会有非常简单的解决方法。

带着见多识广的后援力量以及处理问题的意愿，你可以度过最初的几个星期，并对自己、对身体及其"做能做之事"的精妙设计产生一种强烈的自信。在某个时间点，喂养将变得不再费力，这是以孩子为中心的养育的基础，可以在最深的层面滋养婴儿和母亲。

如今公众对母乳喂养的健康益处已经有了更多了解，也渐渐明了它在其他方面的助益，诸如情感安慰、母婴联结、身体和心理生物节律的谐调（母亲的身心如何与孩子的身心交互作用）以及长期的神经和发育影响。

观察婴儿期和学步期的孩子们，我（麦拉·卡巴金）能够看到，当他们被喂养时，即刻就能进入深度放松状态。无论那个瞬间里在发生什么，哪怕刚有不愉快的事情发生，我通常都可以靠着哺乳来让孩子平静下来，恢复活力。哺乳可以令人从世界上的各种刺激中暂时脱离，进入一个安静、祥和、舒适、滋养和恢复的空间。学步幼儿则会停止在别处的玩耍和探索，回到我身边来获得重新补给。那时候，他们吃各种不同的食物。他们并非完全为了食物而进食，进食是为了更新他们生命的其他方面。

母乳喂养另一个重要而独特的方面，是婴儿在吮吸乳汁时所付出的专注努力。哺乳时，乳汁并不会自动流入他们的嘴里。他们需要努力获得它。开始时的吮吸可能只会带来少量的乳汁，到了某个时候，如果你仔细观察，就可以看到他们的吮吸变得更加深长，这意味着乳汁已经开始流淌。婴儿放松地进入一个心满意足的节奏中——专注，努力，但放松。

当乳房被吸空时，他们通常会继续吮吸，来满足对舒适、安静、放松和联结的需求。

几年前，我参加了一个由国际母乳会（La Leche League）赞助的会议。这个机构专门致力于让妇女了解母乳喂养，并为她们提供帮助。会议在一个大礼堂里进行，满是抱着婴儿和学步幼儿的女性，有的孩子在吃奶，有的紧紧依偎着母亲。看到孩子在母亲的怀里那么专注，真令人觉得美好至极。社会学家罗比·弗佛·卡恩（Robbie Pfeufer Kahn）在他充满洞见的书《承载意义：分娩的语言》（*Bearing Meaning: The Language of Birth*）中对这种具身体现的关系的重要性进行了讨论。

母乳喂养的婴儿和学步幼儿把母亲看作"根源"。回归根源的安全和滋养平衡了他们的冒险和探索。这种"抱持"与控制或阻止毫无关系。它们属于母性的范畴，因为孩子与母亲之间有着强大的联结。由于安然扎根于与母亲和母亲身体的联结，他们可以自如地来来去去。

在那个满是小孩子的大礼堂里，持久的安静、被怀抱或喂养时的满足感、被母爱光环围绕的场景使我感动万分。

心灵的食物

当孩子还年幼的时候，人们常常会说他们的脸颊有多么粉嫩。我（麦拉·卡巴金）微笑着，知道这些粉嫩的脸颊从哪里来。它们来自喂养。

喂养的头几个星期，我的身体在过少或过多的乳汁之间努力寻找着平衡，我挺过了那段有时痛苦和沮丧的日子。一旦熬过这几个星期，我就发现哺乳可以令我放松并舒缓下来。当我感觉到乳汁通畅地流下时，一种美妙的朦胧之感会降临，而其他所有的一切都变得不那么重要了。我放下原本计划要做的事情，允许自己被带进此时此刻，全然与我的宝宝在一起。这对我们两个来说都是一段深入的冥想时光。

喂养对我来说是做母亲的基石。知道无论何时、何地，我都有着可以用来喂养和安慰宝宝的东西，这给了我极大的自信。当我在胸前帮他们摆好姿势时,他们常常面露欣喜。吃完奶后,他们会继续舒适地吮吸,进入一种全然放松的状态。如果累了,他们通常会睡着。当他们依偎着我、想打个小盹的时候,我可以不费周折地让他们入睡,如同哺乳一般容易。宝宝在晚间醒来时,要么正好在我身边,要么我会把他们抱到自己的床上喂奶,然后在双方都没有完全清醒的情况下一起重新进入睡眠。

当他们开始蹒跚学步,开始吃各种各样的食物时,哺乳依旧是一种深层的安慰。如果他们白天折腾得精疲力尽,我可以靠哺乳来让他们恢复活力。无论我们在哪里,只要他们爬上我的腿,依偎在我的臂弯里,我就可以制造出一个安静的空间。紧张被哺乳时宁静的专注、我身体的温度、我呼吸的节律所释解。与我之间因哺乳而建立的持续联结,给了孩子深深的安全感和自信。我可以在他们生命的每一个方面感觉到这一点。孩子对世界的体验根植于身体——根植于他们与我和我的身体的关系,根植于他们对自己身体的体验,根植于吃奶和被拥抱。他们了解满足和复原的根源。它是可见、有形、可依靠的。这种安然帮助他们带着好奇心和自持去面对世界。哺乳允许他们依偎着母亲、获得滋养,在白天和夜晚某段短暂的时间里被继续当作"宝宝"来对待。也许是因为我们一直允许他们做小孩子,让他们感觉到足够的安全,所以他们在相当小的年纪就不用尿布了。

当他们开口说话的时候,哺乳也呈现出好玩的一面。当我的儿子一岁半的时候,他讲了他生命中的第一个笑话。他调皮地看了我一眼，朝我的乳房上吹了一口气，仿佛要让它冷却下来，然后开心地笑着说："烫！"当他两岁半的时候，有一天早晨我在喂奶，我说："我们下楼去吃早饭吧。"他应声说："吃奶！"每次我试图断奶，他都坚持回应："吃奶！"最后我说："你这个小疯子⊖！"他看着我说："不，我是一颗葡萄干！"我们大笑、拥抱，终于一道下楼去吃早饭了。

我的身体对孩子来说是重要且完全熟悉的领地。他们用独特的话语来表示喂养、乳房和母乳。"努克"（Nuk）和"努呢"（Noonie）是他们最喜欢用的。当我的一侧乳房因为酵母菌感染而出现皮肤问题时，我的儿子有板有眼地称它为"受伤的那边"，另一侧则是"亲爱的那边"。

我的小女儿喜欢押韵的句子，她的创造力在吃奶时尤其丰富。有一天早晨，她用这样一句话来迎接我："哦，努呢是我的最佳饮露，麦拉麋鹿（Myla Moose）！"

她找到了很多方法来表达"努呢"对她的价值。她的用词和音调可谓极具戏剧性。一天早晨，她从浴室里出来，用浴巾裹着自己，说："我不会让金子从努呢里跑出来。"还有一次，她用莎士比亚式的悲壮声音说："我的努呢被掠走了！"

哺乳对我的孩子有着如此强大的影响，哪怕有时我并不在场，它也可以起到魔法般的作用。当我的长女两岁时，我正好在外助产。下午我给家里打电话的时候，乔恩说她很想与我说话。我即刻满心担忧，知道她一听到我的声音，就会

⊖　nut 一词兼有"疯子"和"坚果"之意。——译者注

难受不已并告诉我她需要我。果然，她一接电话就开始哭，要我马上回家。我告诉她我会尽早回来。她可怜巴巴地回应："努克！"我说："等我回家就来喂你。"但她执拗地说："不，现在就要努克！"为了安慰她，我轻声说："好吧，我现在就喂你，感觉怎么样啊？"她安静下来了，乔恩说她闭着眼睛坐在那里，很放松，似乎进入了冥想状态，让我通过电话来"喂"她。

不管孩子是生气、沮丧、难受还是疲惫，哺乳都可以带来平静和满足。当他们以这种方式接受爱的时候，他们自己也是最为可爱的。一天晚上，我喂我的女儿入睡，她抬眼看着我，用最最可爱的声音对我说："妈妈，你真甜。"我们俩都沉浸在甜蜜中。

即使是在孩子停止吃奶之后，我的身体依旧是他们舒适与安然的源泉。有时，他们进入梦乡时，会把手放在我的胸前，脸上带着美妙、平和的神情。仿佛这一切就足以把他们带入被深深滋养的幸福状态，你可以称之为"心灵的食物"。

家里的床

在我们开始有孩子时，主流的文化观点是应该让孩子在自己的卧室里睡觉。这个安排与世界上大多数家庭的做法差异甚大，也与我们社会早先时候的做法不同。然而，这种分开睡的安排可能是一个"先进的"社会对婴幼儿的剥夺而非滋养。父母和孩子都可能是输家。

我们的第一个孩子出生后，儿科医生建议我们把他放在他自己的房间里，让他睡自己的床。这样我们可以从一开始就建立起他应该遵循的规矩：学会独自睡觉而不打扰我们。但我们觉得宝宝属于我们，夜间也应该与我们在一起。睡在我们身边时，他可以挨着我们柔软、温暖的身体，放松地沐浴在安全和舒适中。他睡在我们中间时，通常紧挨着我们中的一个或两个，对他、对我们来说，这样做都令人觉得现世安稳。

　　我们所感觉到的深深的满足感无以言表，宝宝就在身边，不需要去担心能否听到他的声音。与其担心"他盖被子了吗，冷吗，刮风下雨时能听见他的哭声吗"，还不如就让他睡在我们身边。因为他就在那里，所以我们对他的状态没有任何疑问。

　　婴儿出生时，他们的自我调节能力还没有完全发育好。与父母保持身体上的亲近可以帮助他们稳定生理状态。譬如，我们的呼吸可以帮助他们调节呼吸。我们身体的温度可以让他们暖和起来。这就像一个微生态系统。身体接触是这种自然互动中很重要的一部分，当然，哺乳也是如此。

　　有好几年，我们同睡同呼吸。哪怕他开始睡自己的床，我们的床也常是他晚间入睡或早晨醒来的地方。当我们想独处时，就在他入睡后，把他抱进他房中。当他越长越大，就越来越想要待在自己的房间里，睡在自己的床上。在女儿们出生后，因为她俩年龄相近，所以在一段时间里与我们同睡一张床。后来，我们备了张更大的床。

　　在孩子还小的时候，我们的睡眠并没有被打扰太多。他们每晚会醒来几次，不仅是想要吃奶，有时也因为长牙齿或身体不适。孩子之间的差异很大。有的孩子很早就能睡整觉，大多数则不能。

　　有时我们也会觉得，总在那里候着并让孩子想吃奶时就吃奶，会不会导致他们醒得太多呢？当然如此。但这些瞬间的疑问和困惑并没有让我们停止与孩子一起睡，因为我们还是觉得这样做利大于弊。和对待其他任何困难的事情一样，我们与之共处，努力找到适当的平衡。有些时候，我们确实被吵醒太多以至于感到非常疲乏。在这种时候，我们努力让醒来变得不那么诱人，有时候不让孩子在醒来时立刻吃奶，而是让乔恩带着他们四下转转。

这里有一个更大的意图，或许比不受干扰的睡眠更有价值。我们直觉地感到，我们的身体给予孩子的安全与平和，可以滋养他们整个人，这个效果是显著的。我们可以在他们开放、好奇、活泼、可爱的脸庞上看到这一点。我们觉得，父母夜间的在场能够帮助孩子安住于自己的身体和世界中。这份安然可以从白天他们安静地观察周围世界的方式中看出来。他们好奇而不疯癫，活跃而不失控。他们身上所散发出来的安宁和喜悦具有美好的感染力。无论是在开怀大笑中，还是在愤怒叫嚷中，抑或是在充满爱意的拥抱中，他们都全然临在着。

很多时候，生活也会以其他不同的方式干扰我们的睡眠，如磨牙、感冒或胃不舒服。有时我们好像在玩抢椅子游戏。当我们中有一人需要更多睡眠的时候，就会去睡在孩子空出来的床上。我们一直在摸索需要多少睡眠才会令自己感觉正常。

之所以如此养育我们的孩子，是因为我们坚信，与不被打断的睡眠相比，甚至与独处的时间（独处是我们找到创造性解决途径的方法）相比，我们能够满足一些更深层的需求。我们相信，当孩子准备好睡整觉的时候，他们就会睡整觉；当他们准备好睡在自己床上的时候，他们就会选择这样做。

当然，他们确实这样做了。

　　之所以在这里分享我们家在就寝上的安排以及我们的看法，是因为我们至今依旧强烈地感觉到，在孩子年幼时以这种方式关爱他们是极其重要的。之所以强调这些，是因为这与我们当今社会的主流就寝方式截然相反，虽然这在很多亚洲国家是一种常态。我们只是想让年轻的父母们了解，这也是一个选项，是可行的，而且可以被整合进我们的修习观念：在诸多方面，养育都是一项艰苦、深具挑战、要求自律，同时也令人深深满足的修习。和其他事情一样，让年幼的孩子与你同床睡自有它的代价，但它也有着显著的益处：一种可以帮助你度过困难时期的信任和联结感。实际上，近期的研究显示，体验过与父母同床入睡的孩子身上体现着与自信和独立相关的长期且积极的益处。与孩子同床入睡相关的整个话题及安全的实践方法是一个充满争论和研究颇丰的领域。圣母大学的研究者詹姆斯•麦基那（James McKenna）为安全的同床入睡提供了一套有用的指南，请参见网址：http://cosleeping.nd.edu/safe-co-sleeping-guidelines。

*

　　每位家长都会把独有的个人史带进养育中。例如，如果我们在成长中未曾体验过关爱性和滋养性的联结，或者我们的界限曾被侵犯、我们的信赖曾被不恰当的联结打破，那么，我们对分享家里的床自然可能怀有强烈的犹豫甚至恐惧。对这些情感和想法保持不加评判的觉知，让我们得以怀着正念与它们相处，而不是令它们自动影响我们作为父母的选择。与此同时，我们也要留心并尊重自己的不适感及其缘由。

既能满足孩子的需求，又能令我们自己舒适，找到这种方法需要开放、灵活和周到，需要一种拓展未经检验的假设并成长的意愿。但是这并不容易，就如同正念养育并非一件容易的事情一样。它总会让我们触及自认的局限，鼓励我们以温和的态度觉知它们，并找到既能处理它们又对其保有尊重的新方法。当然，如果父母双方有不同的见解或价值观，尝试任何新的养育方法都会特别困难。正念沟通是根本之道，而且在这种情况下格外重要。

将觉知融入养育有很多种方法。正念养育的承诺绝不意味着，你必须陪孩子睡，不然你就不是一个好家长（或敏感的家长）。正念养育只是呼吁我们留意自己的所作所为，包括觉察我们所做的选择，并持续检验这些选择对孩子和我们自身产生的影响。这需要对我们的行为及其原因进行持续的探询。

我们相信，有关温暖和舒适、亲密和喂养的决定，以及有关何种界限和限制可能提升家庭的健康、幸福和安宁的决定至关重要。在决策中融入正念很关键，它令养育成为一种有意识的努力，努力对孩子和父母双方不断变化的需求保持敏感。没有所谓"唯一的正道"。促进孩子健康及家庭和美的方法有很多种。

　　而且，有关就寝的某种选择可能在一段时间内行得通，然后突然间，有些事情变了，需要我们重新做选择和调整。如果我们在白天里很少能见到婴儿或幼儿，我们就会发现一起睡是重新联结和滋养孩子的绝佳方式。这可能对一个孩子很管用，却对另一个睡不安稳的孩子行不通。我们也可能发现自己脾气不好或容易发火，以至于不能担起这个责任，因而需要尝试其他办法。

　　有时候，父母需要孩子更安稳地睡整觉，而且成了一件迫切的头等大事。家长需要无打扰的睡眠，而孩子也可以从中受益。带着觉知，我们可以对睡前仪式做出改变，找到促进信任感和安全感的方法。放弃一起睡时的身体亲密感，可以通过在白天里有意多拥抱孩子来平衡。即使宝宝睡在你房间里的另一张床上，他的生理机能也会对你的呼吸声和存在做出反应。没有哪种养育选择可以改变一切，重要的是我们经由种种选择所创造的整个图景。所以，关键在于带着觉知、坚定和善意平衡家庭中的不同需求。对于这些令人为难的夜间处境，并没有显而易见的解决方法，但无论做什么决定，都可以多带入一些觉知。

　　幸运的是，我们有很多选择。如果同睡一张床不适用于你、你的配偶或孩子，不妨在你们的床边加一张床，或让孩子睡在你们隔壁的房间里。你可以创造一些孩子期待的睡前仪式，比如为他读书，给他讲故事，放一些舒缓的音乐，在他入睡时陪他躺着，或是坐在他身边。你可以展现一种信任感，让他相信一个人待着很安全，他可以学会独自睡觉。比就寝安排更重要的是找到你自己的方法，来培育信任、安全和联结的感觉以及内在韧性。

父母双方不断地询问自己和彼此，怎样做才是对孩子最好的，并在出现就寝方面问题的时候一起寻找解决办法，这很重要。当我们以全新的眼光审视我们应如何度过我们近乎一半的生命时，分享领悟、检视情绪反应、试图从伴侣和孩子的角度来看问题，都非常有用。

第六章

共鸣、谐调和临在

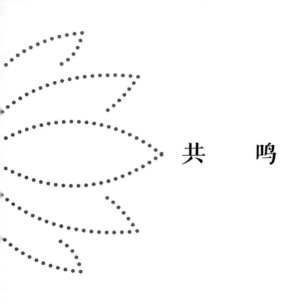

共　　鸣

　　一个音叉振动时，可以让附近的音叉也开始振动，特别是当它们相互联结（即调至相同波长）的时候。一个振动体的活动引发另一个物体的共振，这个过程被称为"节律同步"。当房间一侧的小提琴奏出 A 调时，另一侧钢琴上的 A 弦会同步共振。

　　父母和孩子也不断影响着彼此的共鸣。我们的生活在彼此的力场（包括躯体上、情绪上、心灵上的）中运行，以一种微妙又不那么微妙的方式不断地交互作用并彼此影响，有时我们能意识到，有时却全然不知。

　　科学家发现，当人们彼此相对时，其大脑也可能产生共鸣。当一个人观察到另一个人从事特定的运动，尤其是有情感卷入时，他大脑皮层中的特定细胞（被称为镜像神经元）

就会激活。这可能是同理心（与他人"感同身受"的能力）的神经学基础。实际上，我们大脑中相同的区域在以相似的模式放电。

呼吸本身是一种基本的生物节奏，每个人的生命都因它而振动。以此调节节奏是一个与孩子产生切实共鸣的美妙机会。我（乔恩·卡巴金）曾经用这种方法，与孩子共同呼吸，来为此时此刻注入更大的正念。当孩子睡在我的臂弯里，或晚间我抱着孩子走来走去时，我会感觉到，我们俩在一起呼吸，彼此共鸣，有时也会伴着轻轻吟唱。

如果有意识地培育对我们与孩子之间这份共鸣的觉知，我们与孩子的关系就可以成为一种持续的能量交换，多种多样，有时和谐，有时则不。哪怕可能半小时之后我们要去做饭、洗衣，或者偶尔被其他事情打断，也不会再有比此时更丰沛的时刻了。这是在任何时刻里，只要我们想，便能跳起呼吸之舞的好理由。

*

在家庭中，"节律同步"会发生在很多不同的层面上。有时我们可能会被带到不想去的地方，而且意识不到自己是怎么到达那里的。如果我们对当下的能量缺乏觉察，就会很容易陷入它的圈套中。它可能令我们情绪低落，如陷入抑郁、愤怒或焦虑等情感状态。在一个家庭中，我们不是总处在不断变化的能量交换中吗？我们发出不同频率的振动，让彼此的能量交互作用，并凭借思维、情感及其表达方式（言语或非言语），通过声音、身体、行为和我们对人对事的反应来体现。如果我们知道自己能以不同的方式与他人产生共鸣，就可以在关系中学会根据这样的节律来巧妙互动，而不至于失衡。

孩子可以进入非常强大的能量状态，并以不同的方式影响我们。如果我们能对此保持觉察，就可以更好地与自己保持联结，并更有意识地做出回应。如果孩子达到某种频率，我们不一定要自动以相同频率共鸣，并被牵涉进那些对他们、对我们都无益的状况中。

同时，孩子也会体验到很多完满和奇妙的时刻，那时我们可以与他们一起，体验这些纯粹的快乐时光，并产生深深的共鸣。

*

夏日，在一家室外餐馆里，有一对年轻夫妇带着两个孩子，一个大约三岁，另一个约四个月大。母亲在给怀里的婴儿喂奶。有很长一段时间，婴儿的脸被埋在母亲宽松的衬衣下的胸前，她的手却一直玩着母亲的手。后来，她露出头来，躺在母亲的腿上凝望着她。母亲逗着她，轻轻地歪着头。婴儿将嘴张成了一个完美的圆形，她蓝色的眼睛大大的，沉醉于母亲的脸容。她的眼睛张着，她的嘴张着，她的脸庞那样明朗，她是那个时刻里纯粹临在的化身。

母亲低下头来，碰触着婴儿的前额，然后又抬起头。婴儿笑着。一个完整的能量场联结着她们两人。这个婴儿此刻正处于她母亲的轨道中，经由她们的身体接触，经由她们之间的空气，两个人在数千个波段上以数千种方式交流着。

后来，父亲把孩子抱起来，让她可以从他的肩头往外看。她安适地趴在他身上，眼睛睁得大大的，全然接纳发生的一切。她看到我（乔恩·卡巴金）的脸，凝视的目光开始放松。我笑了，她的脸表明她已经注意到我了，我立刻有所察觉，但无法描述。这是对新鲜事物的警醒。她笑了。这笑容就像来自一个更加纯洁的世界的恩赐。她姐姐的脸也是明朗的。她姐姐坐在桌边，我可以感觉到她的那份自在，感觉到她身处家人能量场中的那份安然。他们其实并没有多少互动。他们没有交流。但他们形成了一个不可分离的整体，从她的神态可以看出，她全然身处其中。这一家人离开的时候，那个母亲告诉我们，他们在车里待了很多个小时，所以孩子们需要透透气。

这只是普通的一餐，但显而易见，这些孩子正体验着与父母之间持续的给予和接受，这形成了爱的纽带，并向年幼的生命传达着这个世界的仁慈和接纳。

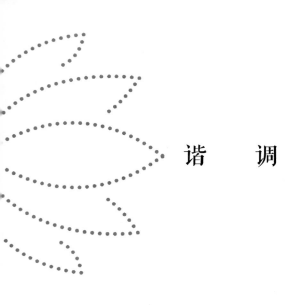

谐　　调

谐调：融入一段和谐的或有回应的关系。

与孩子保持谐调，这包括对他们传递给我们的信息保持觉知，不仅是对他们的言语保持觉知，也是对他们全方位的存在保持觉知。

我（麦拉·卡巴金）走进我们附近的一家咖啡店，看到我的邻居正坐在一张桌边，一边等待她要会面的朋友，一边给她九个月大的宝宝哺乳。我同她打了声招呼。她的孩子好奇地停止吃奶，开始四处张望，在给了我一个大大的笑容之后继续吃奶。当我排着队时，孩子开始隔着一段距离跟我玩起了游戏。她吃奶，然后低下头，由下往上望着我，咧开嘴笑，然后重新开始吃奶，又低下头，朝我看着。她的母亲完全领会她的暗示并遂她的愿任她转动身体，因女儿的欢愉而开心地笑着。在这个下着雨的星期三上午，一家咖啡店里有一个婴儿沉浸在快乐中。

照看我朋友十个月大的儿子令我（麦拉·卡巴金）想起自己的孩子们还是婴儿的时候。我抱着他走路，尝试不同的走法，一边注意他的反应，一边轻轻地、有节奏地哼唱着，直到我找到轻轻摇晃的合适组合。我放慢呼吸，感觉到他紧贴着我，身体柔软而放松。无须任何语言，他就能让我知道他需要什么。当我坐下来的时候，他用整个身体告诉我："不，不要坐下来。抱着我，继续走。"接着他开始发出一些小小的声响，我开始和他一道发出声响。他的头枕着我的肩，我感觉到他柔软的身体变得越来越重，直至他沉沉睡去。我慢慢地睡在躺椅上，感受着他的温暖和柔软，享受着他的肌肤散发出来的甜甜的气息。这种谐调对我们俩来说都是一份美好的礼物。在这样一个春季的雨天，他又一次发现自己可以依靠身边的人。他从我带着同理心的回应中感觉到，他的所需所求是重要的且会得到尊重。当他的需求得到满足时，他会感觉到满足、安全和平静。所有这一切都来自一次小小的相遇。

*

在起居室的地板上上演着这样的一幕：当一个母亲眼看她蹒跚学步的孩子变得越发活跃，有时到了狂野失控的地步时，她决定躺到地毯上，并任孩子爬到她身上，拨弄着她的头发。她其实是在让他重新与她接触。渐渐地，他开始安静并放松下来，他躺在她身上，休息着，并随着她呼吸的节律安顿下来。她是在帮助孩子与她安静的能量保持谐调。她很理解，孩子需要独立，但同时也需要亲密感和联结。

*

随着孩子长大，父母与孩子之间的谐调变得越发复杂。我（麦拉·卡巴金）10岁的女儿放学回家，皱着眉走进家门，大声嚷着："我饿了！"我一眼就看出学校已经对她造成了伤害。她有些承受不了。一整天都和别人在一起，她几乎快散架了。我已经学会了在她回家的时候准备好点心。我也艰难地学会了不去问她问题，而是给她空间。这不是抗议她的语调或教她礼貌的时候。在短暂的休息之后，她常常会以更友善的态度来看我，她会走过来拥抱我一下，或者回到她的房间里去听音乐。

对年纪稍长的孩子而言，谐调意味着对他们需要独处和专注做事的需求敏感，尤其是在他们与我们处于同一个空间的时候。这也可能意味着知道何时伸出手去，在一些细微处呵护他们。

我坐在我朋友的厨房里，她16岁的孩子走进来，抱怨说脖子疼。她的母亲让她指出哪里疼。我们聊着天，她则按摩着女儿的脖子。她时不时暂停与我的聊天，默默地让女儿知道，她感觉到脖子上那些结节在她的触摸下变得柔软了。她按摩着，我们继续聊着。大约 15 分钟之后，她的女儿走开了。我的朋友告诉我，这样的时刻现在鲜少发生。可能另一个成人的在场帮了点忙，制造了多一点的距离。能感受到这位母亲的敏感、在女儿突然靠近时向孩子敞开的意愿，以及享受这宝贵时光的能力，真是太棒了。

与我们的孩子和谐相处，并不意味着一切永远都是和谐的。在不和谐与冲突中保持正念，需要我们竭尽所能，充分运用精力和洞见。这样一来，哪怕正处于对抗中，我们也有机会了解孩子的真正面貌，以及在那个时刻，他可能需要我们做什么。为了这样做，我们得愿意承认和欢迎自己的各种反应，包括恐惧和顾虑，同时经由与自己的呼吸、身体和更大图景保持接触，来保持自身的平衡。如此一来，我们就能以富于同理心的共鸣和接纳，以一种合适的、充满想象力的方式去认识并面对孩子们的情感状态。当然，总会有挣扎和脱节的时刻——这些时刻可以给予父母和孩子机会，让他们知道修复和重新开始是可能的。

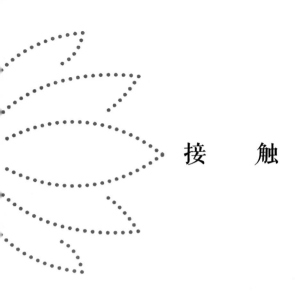

接　　触

　　在《牛津英语词典》里，"接触"（touch）是有着最长条目的单词之一，这无疑是因为它是一种十分基本的人类体验。阿什利·蒙塔古⊖（Ashley Montague）很久以前就观察到，接触是健康和联结的根本。除非有不断的触碰、温暖柔和的触摸，不然幼猴无法茁壮成长。有什么理由认为我们就不一样呢？接触对生命来说是根本的。

　　接触意味着"联系"（in touch）。它可以是一种联结体验。我们无法在触碰时不被触碰回来。这是我们得知自己并不孤单的一个方法。根据自己是如何被接触的，我们可以感受到被爱、被接受、被看重，也可以感受到被忽视、不被尊重和

　　⊖　英国裔美国人类学家。——译者注

受伤害。

接触可以产生觉知，并让我们与世界保持联系。我们通过各种感觉（视觉、听觉、嗅觉、味觉，以及皮肤的感觉）来接触和被接触。

被温柔地拥抱可以令我们的身体安然，且能唤醒一种联结感。它唤醒了我们对自己和他人的认识。当被带着觉知、敏感和尊重触摸时，孩子的整个生命都得到了尊重。在你年轻的时候学会与你的情感保持"接触"，恰是来自这种安全感和被关照的体验。通过拥抱、依偎、摇晃、摆动、哼唱、凝望，父母和孩子双方都体验到了他们自己和彼此——全然的接触的魔力。

*

在机动车登记处等待的时候，我（麦拉·卡巴金）看着一个高大、柔软的女子在照看一个红头发的 3 岁男孩。她坐在长椅上，等着取她的驾照。男孩把她的身体当作床、枕头和攀登架，并不停地用自己的身体、脑袋和手臂推攘她。当他伸出手玩她的手指时，她轻轻用她长长的指甲敲着他的手，这令他很愉快。她全然接纳他，从不警告他要静下来、坐直或是停下。这个场面洋溢着一种甜美与平静：女子说话带着口音，我想知道她是在哪里长大的，童年又是怎样的，以及是什么影响了她，让她变得如此耐心、接纳，对躯体接触如此自在。

　　我不常见到这样的场景。常见的倒是父母告诫孩子在公共场合要"举止得体"。如果他们的行为像两三岁或四五岁的孩子那样，父母会生他们的气。我看到疲倦的、蹒跚学步的孩子被拉在父母身旁，大声哭着，而父母并不想花费举手之劳把孩子抱起。我很少看到父母满带感情地触摸孩子，包容孩子过于旺盛的精力和活力。

　　我们的社会似乎正在变成一个有接触禁忌的社会。很少会看到人们在身体上的情感表达，比如朋友们手挽手，或者情人们拥抱在一起。在与孩子相处的时候，如果能对这种基本的交流形式的重要性有所觉知，我们就能自然地找到与孩子有更多接触和联系的方法。

　　接触总是发生在边界处，而对边界本身保持觉知很重要。不然，我们只会无意识地接触到孩子，而这样做可能附带着不敏感或不尊重的风险。我们之间的界限时时刻刻都在变化，不能只凭假设想当然地对待它们。每一个时刻都是崭新而不同的。一个在临睡前喊着"不要"晚安吻的孩子，在另一个时刻可能需要拥抱来获得安慰。当我们与孩子保持谐调，对孩子的能量和情感状态保持觉察时，就能更好地察觉他们在什么时候需要充满爱意的抚摸或拥抱，什么时候需要独处。

　　有时，不妨扪心自问："接触究竟是为了满足谁的需求？"这可能有助于我们自己觉察无意识或侵入性的冲动。我（麦拉·卡巴金）对被亲戚掐脸和亲吻的记忆清晰如初。他们对我会有怎样的感觉毫无觉知。有多少次孩子被要求献出拥抱和亲吻，以满足大人对温暖和情感的需要，但他们自身的感受或边界却被大人无视了呢?

　　当我（麦拉·卡巴金）的孩子们过来拥抱我时，我很感动，并总是觉得有点惊讶。我不是为他们拥抱我而惊讶，而是为他们拥抱我的方式感到惊讶。他们以一种缓慢、深沉、放松、安然、充满爱意的触碰方式来拥抱。当他们拥抱我的时候，我享受在那些瞬间里孩子们自然给予的滋养，这令人感觉到爱的圆满。

学步的幼儿

当我们意识到孩子的发展需求和情感需求是不断变化的时，每一个年龄、每一个阶段、每一个孩子、每一个瞬间都为我们提供了探索富有同理心的共鸣的机会。学步的幼儿需要我们尽最大的努力来保持谐调，去面对挑战。他们是如此充满活力，情绪变化得如此迅速，我们不断获得这样的机会：给予他们一些自由，让他们在明确的界限内进行探索，这提供了一种限制和安全的感觉。某个瞬间，孩子是这个样子的；下一个瞬间，事情可能完全不一样。譬如，他会突然觉得累了、饿了或烦了，如果我们对这些转变和过渡保持觉察，我们就更有可能想出帮助他度过这些困难时刻的策略。

这需要我们对自己的情感保持觉知，而我们的情感几乎变化得与孩子一般快。它们常常被孩子的情绪所激发，譬如，我们会以烦躁应对孩子的烦躁。与其在这些瞬间里做出限制性或自动化的强硬反应，不如努力觉察自己的反应，并以更大的接纳和包容来回应。哪怕我们觉得孩子的行为令人难以接受，也可以对他的情感予以更多的接纳和理解。

一天，我（乔恩·卡巴金）在一家餐馆里观察一名准备与他4岁女儿进餐的年轻父亲。等待食物花了他们太长时间，当食物终于上桌的时候，他的女儿已经坐不住了。她变得烦躁、疲乏、很难伺候。在女儿的吵闹下，父亲完全无法进餐，那个瞬间很容易令他变得强硬。他可以厌烦她，或者为食物来得这么迟、他已经饿了却无法享用而生气。但他保持镇静，并明白此时需要做些什么。吃了一两口之后，他把食物打了包，肩上扛着不断扯他头发的女儿，付了账单，离开了。当他从我们身边走过的时候，我对他笑了。我正与我的两个女儿坐在那里，她们已经长大，可以耐心地等待上菜。我与他简单地聊了聊做父母的辛苦，有些惆怅地回忆起那些需要把我的头脑调到"学步幼儿频道"的时光。那个时候，他们强烈而急遽变化着的需求决定着我每个时刻的选择。当你身处其中时，常会觉得永远熬不到尽头。提醒自己这一切在眨眼间就会过去，并向每一个出乎意料的馈赠让步，这可能会有些帮助。

每一个年龄和阶段都有自身独特的剧本。看到这个父亲如此善巧、宽宏大量地对待他的女儿，我振奋不已。

*

只要条件允许，我（乔恩·卡巴金）常会提早下班，与我学步的孩子们单独"约会"。我会带他们去游乐场，或者滑雪橇，或者沿河岸散步，又或者偶尔在市中心闲逛，看看人、车流和这个世界的样子。周末时，我会带他们和他们的朋友们去各种集市、农场和湖滨。任何与学步孩子在一起的机会，哪怕只是几分钟的玩耍（或是在地板上摔跤，或是把小车或球推来推去），也是增进感情的好机会。

有一天，我和儿子自发地创造出了一个我们俩都很喜欢的游戏，我们将它命名为"扭动"。我会和他躺在地板上，我用手臂环住他的腰。然后他整个身体扭动着试图挣脱出来。通过调节我手臂的压力，我可以或重或轻地抱住他，给他足够的阻力，要想挣脱，他就必须想出各种策略去克服相当大的阻碍。

我总是觉得，在玩耍中受困并动用他们所有的能量和聪慧去挣脱，是一个极好的隐喻，象征着他们在生活中迟早要面对考验。同时，这种近乎没有言语的身体嬉戏让我们以别样的方式走得更近——我们一起呼吸，扭动身体，相互斗争，在爆发和突破的边缘玩耍，不时地放声大笑。通过这种游戏来达到躯体的谐调可以帮助我们进入充满共鸣和喜悦的安静时光。

星期天的早晨，孩子们常在起居室的地板上和我一起做瑜伽，他们有时会扮演"瑜伽师"，给我下达做各种姿势的指令，然后和我一起做。我们也做双人瑜伽，当我的身体变成一个摇椅时，一个孩子与我一起摇晃；当我躺在地上时，一个孩子像飞翔的鸟儿一样在我抬起的双脚上保持平衡；当我变成一座桥时，一个孩子从我身体下面钻过。乐趣是无穷的。

　　随着他们渐渐长大，寻找时间去分享专注的活动以及由此而来的宁静变得越发困难了。尽管如此，我们还是会一起玩接球，有时一起跑步，甚至偶尔跳舞。形式会改变，但共鸣依然。

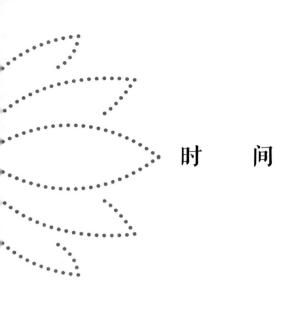

时　　　间

　　父母会很容易觉得时间永远不够充裕。我们饱受时间的催逼。一天早晨，我（乔恩·卡巴金）听见自己告诉4岁的女儿："快点！我没有时间了。"而她正在3件衣服中挑选她那天想穿的衣服。我这是向她传达了什么样的信息！

　　我们可以做些事情来给自己腾出更多的时间，并以最好的方法利用手头的时间。我们可以早点起床叫醒孩子，这样早晨的时间就会比较充裕，不用赶。在前一天晚上就让孩子选好衣服也会有帮助。我们可以防止对时间的紧迫感影响自己所做的一切。不妨记住与呼吸保持谐调，了解对未来的恐惧只是一些想法，而此时此刻正在发生的一切不应该被轻视。当下时刻永恒的特质体现在一些琐细之事中，譬如记着在道"晚安"时确保目光接触或者时不时地拥抱一下。自然，这里的关键在于，不要因为它们是"好的"而自动地去做这些事情，而要让它们在我们的那份临在和开放中得以呈现。

当我们意识到自己要迟到的时候，倾听自己的语调也是有益的。作为一个试验，我们可以尝试降低我们的声音，并更深地沉浸到此刻，沉浸到我们的身体、我们的呼吸中。

我们可以尝试的另一件事情，就是不要把孩子的日常作息安排得过满。他们需要的是全然临在的时间。这段"闲适"的时光可以让时间慢下来，为充满想象力的嬉戏、独处以及和朋友相处留出空间。我们的孩子需要时间去体验无聊，并找出走进和度过无聊时光的方法，他们有时需要我们的指导，有时则不需要。

如果我们对时间压力带给家庭的影响毫无觉察，生活节奏就可能变得越来越快、忙忙碌碌、没完没了，这种生活方式还会经我们传递给孩子。各种普及广泛的电子技术不停地把我们从此时此刻中拉出来，打断我们，令我们分心，或者为我们提供"更精彩的时刻"，正如微软公司前研究员琳达·斯通（Linda Stone）所描述的，当今世界的潮流是"持续的、片面的注意"。面对这种反复分心的社会痼弊，静止和临在需要被培育并带入家庭中，以此重建平衡，并滋养最好通过"无为"来触及的身心部分。

很多完成正念减压课程的人说，早点醒来，花点时间在静止中冥想，这为他们的一整天定下了基调，比起把同样多的时间花在睡眠上更为值得。他们会以更加冷静、更为专注的方式面对白天要做、要关心的事。他们还观察到，家人也能够感受到他们冥想的效果。当有一个人练习正念时，整个家庭的压力水平都会随之降低。

有时候，比起多挣钱，选择多花点时间和家人待在一起对家庭健康来说更加重要。这样做并不总是现实的，但有时其可能性会超出我们的预料。否则，我们可能会在忙着"讨生活"的时候，不去检视这份"生活"可能是什么，从而错过生活中最重要的事，这实在极具讽刺意味和悲剧性。

> 荒唐可笑的是那虚度的悲苦的时间，
> 伸展在这之前和之后。⊖

——T. S. 艾略特，《四个四重奏》

⊖ 汤永宽译本。——译者注

临　　在

"妈妈，你没在听！"

尽管我看似在场，但事实上，我已经被自己的想法带到了别处。有一段时间，我被拉回到现实中，但很快就又走神了，游离到那些创造性的脑力探索或有关未来细节的强迫性思绪中，它们与现实都不太相干。这会发生在我们所有人身上，并且会经常发生。在根本上，正念关乎面对游移的心念以及似乎无止境的分心的冲动，去培育每时每刻里的觉醒的临在。全然临在很困难，即便仅仅持续片刻，即便是为了我们自己。当我们在养育中培育正念时，我们是在有意地提醒自己更加觉醒，是入神而非出神。

当然，当我们留意到自己在思维中迷失或者以某种方式分心的时候，我们有很多机会去练习正念。分心是生而为人的一部分。永远有一些事情是我们想要或需要去考虑的。问题是，此刻是不是合适的时刻？我们能否觉察到自己被从当下拉开了，觉察到把我们拉开的究竟是什么？我们能否看到陷入念头中的自己可能会错过什么？觉知给了我们选择，也给了我们回到当下的机会。

譬如，当孩子走进来时，我们能否花一点时间，真正地看到他，并确认他的存在？我们会对认识的人这样做，对最亲近的人却通常不这样。临在也不一定总是需要用话语来表达。沉默有时也可以是一种深刻的临在的体现。

作为父母，我们很容易把"全然临在"误解为持续不断地给予孩子关注。这既不可能，又不可取。让孩子拥有自己的体验很重要。他们需要感受到，父母对他们内在的自主性感觉舒适。正念养育和对全然临在的培育，并不意味着我们总是盘旋在孩子头顶，不停地评价或鼓励他们，或者在他们面对符合其年纪的挑战时出手援救。过于关注孩子对他们和我们来说都是有问题的。

我们在孩子面前临在的状态对与孩子的关系质量影响巨大。培育正念需要有意识的、持久的努力和关注，以及一份保持真实、觉醒、谐调的意愿。

当我们与人坦诚相见时，我们是真实的，没有掩饰或伪装。我们心里对自身和孩子涌起的情感没有偏见。带着觉知，我们可以认识到自己产生的任何一种情感，哪怕它们可能令我们不舒服。如果我们在成长过程中不得不隐藏情感，或是只有将情感抽离才能感到安全，那么保持真实将是格外可怕和困难的。它可能是一个新的、未知的领域。

抱持自己的方式可以传递很多信息。当我们迷失在思维中，尤其当我们感到担心、焦虑或有压力时，所有这一切都由我们的身体来体现。当我们感到紧张和不舒展的时候，孩子可以感觉到。如果我们能够提醒自己回到当下，对自己的身体感觉和情感有所觉察，这是很有助益的。换句话说，就是让我们的感受安住在对身体的觉知中。在这方面，我们自身的呼吸可以成为一个值得信赖的同盟。有意识地聚焦于呼吸时的感受可以放松身体，并让我们在面对发生的任何一切时能够柔软下来、更加开放。我们越多地学习安住在觉知本身中，就越能体现真实的临在。如此，我们变得更容易接近自己和我们所爱的人。

哪怕是多上那么一点点正念，也会给孩子对我们的体验以及我们自身体验的质量带来很大的不同。临在就在不断地回到我们自身的练习中产生了。

杰克与魔豆

在一些关键时刻，孩子需要成人全部的关注和投入；在另一些时刻，他们则想要自由地与玩具或朋友待在一起。

对成人来说，我们难以全神贯注于任何事物，尤其是持续一段时间的专注。成人的头脑一般充满了种种矛盾的冲动和想法，这些冲动和想法争夺着我们自身的注意力。我们拥有多重责任且非常忙碌。孩子可能想要我们陪着玩耍或阅读，我们也许会做，但多少有些心不在焉，他们很容易就能觉察到。有很多次，我（乔恩·卡巴金）发现自己在给某个孩子读书的同时，却想着一等孩子入睡我立刻要打的电话；或是在阅读一个故事时，我意识到自己在走马观花，并不知道故事真正讲的是什么。我经常读完几行就会不由自主地开始分心，被各种念头吸引。

有一次，给女儿讲一个狮子的故事时，我已经累得几乎睁不开眼了，边讲边编。然而五分钟后，在我的倦意中，狮子变成了兔子。她注意到了。我们为这件事笑过很多次。

我们的儿子四岁时，《杰克与魔豆》是他最喜欢的故事。他不会让我读上一两遍后接着读别的故事，而是一坐下来就想一遍又一遍地听。我也喜欢这个故事，但要我反复读上七八遍实在有些勉为其难。随后我意识到，每次他听到它都好像是第一次听到：牛奶没有了，不得不卖掉牛，紧张地躲在巨人的城堡中并观察他的贪婪，偷巨人的金子、魔鸡和会吟唱的竖琴有多困难，沿着豆秆被一路追赶的刺激，以及及时从母亲那里接过斧头砍倒并杀死巨人——每一次他都对这一切信以为真。巨人进来时，他的身体会绷紧，而每当杰克智胜巨人的时候他都会开心地笑。

从他的眼中看这个故事，教会我在每次读它的时候努力全神贯注，哪怕我这个成人的头脑发疯般地抵抗着。让这份抵抗过去，故事变得如同一段音乐，我重复着当中的精华。每次讲被述或阅读的故事都是一样的，又都不相同。认识到这一点拓展了我的世界。有一段时间，《杰克与魔豆》成了我冥想练习的一部分，并在我濒临放弃全神贯注的时候教会我关注和临在。又一次，孩子成了父母的老师。

就寝时分

在家里营造安静、"无所事事"的时间非常重要。这样的时刻常常会在孩子上床前或在床上等待入睡时降临，迅速的成长、突破、创造力、分享和联结会在这些时候出现。世界停止了。在静谧之中，我（麦拉·卡巴金）的女儿会拿起她的画本，安然地端坐，专注地创作，全然沉浸于她的功课中。在一个晚上，我可能会给她读一个简单的故事，当故事打动我们或让我们微笑的时候，我凝望她的眼睛，看着她的想象力被故事深深吸引。有时候我就陪她坐着，过了一会儿，她可能会说起发生在学校里的一些事情，或是让她困扰的事情。在夜晚的沉寂中，万物获得了呈现的机会。

孩子们还小的时候，我们会唱歌、讲故事或读书给他们听。到了青少年时期，有的孩子依旧喜欢时不时地听我们读书。他们也会在入睡前听音乐。就寝时分，白天里很多不同的生活之流开始汇聚。

每个孩子都不一样。有的很容易入睡。对有的孩子而言，这个过渡则非常困难。孩子们还小时，有段时间，我们尝试过各种办法，想让就寝时分成为一天的平和终结，但通常徒劳无功。有时候，尤其是当我们自己也感到疲倦时，无论我们做什么，就是无法获得平静和安宁。

尽管我们努力地保护这段时间，还是会有很多事情妨碍我们。有工作要做，要打电话安排第二天的事情，同时有几个孩子需要我们，或者不同年龄的孩子有着不同的需求，这些常常把我们搞得晕头转向。年长孩子的需求经常被不公平地对待，会让位于年幼孩子的需求。这是一种持续不断的多方兼顾的任务。有时候，一段安静的睡前时光就此丢失了。但某些夜晚，当我们能够留出空间来全然临在的时候，不知怎地，它又出现了。分享一个孩子的担忧或感觉到他正进入睡眠，能够提醒我们这样的时光是多么宝贵。

此刻，挨着我熟睡儿子的幼小身体，
我胸中藏匿的河流伴着他的河流一起流淌。
根据他呼吸的节律，我让自己的言语合拍，
联结我和他的夜晚，唱着他的晚安曲。
恍若地下之水
淌过灵魂的秘河，
带来无以诉说的生活，

那是他成长之后要汇入的河流。

在那些静默时分，他对自身的确定开始消退，

在那里他将发现，

那些坚实的音符之间的停顿

让这首歌变得有了价值。

——大卫·怀特（David Whyte），《夜晚回眸》

（*Looking Back at Night*）

偈颂和祝福

　　有时候，一些短诗或谚语被用在禅修中，或者作为我们日常修习的一部分，以提醒我们那些已经知道却易遗忘或想当然之事。这些诗歌或谚语在佛学的传统中被称为偈颂。有晨起行走的偈颂，有进食、饮茶、记着去感恩一吸一呼的偈颂，几乎日常生活中的每个场合都有一种偈颂，它令我们与真实保持接触，而不至于迷失于思维中。

　　循规蹈矩、无觉知地重复这些诗句毫无意义。但如果它们被当作珍禽一般来守护，被刻意诵读，并被明智运用，就可以发挥巨大的作用。它们非常简单，只是提醒，却具有极其美妙的引领力量。它们有疗愈和抚慰之效。它们也会指出我们需要牢记些什么。我们的孩子曾在学校里学到了这首小小的偈颂：

太阳在我心里，

用它的力量温暖着我，

唤醒生命和爱，

在鸟儿身上，

在野兽身上，

在花朵身上……

在幼儿园和小学的头几年里，整个班级每天早上都会大声吟诵这首偈颂。文字伴随着一系列上肢的动作，勾勒出一幅流动的画面：在头上画出圆圆的太阳，手沿着头画到心的部位，手掌朝天张开，手臂向外伸展，感情真挚而热烈；结束的时候，双手回到胸前，合拢在一起；最后，以用手指和手掌模仿鸟兽的生命开始，止于形成一个杯形的花瓣。

我们很喜欢孩子定期在心里回味这首小小的偈颂。我们觉得，它是他们身心的食物，至少与他们可能在学习的其他任何东西一样重要。每日反复吟诵这些诗句似乎能保护和培育他们身上一些宝贵的东西，每日提醒他们生命的力量和珍贵，以及让心充满力量的核心能量——我们称之为"爱"。课堂上每日早晨的一点静思，召唤心的觉醒，提醒孩子们万物休戚相关……太阳、心、生命、力量、鸟、兽、花、孩子们、爱，共同组成一个无法割裂的整体。

我们从孩子那里学到了很多偈颂。在吃晚餐前，我们一家坐下来，围着桌子手拉手，他们重复某首在学校里午餐前诵念的偈颂，这能帮助我们从一天的忙碌状态转至下一刻的安静联结：

> 给予我们食物的大地，
> 令其成熟、美味的太阳，
> 亲爱的大地，亲爱的太阳，
> 我们依你们而活，
> 我们给你们，
> 充满爱意的感谢。

我们保持片刻沉默，环视彼此，看着食物，看着整张餐桌，然后说："祝福我们的食物，祝福我们的家庭。"如果有客人在场，我们可能说："祝福我们的客人。"

在我们夫妻俩的成长过程中，家中从不祈福或做谢恩祷告。在将谢恩祷告视为一种规矩的家庭中做客时，我们都会感觉不舒服。但随着我们的年纪一点点增长，我们俩都越来越理解有目的、有意识地为一切美好祝福的重要性，这样它们才不至于不被看见、不被庆祝。

孩子把这些带着觉醒和感恩的偈颂带回家并教给我们时，我们会觉得如此适宜，原因可能就在于此。它们是正念的福赐。它们如此包容、如此感恩、如此接纳。我们愿意相信，在诵念这些小小诗句、花时间体味它们所唤起的情感的年岁里，它们浇灌着我们内心的种子，让它们在我们的家庭中、在孩子们心中继续开花，无论他们将来会去哪里。知道太阳就在你心中的感觉真好。

　　这些偈颂可能也在孩子身上播下了种子，让他们爱上那表象的面纱背后，伟大的诗人们知晓并以美妙的文字礼赞之物。

> 流入胸间的甜美是多么浓郁，
>
> 我们必须大笑，必须歌唱，
>
> 我们蒙受一切福赐，
>
> 我们目光所及的一切都将被护佑。
>
> ——威廉·巴特勒·叶芝（William Bulter Yeats），
>
> 《自我和灵魂的对话》

第七章

选择

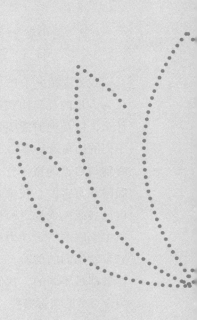

疗愈时分

　　我（麦拉·卡巴金）在生活中学到的大多数功课，都是从为人母的经验中获得的。孩子们持续不断地教我需要知道什么，以及何时需要知道。多年来，我须得提醒自己去从孩子们的视角看待事物。这样做的时候，我的视野常常被打开，看到与自己的童年有关的旧有行为模式，这些模式通常是有局限或有害的。较难看到的是，有些时候我会走极端，补偿自己被忽视或缺乏呵护的经历。有关养育的决定常常被我们原生家庭的特定动力所影响，我们要提醒自己，孩子对于家庭有着不同的体验，这将非常有益。只要觉知到一切事物的背景都是不同的，我们身为父母做出的选择就会更平衡，更契合当前的实际需要。

　　每次，当我们能够看到并理解自己孩提时代的体验时，这份理解都可以成为我们的养育指南，从一些细微的方面将我们从过去的掌控中释放出来。当我们意识到一些陈旧的、破坏性的模式［无论是在口吻（贬低或忽视孩子的感受）、神情（厌恶或轻蔑）还是话语（譬如"你有什么毛病"或一些伤害他们的责骂）方面］出现时，我们都拥有宝贵的选择机会。我们可以继续那些自动化、有时令人痛苦的行为。从某个层面来说，也许这些行为令人感到熟悉或舒适，因为我们在成长过程中可能遭遇过这样的对待。或者，我们可以在那个时刻停下来，努力地辨明我们自己强烈反应背后的原因。无论这些高度链接情绪的思维习惯有多根深蒂固，我们依旧可以尝试用新的眼光去观察，并自问："此刻我在做什么？我为何在这种情况下反应如此强烈？如果我继续这样下去会怎么样？此刻我的孩子真正需要从我这里得到的是什么？在此我有哪些选择？"

在这样的时刻考虑在"此时此地"敞开心扉的可能性，对我们的要求显然是很高的——特别是当我们被内心的推动力及根深蒂固的习惯所裹挟时。有没有可能在这样的时刻停下来，对当下保持觉知，如实观照，并仅仅是观察自己的冲动，而不自动化地付诸行动呢？

随着孩子度过不同的发育阶段，来自我们生命中相似阶段的魔鬼会在某些特定的情况下重新回来纠缠我们。它们可能会令我们猛然间有所觉察，也可能会像云一般，只是在意识边缘四处飘荡。一些熟悉的情景会触发我们强烈的反应，而其实比起孩子，这些与我们更为相关。这种反应可能是我们对孩子所做的事情的严厉反应，也可能是在特定时刻的逃避模式或恐惧、焦虑、不适的感觉。

当其中一种令人不安的情感被触发时，在内心稍做停顿（哪怕只是一瞬间），并仔细地聆听，这将是有益的。事情越令人不安，我们越是难以专注。它们究竟有多么令人不安，可以从它们被多么快地推到一边看出。这样的瞬间开始时可能难以捕捉，尤其是如果我们孩提时代的情感在原生家庭中不被尊重。我们可能已经习惯于把它们扫到那条众所周知的地毯⊖下面了。

如果我们能把这样的情感带回觉知中，它将成为一个指向更深处的提示。其中的意义可能要过些时候才会被我们理解，也许是在重复性的体验引起相似的感觉之后。花时间停下来、呼吸、去身体里寻找并感觉情绪及与之相伴的紧张感，这至少可以为我们提供机会，以某种方式认识到我们受制于旧日的魔咒，进而有可能从中觉醒，并做出更正念和更有想象力的回应。

只要我们能够捕捉到自己，改变事态进程，选择采取不同的行动，并与孩子的需求保持一致，我们的内在就会发生一种转化和疗愈。此刻变成了疗愈的时刻。

当我们选择以这种方式来尊重孩子的需求时，也有可能尊重了自己那些未被满足的童年需求。当我们选择善良而非残酷时，我们得以体验到善意。它对我们来说成了现实。如

⊖　指潜意识。——译者注

果我们小时候曾经被打过，但在成年后涌起打人的冲动时选择了一种更好的解决方法，我们就会有一种很深的满足感。如果我们在孩提时代没有受到保护，那么在关照和保护自己的孩子时，我们可能会发现自己也感觉到更加安全和稳定。

　　任何时刻，我们都可以选择放下或许曾经有用的情感盔甲，并给予孩子一份礼物：一个更开放、更具同理心和更宽容的父亲或母亲。在这个过程中，我们得以回味自己的孩提时代。更重要的是，我们得以与孩子和我们自己分享此刻内在的自由与联结。通过选择挣脱负性循环，那份无条件之爱的魔力也会触动我们。每次能这样做的时候，我们便朝完整和自由又迈进了一步。

*

　　一个年轻的母亲回顾了如下故事：

　　当我生下第二个孩子的时候，我很鲜明地记得某个瞬间。我的父母过来看我们，我3岁的孩子因为被新生儿抢走了关注而难过地吵闹。我记得父母的不满，他们指责她，并要她乖一点。在那个瞬间里，我清晰地看到，只要孩子或我的行为是"乖"或"好"的，我们在他们眼中就很棒，但一旦偏离他们所认为的"可接受"的行为，表达任何"负面"情绪都会遭到评判。认识到这点，我当着他们的面维护了她。那对我、对她而言都是一个疗愈的时刻。我理解她，我站在她那边。我没有背叛她。在那个时刻，事物"看上去"如何，让事物保持"美好"，并没有我女儿的安好重要。

也许你还能够回忆起小时候你的感受被忽略、不被尊重、被嘲笑或者轻视的时刻。每一次的互动本身看似微不足道（"有什么大不了的""你为什么这么敏感"），但事实并非如此，当它们被一再重复的时候，它们可能对孩子的自信和信任产生破坏性的影响。

在行动和反应中觉知我们的倾向让我们有机会打破这种有害模式。例如，有一次，一位母亲开车接9岁的儿子和他的朋友回家，让他们可以在放学后有时间一起玩耍。在车里，朋友滔滔不绝地对她的儿子说话。他一反常态地安静，偶尔不耐烦地冷冷回应两句。她责备他的不友好，并提醒他有朋友陪着回家是多么幸运。大概一起玩了一个小时之后，她的儿子彻底失控了，又喊又踢又哭，她则发现自己对他恼火不已。后来，在回想究竟发生了什么的时候，她意识到，举止恰当、礼貌在她的原生家庭中有着举足轻重的价值。当她通过告诉儿子他有多么幸运来回应他的粗鲁时，她本质上是在告诉他，要压制自己的感受，并让朋友感觉受到欢迎。她是在照顾这个朋友和她自己的感受，而非她儿子的感受。

她也意识到，要照顾到儿子的情感状态，她原本有好几件事可以做。譬如，她可以就事论事地说出她所看到的，确认他在那个时刻里的感受，建议他们两个在车里稍微安静一点，并凭着对事情的觉知决定到家后给予孩子们什么样的选择。但她看到自己采用了自动行为模式，重复了陈旧而熟悉的模式：否定非"正面"的、不礼貌的或不友善的感觉。

另一次，这位母亲带着 9 岁的儿子去拜访自己的母亲。从小到大，他见外婆的次数很少。外婆在同一时间邀请了自己的朋友，与朋友很投入地交谈，却忽略了自己的外孙。孩子陷入了对他而言极其无趣的环境，因而觉得无聊和坐立不安，开始满屋子乱跑，最后撞翻了家具。母亲为无力控制儿子不守规矩的行为感到难堪，她将他拽离房间然后带回了家。她很愤怒，责备他行为粗鲁，还不肯听她的话及时停下。儿子用恳求的眼神看着她说道："但是，妈妈，外婆跟我连话也不说！"

她的眼前突然闪现相似的一幕，她看到自己将儿子置于她曾经身处的位置上。无论她的母亲怎样忽略她的感受和需要，她永远被期待保持礼貌、友好和周到。如今，身为母亲的她能够看到，自己的母亲没有做出任何努力来接近外孙，没有以任何一种方式与他交流，也没有想过有什么对他来说才是有趣的。然而，当儿子呈现出一个活跃的、精力充沛的孩子本该有的反应时，他却受到了指责。她没有对母亲的行为感到气愤或不安，反倒对儿子生气，重演了她小时候熟悉的场景。儿子意识到外婆忽略了他，但在他指出之前，她一直都没有看到这一点。这又是一个我们从孩子身上学到的例子。

后来在回顾这件事的时候，这位母亲说，期待她母亲做出改变是不现实的，但下次再去拜访母亲的时候，她会安排些事情让儿子做，或者要求在公园里碰面，又或者坚持要母亲来她家里。她还做了对重建信任来说非常重要的事情。她向儿子道歉：在他身陷困境、心情难受时，她却对他发火。让孩子知道她了解并接受了他的体验，这不仅强化了孩子对她的信任，而且也在支持他去相信自己的感受。

无论我们有多爱孩子，无论我们多么想做最好的父母，有些时候我们的自动反应依旧会带来不和谐或割裂的瞬间。这样的瞬间是不可避免的，是生活的一部分。因为，要在所有时候甚至只是大多数时候保持正念，事实上是不可能甚至不可取的。重要的是，我们可以成功地应对我们遭遇或自造的人际困境，同时让孩子看到，这种暂时、痛苦的破裂能够得到承认、处理和修复。正念并非一种理想或最终状态。它永远是一种过程，一种与实际情况相连的存在方式，尤其在那些盲目反应的瞬间。每一个瞬间都提供了新的机会，让我们处理自身的自动性、期待、恐惧及其后果，并从中学习。

有时，我们需要承认自己的行为可能造成的伤害并为之道歉。不过，道歉也可能会变得过于轻率和自动化。有些时候，我们可能只须对自己承认发生了什么，并在内心承诺要更加正念，对此时此刻错综复杂的情况更加开放。如果我们能够意识到，那么也可以停下来，把觉知带到呼吸上，再一次安住于此刻和身体中，还可以这样对孩子说："让我们重新开始吧。"

对我们成长时那些限制性或破坏性的行为模式加以觉察，对我们童年时所经历的忧伤、愤怒和疏远加以觉察，这是一个既令人痛苦又有着巨大价值的学习过程。我们可以用这份觉察帮助自己在养育中做出更为明智的选择。

谁是父母，谁是孩子

承受一定的苦难是人类处境的一部分。但一些苦难是我们为自己和他人制造的，而且出于我们自身的无意识、无知和那些未被满足的、通常源于我们原生家庭的情感需求，以及我们在孩提时代的境遇。每个家庭中都已经有足够的痛苦，我们何必再因未经检视的习惯而为所爱之人制造不必要的情感负担和藩篱，将痛苦复杂化？为了更多地聚焦于这个方面，我们可以对原生家庭里的那些不成文的和心照不宣的规矩以及它们对我们的影响加以反思。

一个朋友曾说，只有当她与父亲谈论他所从事的科学工作时，他的眼里才有她。直到考砸了她的医学预科考试，她才意识到她在走的路并不适合自己，从而开始将全部精力放在她的艺术创作上。这诱发了她父亲的强烈反对。一条未挑明的规矩是："你只有从事我觉得有价值的事情，我才会高兴地认可你。"

　　这些心照不宣的情感结构在不同的家庭中各不相同。在一些家庭中，父母的情感需求占主导地位。在另一些家庭中，情感需求则被彻底忽略。不可言说的相处模式通常由家中掌权者（通常是父母中的一方或是父母双方）依据自身利益制定。这些基于内疚、羞耻、献身、义务和责任的诉求都可以用来操纵或强迫孩子维持这种隐患丛生的模式，而没有留下让孩子拥有并表达感受和需求的空间。

　　有些父母只知道通过自己所受的伤害和痛苦来感受亲密和联结。他们无意识地想要孩子与自己一道感受痛苦，有时甚至想要孩子替他们背负起这一切。父母和孩子之间可能会产生一些微妙的节律同步（可以全然出乎父母有意识的觉知和意图），孩子通常无须被告知就能学会与父母的情感需求调至相同频道。这样一来，父母不必富有同理心和慈悲，而是让孩子扮演这个角色，期待他们能够对父母的感受、麻烦和压力感同身受。孩子变得格外"以他人为导向"，成为父母的密友、倾听的耳朵。孩子自身的感情、需求和欲望被埋葬了。儿子成了"乖儿子"，女儿成了"乖女儿"，以牺牲他们自己的情感和内在自我为代价。为了保住自身，他们可能不得不做些出格的事情，譬如完全拒绝他们的父母、做出自我破坏性的举动、离家出走，或是在情感上变得疏离。

　　倘若要成为情感上有智慧的人，孩子对自己的情感发展出觉知和接纳是很重要的。他们需要知道自己感觉如何，自己需要什么，自己想要什么。年幼时，他们可以学习我们对所见所感的命名："你看上去有点困扰（疲惫、生气、不耐烦）。""乔伊看上去很伤心，你觉得他为什么有这样的感觉呢？"然后，他们就觉察到的我们的感受和需求进行沟通。通过这个过程，他们会慢慢学会更有效地交流情感、识别个人需求，也会从周围人具备同理心的情感回应中获得极大的益处。这样一来，随着时间的推移，孩子自然就能学会对别人抱有更大的觉知。他们开始体验到参与一场对话意味着什么，更能体会"他者"的概念。他们讲话，别人倾听；别人讲话，他们倾听。希望他们开始有直接的互惠（动）体验。他们的情感和需求得到了聆听和回应，他们能够信任他人，能够更好地发展出拥有完全的、双向的关系所需的各种技能。这需要时间。对一些孩子来说，这可能是一项终身的功课。

当孩子获得足够的宽容和安全，足以分享他们真实的感受和看法时，他们很自然地会不时挑战父母。当有冲突存在的时候，可能要花几年的时间，孩子才能认识到自身对事情的影响，并对自己的行为负责。这需要父母具有很大的耐心，我们可能会注意到自己也不是很容易认识到这些。

一位男士写信给他的父亲，告诉他在他们的关系中让他感到痛苦和困扰的方面。父亲回复："我原谅你写了那封可怕的信。"他完全否定了儿子信中任何可能存在的事实。他不是请求他儿子的谅解，而是施予原谅，仿佛他儿子分享真实的情感是一项罪行。即使他无法理解，如果他去倾听儿子的痛苦并报以同情，那会减少不少伤害，更不用说疗愈了。他本可以这样回复："我理解你的感受，并为我可能带给你的任何痛苦感到遗憾。如果你愿意，我想和你聚一聚，并试着理解究竟发生了什么。"

*

一个女人从她"完满的婚姻"中抽身而去，宣告自己是女同性恋者。她说："我不想失去我的母亲，我的选择是要么失去她，要么失去我自己，但我不能那样做。"

*

一对成年姐妹中的一人论及她们的母亲时说："我们并不认为她是'真正的'母亲，因为她的行为不像一个母亲。我们更像是她的母亲。她不停地让我们知道，我们做得不够，我们无法给予她足够的爱和感激。"

*

你的父母对你有何期望？你在情感上对家庭负有怎样的责任？你的父母在哪些方面是以孩子为导向的？你哪些基本的需求以何种方式得到了满足？你的特立独行被给予多大的空间？家里谁对关系的质量负责？是谁致力于让事情好转？谁在养活谁？

　　作为成人，有时候我们会发现自己背负着一些沉重的情感包袱。这个包袱里装着种种东西，有些可能并不属于我们，但经年累月，我们养成了背负它们的习惯——父母的痛苦、期待、失望、秘密、愤怒和伤痛。有些时候，哪怕只是想到要去放下这个负担，就足以令我们充满不安和内疚感，以至于让我们情感麻痹，无法采取行动。如果我们放下重负，我们会成为"坏"儿子或"坏"女儿。我们怎么可以这样做呢？

　　当我们终于试图放下，从很久以前被强加的、出于习惯的驱使或内疚、恐惧而担当的角色中走出来，当我们拒绝按照家庭陈旧的、心照不宣的情感规则去行事时，没有什么地狱是不能挣脱的。

　　从一个陈旧、舒适的家庭相处模式中脱身，朝更大的情感独立迈进，可能被看作一种巨大的背叛，我们可能遭到激烈的抵抗和批评。在我们的生活中创造新的情感模式需要巨大的勇气和不懈的坚持。

　　放下我们肩负的重担，并创造一种崭新的、更合适的、更平衡的相处模式，这永远不会太迟。这个过程可能相应地帮助我们更清楚地看到自己在和孩子关系中的那些心照不宣的模式和期待。我们可以将自己和孩子从这些不必要的情感负担中解放出来。每个人都可能变得更加轻松、宽容和真实。

　　时不时地问问自己这个问题会是个好主意：孩子降生于世是为了满足我们的需求，还是反过来呢？当孩子还年幼时，很显然，作为父母的我们所要做的就是满足他们随着时间推移而变化的需求。另外，随着他们渐渐长大，在学习识别和满足自身需求的这一持续过程中，我们可以有意识地支持他们。这种能力是成长为一个健康、情感完整的人的关键。反过来，我们也有着自己的需求。培育更强的自我觉察能力，学习何时及如何有效地沟通需求，是拥有健康亲子关系的重要方面。

即便是成年的孩子，他们有时也会需要我们给予支持和理解，需要我们在可能的范围内提供帮助。如果和孩子意见不同或是关系出现了裂缝，我们能否找到勇气，承受伤痛，越过时间的鸿沟，向我们成年的孩子伸出手，来寻找疗愈和重新联结的方法？并非所有时候都有这种可能。我们只能尝试，或者永不放弃以更健康的方式重新建立联结的意愿。但有些时候，我们需要等待孩子也愿意这样做的时刻。

如心理学研究所揭示的，倘若我们的情感需求无法从父母那里得到满足，就可能发现满足自己和孩子的需求都会格外困难，这种循环可能被一再重复，一代一代地延续下去。然而，只要带着对每时每刻的觉知，我们就有机会结束这一恶性循环。

随着我们的孩子渐渐长大，他们可能会在某些方面继续需要我们的支持。而随着我们渐渐老去，我们有时也会需要得到他们的支持。绵延不断的给予与接受推动着命运之轮，它随着时间而改变，滋养着我们所有人。

*

我的双手往下伸去，因愤怒而颤抖着，伸向那个要求不断的孩子。但是，双手在她的身上如呓语一般轻柔地合拢，而不是粗暴地对待她。仿佛我的身体被放大了，我把她抱拢过来，并深深地呼吸着。紧张消失了。此刻，我被授予了我母亲的耐心，而不是我自己那点微薄、已被耗尽的忍耐力。这是母亲在很久以前给予我的礼物。经由她的双手注入了我。那些她抚慰我的时光，以及我看到她轻轻摇晃、哺喂、安抚弟弟妹妹时的那份深沉的宁静，已经无形地进入了我的内心。这份馈赠长存于我的身体中，如同一只鸟儿在它的巢里，等待着，直到那一刻，我的双手需要翅膀那般柔韧的力量。

——路易丝·厄德里克，
《冠蓝鸦的舞蹈》

家庭价值

　　我们的家庭价值会随着时间的推移而变化。但总的来说，它包含着一种联结感，包括家中每个人作为带着爱意的更大整体的一部分。这个整体为每个人提供安全的庇护、滋养，并让每个人的本来面目得到认识和接纳。当中有着一个基本的承诺：保持诚实和尊敬，并愿意一起度过困难时刻。

　　这并不会如魔法般发生。它需要一种特定的内在功课及配套的外在功课，以此创造和维持反映我们价值观的家庭文化。形式不停地变化着：家庭的大小会变化，孩子会成长，我们作为父母和普通人也在成长变化着，社会上发生的变化也深刻地影响着我们。在某个时候，孩子会离开这个家庭文化，去创造他们自己的文化。

　　无论人们能否意识到，每个家庭都会发展出一套独特的文化。正念养育的部分挑战在于把家庭文化的特质带入觉知中，并试图做出一些有意识的选择，反映和具身体现为人父母的价值。

围绕"家庭价值"的讨论层出不穷，但它们通常处在高度政治化或道德化的框架内，对于什么算是"好"家庭持有一种狭隘的定见。"价值"这个词的字面意思是给予优先考虑，"以何为优"可以为家庭文化定下基调，所以"家庭价值"并非一个理论概念。如果不在实践中实现我们的想法、信念或原则，那它们都无足轻重。

每一个日子都在生活中展开，度过这些平常日子的方式彰显了我们个人的和集体的价值。无论我们知道与否，我们的优先选择都会得到体现。所以，从探究、接纳而非评判的精神出发，把觉知融入我们身体力行的领域会非常有益。倘若我们对自身的行为或家庭的优先顺序感到不自在，那么秉着正念修习和正念养育的精神，我们或许可以审视整个问题，看看如何才能逐步建立能够更深刻反映我们关注事物的新次序。我们可以问自己："对我们来说，最重要的是什么？作为父母，我们最看重的是什么？我们能否指出家中有关优先顺序的基本原则是什么？我们会在实际的选择和行为中放在首位的原则是什么？"

在家庭中，我们看重自主权、同理心、接纳和觉知，这些是表达关爱的基本途径。从中还会带出其他价值，譬如尊重、善良、真实、责任、灵活性和隐私权。我们在生活中尽最大的可能遵循这些价值。当然，有时我们会发现自己的行为并没有完全遵循这些价值。当我们意识到这一点时，哪怕再痛苦，也要试着去修习：看看究竟发生了什么，并以一种与我们的核心价值更为一致的方式来重新做出承诺。

我们也看重安详与和谐，但有时家庭生活就是会缺乏安详与和谐。我们的经验是，不能将它们强加于孩子身上，只能通过榜样来鼓励、培育和滋养。这需要我们极具耐心，并相信这些品质会随着时间的推移而扎根、成长。这关乎的并非成为榜样人物或完美家长。在这里，最重要的是，我们在过程中带着觉知来工作的承诺。在我们看来，比起宣讲一些特定的道德教条，让孩子看到我们是人，会犯错误也会承认，他们可以由此收获更多关于价值与人生的教益。

*

父母在家中营造的情感上的和实体上的氛围为家庭价值的展现设立了一个舞台。融入家庭生活的正念越多，家庭内在的深刻价值就越有可能被抱持于觉知中，并反映在养育的决定中。

我们极为重视的家庭氛围和家庭文化之一是：家庭作为一个安全的港口，是远离外界喧嚣刺激的避难所，是一个我们依据自己的价值观确定基调的地方，可以削弱社会文化中有时肤浅、狂热、物质主义的价值观的影响。

家庭仪式也是构建家庭文化的重要部分。仪式可以营造出一种令人舒适的氛围，让家庭成员安住于时空中，并增强父母与孩子之间、孩子与孩子之间的联结。我们注入每个时刻的意图和意识的特质都赋予了家庭仪式以意义。

任何事情都可以成为家庭仪式，包括早晨叫醒孩子，给他们系鞋带、梳头、编辫子或洗澡；尽可能多地一起吃晚餐，在餐桌上点起蜡烛，一起感恩，一起唱歌；在冬天里围着炉火坐着；在睡前讲故事。这一切都可以丰富家庭生活。在一些特定的时刻，我们可能还需要有意地增加关闭网络这个仪式，这样我们就可以体会到这些深刻的作为人类的时刻。

对家里的环境保持觉察可能也是有益的。虽然这可能不是最高优先级，但是，如果家里又脏又乱，那么每个人的能量都会受到影响。这不仅是为了保持屋子表面上的井然有序。正念可以被融入日常家务。准备食材、烹饪、收拾餐桌、洗碗、吸尘、洗衣等，这些都是可以让孩子参与的事情，具体视年龄而定。我们可以把整理和清洁房子当成一种家庭仪式，这样大家都可以分担工作。家已然为新的开始准备就绪。

作为父母，我们发现需要培育一种对整个家庭的觉知。我们的意识可以滋养家庭，整个家庭的需求可以像每个孩子的需求那样被考虑。有些时候，家庭本身需要关注。我们把所有人召集到一起，有时是去辨别和解决特定的问题，有时是为了看看彼此过得怎么样，有时则是为了好玩。随着时间流逝，这会在孩子们中间形成一种作为整体一部分的集体感受。

从家庭的氛围和文化中，从与世界日益拓展的接触中，孩子自然形成自己越发广泛的社会价值观。如我们所说，就像我们不能在家中把安详与和谐的价值强加给孩子一样，我们也无法通过道德说教或胁迫来灌输慷慨、同情、无害、平等、欣赏多元性等品质。只有通过观察他人身上的这些品质，通过我们具身体现这些价值，我们的孩子才能获得关于它们的直接经验。

*

我们的一位朋友分享了下面这个故事：

我的儿子在纽约市外围的镇上长大。在他还年幼的时候，他的父亲和我离婚了。我觉得我该向他灌输我认为对人生十分重要的价值观。其中之一是对所有人，不论其血统或境遇如何，都要加以尊重。

从他的孩提时代起，纽约市发生了很多变化。很多地方，包括如今他居住的街区，都被无家可归的男女占据——他们有时积极地乞讨，有时则消极地在门口坐着或睡觉。

我儿子23岁时，在一个寒冷冬天的傍晚，我兴冲冲地赶去他的公寓，想带他到新居附近吃晚饭。与他见面对我来说是很珍贵的瞬间——那个频率对我来说太低，但对他正合适。我知道必须如此，好让他成功地按照自己的想法建立起成年生活。

当我接近他的公寓时，我注意到有一个女人坐在人行道上，正在大门的右侧乞讨。我身体里的紧张感开始积聚，于是把目光转开，走进楼里时假装没有看到她。我不需要任何对人类痛苦的觉知打扰我快乐地与儿子共度这个傍晚的意愿。

很快，儿子和我一起出发，坐电梯下楼，朝大门口走去，准备从当地众多的餐馆中挑选一家，闲适地用餐和聊天。

当我们走出公寓大门的时候，他朝那个坐在人行道上的女人走过去——她还待在之前我刻意掉转目光以免和她对视的地方。他一边把口袋里的零钱给她，一边令我吃惊地为她介绍说："这是我的母亲。"当我朝她所在方向望过去的时候，我看见了一个温暖、坦率的微笑，然后我们互相打了招呼。

他单纯把她看作另一个人，而且是一个处境糟糕的、需要善待的人。

我曾经想要他看到所有人身上共同的、无一例外的人性——他做到了。当我意识到，在那个傍晚，他在重新教给我一种我已经丢失的价值观时，我感动万分。这正是我在很多年前教给他的价值观。

消费选择

在当今高度以消费者为导向的文化中，父母的消费选择很容易致使婴幼儿通过物品而非不断与人接触来体验这个世界。在这样的环境里，当父母面对足以淹没他们的选择时，哪怕是些微的觉知，也可以为他们提供一个非常重要的指南针。林林总总的商品，有些是在幼年时提供娱乐、强化学习之用，其中很多是为了让养育变得容易些。这些商品很容易成为成长中的孩子所需的基本人类互动的替代品。

譬如，婴儿可能会被短暂地抱一会儿，然后被放在汽车安全座椅上，接着安全座椅被从车里取出，带到商店里；回家之后，他可能会被放在小床或婴儿座椅上，之后被放进婴儿车里带出去散步。婴儿的大部分时间都在被限制以及接触无生命物体中度过。占据他世界的环境声音极有可能来自电视、电台或装有发条的玩具。父母如果缺乏觉知，孩子的环境就很容易变成以父母而非自身的需求为导向，变得过度功利化、混乱和空洞。

如果在做其他事情的时候，我们一直把孩子扔在一边，靠物品（上紧发条的秋千、播放故事录音、打开电视或其他设备的屏幕）来陪伴或娱乐他们，我们就可能在无意中鼓励他们被动参与，而非主动投入这个世界。这些"孩子占据者"可能将孩子置于失去力量和联结的模式中，这是由物品本身决定和限制的。

当然，我们在关照孩子的同时也要顾及其他事情。让孩子体验到我们如何参与生活是生活自然而然的一部分，也是很重要的。如果我们把正念觉知带入处境中的细节——包括孩子的年龄和气质、家里的环境和我们需要做的事，那么我们通常可以找到创造性的方法来吸引他们的注意力和兴趣，并在我们工作时确保他们的安全。

对于婴儿，我们在做事情的时候，可以把他们包裹起来背在身上。对于幼儿，我们可以为他们圈出一个空间，任其自由爬行、站立或翻滚。在更开放的可能性下，孩子可以自发地进行一些活动来表达更大的自主性。在地板上铺上垫子缓冲摔跤，提供球、软积木块和一些简单的可供攀爬的器械，这样的地方很容易成为家中安全的探索博物馆。有些时候，要允许孩子去体会困扰和沮丧，不要急于去解决问题。让他们学会自己克服发育阶段中相应的阻碍。作为父母，这是一个困难但值得实践的做法。

无论我们是否直接与孩子互动，他们都可以感觉到我们临在的质量。虽然父母可能变得很擅长同时做几件事情，但更关键的是，发展灵活的注意力和更广阔的觉知，这不仅包含对孩子身心状态的觉知，也包含对自身身心状态的觉知。我们的孩子能够感受到，父母是僵化、怨恨的，还是开放、灵活和温和的。在每一个瞬间，我们都拥有调节自身存在质量的能力。当我们身处压力中时，永远可以选择提醒自己回到呼吸上、回到身体感觉上、回到每一刻本自具足的丰富性中。

*

我们所面临的消费选择有时看似微小而无害，却可能令我们渐渐失去与孩子之间的宝贵互动，也令孩子失去从我们这里获得某种滋养的机会。在做出这些选择时，我们可以融入正念：这些产品会如何影响孩子对世界的体验及他们与我们的关系。

譬如，我们可以不假思索地将婴儿放到婴儿车上。但是，如果我们考虑一下他的感受，我们可能会看到，在一些婴儿车里，他面对外面的世界，没有任何保护，无法抵挡所有直接朝他而来的刺激、身体、噪声以及能量。我们也可能会看到，当这些不可预测、未经过滤的刺激朝这个崭新的小生命扑面而来时，最了解他、最能帮助他安定下来的父母在身体上是与他分开的。每个婴儿都是特殊的，作为父母，我们能够感觉到孩子何时准备好与社会进行更多的互动。

　　我们也可以把他抱在手中，或者用一个布兜贴身带着他。这样一来，他既能体验这个世界，同时也得到了保护。根据孩子的气质和年龄，一些让婴儿面朝前的布兜可能带来过多的视觉刺激，令敏感的神经系统无法承受。没有唯一正确的选择。正念养育是一个根据我们的所见、所感和所受不断地注意和调整我们所做的事情的过程。

　　路途较短时，一些父母会鼓励幼儿行走，这可能成为一种常规。但在某些时候，趴在父母背着的兜里，可能会获得更丰富的体验：他将感受到父母身体的运动和温暖，可以伸出手触摸他们的脸和头发。在这个位置上，旁人的脸与他的视线差不多平齐，这样他可以越过父母的肩头与他们沟通。如果他感到害羞，也可以挨近父母的身体。与此同时，孩子的双脚搁在背兜的脚垫上，抵着它，他整个身体都可以上上下下地活动和伸展。安全感、整个世界的感官刺激及回应，都会在以这种方式带孩子的过程中产生。

　　在短期内，做这些选择可能需要我们有更多的考虑和努力。但这样做可以给父母和孩子双方带来莫大的馈赠和快乐。我们可以更接近彼此、更好地保持接触和谐调相处。我们会更少错过孩子微妙的沟通，无论那是一个微笑、一个声音还是一种轻微的触摸……纯粹的快乐和联结的瞬间充满我们的生活。

*

很多儿童用品是为了"让父母自由"而被设计出来的，以便我们去做其他事情。我们购置它们，是期待它们可以让我们的生活变得更轻松。但如果我们不加注意，它们就可能变成基本的人类互动和存在的替代品。它们最终将孤立和剥夺我们的孩子，或是令他们的神经系统无法承受。当孩子将对关注、身体接触、人的温暖或不断刺激的渴望诉诸行动时，我们可能会发现，自己要为节省出来的时间付出很多倍的代价。在这个有很多需求的阶段，孩子的要求通常非常强烈，这是应当的。修复因忽略和过度刺激而造成的危害，比起一开始就满足孩子的需求要困难得多，也更难令人满意。

当然，有些时候，方便的物品对父母和孩子来说都是有用的。但作为父母，我们须得不断从整体上来察看孩子的日常经验。关键是找到合适的平衡。需要时，我们可以使用婴儿车或婴儿座椅，但也要确保自己在很多其他时间里可以抱着婴儿或学步的幼儿。有时我们可以在车里播放一个故事，但也要找出其他的时间给孩子朗读或者讲故事。橡皮奶嘴、毛绒玩具和婴儿毯子是舒适的，婴幼儿可以借此自我安慰。但我们也可以问问自己，是否愿意让这些物品成为孩子生活中舒适的主要来源。

每一个在人类互动中使用的物品都有可能剥夺我们和孩子共享的丰富时刻。由于关系建立在共享的时间上，因此如果我们不谨慎选择，拥有一切的孩子就可能最终成为一无所有的孩子。

疯狂的媒体

我们生活在一个事物变化空前迅速的时代。我们可以得到更多的信息，但可能大部分都不是我们最需要的。我们已经跨越了一个既不可见也不可逆的门槛，从一个囊括了人类历史、自然本身和进化的真实世界，进入到了一个美好的新数字时代。在这个时代里，我们的生活与不断增强的计算能力交互，处于一个虚拟的全球性沟通互联网中。从前父母所担心的是看电视会有什么影响，而如今我们所要面对的，是无处不在且越来越精巧的移动电子设备。这些设备可以把孩子与互联网、网络社交工具、视频、图像、音乐、电子游戏、无数的有线电视台以及电影随时联结起来……这是一个可以无限接触无数内容的潘多拉魔盒。孩子暴露在父母知之甚少或全然不知，甚或感觉有害、不健康的世界中，面对这样的情况，我们该做些什么呢？我们如何根据他们的年龄，去识别和调节科技中积极又有助于成长的方面呢？

在智能手机和平板电脑之间，我们可以无限制地获取信息，同时也有了无限多的机会分心，沉湎于电子世界，并与当下失去接触。我们不仅需要考虑孩子对各种媒体的接触和使用，也需要觉察和调节自己对它们的使用或可能的成瘾，以确保我们能够全然临在于生活中、存在于和孩子的接触中。越来越多的孩子需要与这些设备竞争，来获得父母的关注。更有甚者，父母把这些设备交给孩子，确保孩子有事可做。智能手机上越来越多的应用程序被开发出来，恰恰是为了这个目的。可能存在这样一种危险：我们的孩子会发展出对电子设备的依恋，而非对人的依恋。我们可能也会如此。

毫无疑问，我们所生活的世界就在我们眼前发生变化。这些科技创新，以及未来更多的硬件和软件，都在创造一个新的世界。当孩子步入成年时，他们应该已经足够了解并精通它们了。因此他们越发有必要在身、心、头脑和精神方面保持强大和平衡，以更好地了解和联结虚拟世界。

毫无疑问，无处不在的网络以及社交媒体为孩提时代和养育增加了一些新的维度，而这些维度需要被持续地适应和监测。这个相对崭新的、不断变化着的世界要求我们对它保持密切的觉察，并在必要时对它的使用以及孩子们可接触到的内容进行调控。网络和社交媒体无处不在、充满诱惑，但愿我们可以找到促使其与其他活动保持平衡的方法——在数字时代，在这个崭新的、未知的领域中带着一定程度的正念去养育。如果我们本身沉迷于这些设备，那么我们可能在传递这样一种信息：孩子没有我们的电子邮件、短信和微博重要。

无论技术有多么聪明或诱人，人类都无法从中获得全部的滋养。比如我们需要亲身体验的经历，以及那些关爱之人的滋养。在父母忙碌的时候，技术常被当成电子保姆过度使用，或者被当成解决孩子无聊的便捷之道，很容易取代童年时期与人面对面的交流和活动，而这些对于个体是极为重要的。

表面上看起来对我们的生活有益的一些活动，可能会产生我们无法全面预期到的一些影响。譬如，现在很多孩子都有自己的手机。诚然，有些时候这非常有用，特别是在紧急状况下。不过，个中难以预期到的不利之处在于，孩子但凡遇到困难，都会太容易立刻就从父母那里寻找帮助或建议，而不是靠自己的能力去解决问题。这是家长们所面对的与日俱增的问题之一。另一个问题是，我们是否应该允许孩子无限制地接触互联网，就因为它是存在的？我们在多大程度上检视和思考了潜在的积极和消极因素？我们如何才能把积极面最大化，把消极面减到最小？我们的问题数量通常超过答案，但是质疑本身非常重要。它们让我们不断地思考这些技术可以给孩子和家庭带来的影响。

把正念觉知带到家庭生活的这个方面，当孩子使用各种设备或技术的时候，父母可以开始刻意地观察孩子所受到的影响。他们的身体处于什么状态？你能看到任何紧张的迹象吗？他们在做着哪些动作？他们被哪些图像所吸引？有多少暴力在里面？在这个虚拟世界里沉湎得越来越深，可能会在认知、情感和社会层面上给孩子造成怎样的影响？他们由此可能得到什么样的信息？他们可能在吸收什么样的价值？如果长久地专注于电子设备，哪怕仅仅是社交网站，他们可能错过多少现实生活中的社会交往？

当孩子看电视的时候，我们认为，作为父母对相似的问题做出思考也很重要。研究显示，美国孩子在年满 18 岁前平均已经看了 25000 个小时的电视，目睹了超过 20 万次暴力行为，包括 16000 次谋杀。在 1996 年的《媒体暴力医生指南》(*Physician's Guide to Media Violence*) 中，美国医学学会报道说："待在屏幕前是一个美国孩子在醒着的时间里耗时最多的活动。"每个家庭每天平均有 7 个小时开着电视。60% 的家庭在进餐时也开着电视。这种现象并没有随着时间的推移而减少。一份 2009 年的尼尔森公司⊖调查显示，2 ～ 5 岁的孩子每周待在电视屏幕前的时间超过 32 个小时。

作为父母，我们依旧需要对这种接触给孩子造成的影响保持正念，并观察我们的家庭与这个强大力量之间的关系。我们可以询问自己的问题包括：当孩子看电视时以及看完之后，我们该观察些什么？他们在吸收一些什么信息？他们有多么被动？他们入迷并进入出神状态的程度有多深？每天他们看几个小时电视，每个星期呢？他们在看电视的时候，错

⊖　一家全球市场监测和数据分析公司。——译者注

过了其他什么？他们目睹了多少暴行？电视被关掉的时候他们会和我们吵架吗？所有这些如何影响着他们在家里和学校里的态度和行为，如何影响他们对自己和社会的看法？仔细地观察并问问自己这些问题，可以帮助我们做出选择，这些选择可能会极大地提升家庭生活的质量，改善孩子的生活。我们也可以建议他们，在进行这样的活动时（也包括之后），对自己的感受加以关注，以此来培养孩子更大的自我觉察。

在很多家庭中，电视几乎是全天候地开着的。世界各地发生的所有恐怖事件的图像和新闻一起接连不断地侵入孩子的视野，哪怕是非常年幼的孩子，也不能幸免。无论是否在积极地"看"新闻，年轻人的成长都浸淫于一个特殊的、高度扭曲的现实观中。这种观点由网络公司总裁们确定的具有"新闻价值"的事物合成。它们偏向于聚焦发生在当地和全世界的最暴力和最恐怖的事情。相反，人类创造和创造力这些广阔的领域是同等重要甚或更加重要的，而且不乏"新闻价值"，却几乎无人理会。

那些媒体和娱乐产业影响孩子的其他途径也需要我们加以关注。有时候，年幼孩子会暴露在怪诞、恐怖的图像面前，当他们没有办法去过滤或客观地看待和理解它们时，这些可怕的图像会烙进他们的脑海和记忆。这样令大脑惊惧和麻木的图像对成人来说也是难以消受的。单单是音响也可以对神经系统进行全面攻击，引发强烈的躯体应激反应。很多暴力电影中的图像是不可思议的，而孩子会去看这样的电影同样不可思议。这很不可思议，但是暴露于暴力图像中却成了一种常态，我们已经习惯了这种文化。

　　电影和电视可以助长偏执和不信任，给人一种世界是一个充满疯子和危险之地的印象。世界上每天发生着那么多的好事，但是如我们之前所说，这不会成为新闻，这样一来，父母和孩子对世界的看法都有可能变得非常偏颇。我们发现，我们必须时常提醒孩子和我们自己，虽然我们的社会上存在暴力，但只有相当少部分的人会去犯罪并造成伤害。孩子需要知道，哪怕是在最危险的街区里，依旧有很多人是友好、善良的。帮助我们的孩子感受到安全、客观地看待世界，让他们心怀希望，是一个艰巨而持久的挑战。

　　确实在一些社区，暴力在孩子的生活中更为普遍，无论他们是在家里体验到的，还是在街上经历的。老师们说，有些孩子入学后目睹过暴力行为，并认识被这些暴力所伤害的人。有些老师开始在一些市中心的课堂融入正念练习，教会孩子自我觉察、安静下来的技能，以及如何自我调节和关爱自己与他人。这些基本的正念练习（觉察自己的想法和情感，接受和理解事物不断变化的本质，安住于自己的身体和呼吸中）对处在极大压力和挑战情绪中的孩子非常有益。

　　回到电视这个例子，无论卡通和情景喜剧有多么吸引人、多么巧妙，长期持续地观看它们对孩子的成长没有益处。电视的存在可以极大地改变家里的气氛。它成为一种恒常的、深具诱惑力的供给，抗衡着孩子可能参与的其他一切活动。这样，它微妙地或明显地干涉着他们每一天按自然节奏展开的体验，包括片刻的安静甚至无聊，这可能引发身体活动、充满想象力的游戏，让他们沉浸于自然世界，有时间思考和反省、创造、与朋友玩、与家人相处，以及与更大的社区联结。孩子变得对电视上的人物而非真切的人更为熟悉，并有可能依恋前者。现实生活体验可能被搁置，因为他们不想错过电视节目上的朋友。

媒体可以轻易地取代孩子成长过程中的各种基本体验。这些体验是关系性的、具身的，需要亲身参与，这能进一步促进社会性和情绪性的学习，以及大脑神经回路的成熟，这些对青少年时期和成年时期的身心发展非常关键。诚然，某些技术可以在孩子的学习中起到一定作用，但我们作为父母，对可能失去什么，以及对平衡和监督保持觉知是非常必要的。

当我们的儿子5岁时，他得到了一只帝王蝶的毛毛虫。他把它装在一个罐子里，在里面放了些马利筋。日复一日，他喂着它，看它每天吃着叶子，直到它奇迹般地变成了一只蛹，又在很长一段潜伏期后变成了一只蝴蝶，然后他把它放飞了。正是从这种整合的、参与性的体验中，孩子得以了解这个世界。这样的体验同时也是活生生的象征，指向世界和万物背后的意义、秩序以及互联性。这样的体验会激发孩子的想象力，并给他们带来愉悦。

我们可以看到，当孩子投入一些创造性的活动（如绘画或唱歌）时，或者通过听我们给他们读那些能使人精神振奋的书——用优美的语言、精心构建的人物和关系在他们的脑海中创造和填充了整个世界，孩子们的眼睛闪闪发光，脸上洋溢着快乐，给人一种生气勃勃的感觉。这样的书有《绿林女儿罗妮娅》（*Ronia，the Robber's Daughter*）、《汤姆·索亚历险记》（*The Adventures of Tom Sawyer*）、《霍比特人》（*The Hobbit*）、《指环王》（*The Lord of the Rings*），以及亚瑟王传奇等，还有来自不同国家和文化的童话与神话故事。

　　在他们看电视或电影的时候，我们看不到这样的神情。这个过程太过被动，不需要想象力。所有的图像都是事先为他们设计好的，以一种令人麻木和过度刺激神经系统的奇怪组合来呈现，试图持续地吸引孩子的注意力。没有时间以供内省或反思，没有停顿以供联结故事与生活中其他有意义的事物，也没有被感动后分享深层感受的时刻。

　　我们发现，当孩子还年幼时，家里不备电视，是一个可行的、非常好的选择，尽管鉴于电视在美国生活中的普及性，这可能是一种激进的做法。有时，某些东西对家庭的实际影响，得在把这些东西抛弃之后才能看到。它们对家庭生活最普遍和潜在的影响，一直要到它们从家中消失时才得以显现，比如它们不存在时家中更加平和，创造性地使用时间也成为可能。以家中重新涌现的那份活力，来弥补孩子和父母失去的那份娱乐，实在绰绰有余。

　　为不同的科技设备设立界限是一条更为艰难的路。如今，它们占据了我们生活的很大一部分，在家庭中和口袋里越发无处不在。对不同年龄和不同阶段的孩子来说，设立界限需要采取不同的形式。作为父母，清晰的理解和思路对设定限制来说非常关键。孩子还小的时候，他们不会理解也不需理解我们为什么要这样做。当我们知道需要做出某种改变的时候，我们可以以理解和善意来回应他们的愤怒、不开心和困扰，并传达一条不容置疑的信息"事情就该是这样子的"。当然，随着时间流逝，孩子在成长，事情会有变化，我们对需求的觉知也会随之改变。这时候，我们可以与孩子一起讨论家庭协议和限制的必要性，每个人都可以为达成决定建言。

一个朋友告诉我们，他十几岁的女儿学习比较吃力，因为她每个傍晚都在社交网站上花很多时间。他们商定，她必须连续几个星期每晚尝试几个小时不上网。那段尝试期结束后，他们针对限制网络社交的积极和消极方面进行了讨论。他的女儿表示，有这样清晰的界限对她来说实际上是一种很大的解脱，因此她想继续这样做。

*

在很大程度上，正念养育的实践涉及我们每个人如何找到各自的方法来应对家庭中出现的各种处境和状况。自然，这些会随着时代和形势的改变而持续发生变化。面对生活中的特定挑战和孩子的要求，如何抱持和应对它们恰恰是内在功课本身。没有绝对或持久"正确"的答案或者"完美"的解决方案。每个人都在做这份内在功课的大部分过程中体验着不确定性，有时甚至会产生一定程度的迷茫、紧张和痛苦，这是为人父母不可避免的一部分，也是将正念融入养育中不可避免的一部分。

　　提醒自己，正念绝不仅仅是觉知或接纳，这一点很重要。它也关乎在复杂的情况下采取行动，最好是明智的行动。我们针对特定情形给出的任何建议，从一开始就必然是不充分的。唯有你才了解你自己、你的家庭和你的孩子。尤其是在涉及媒体问题时，技术日新月异，我们今天的建议可能在一两年后就毫无价值。但有时在不了解事情如何进展的情况下，也愿意尊重事情的发展规律，这恰恰是我们修习的本质。

＊

　　充满讽刺意味的是，一个有关新媒体的充满希望的信号正源自硅谷世界的内部。很多获得巨大成功的早期互联网公司创始人正值三四十岁。看到这个数字世界里那么多的企业家被正念所吸引是令人振奋和感动的。他们这样做，既是为了他们自己生活的满意度，也是为了调节年轻有为所带来的压力，应对必须在商业中保持不断创新的势头的挑战。很多年轻的创新者似乎在工作中和工作以外都对意义和更加扎实的生活充满渴望。他们似乎对人与人之间的联结感，以及为一个更加美好的世界而工作的重要性有着与日俱增的觉知——不仅经由新技术，也经由如何使用这些新技术。

平　　衡

多年来，我们不断尝试在养育中寻找某种平衡。从很大程度上来说，这是非常个人化的事情。令我们感到平衡的，可能令你完全失衡；反之亦然，你觉得平衡的可能对别人来说全然不平衡。更进一步，此时让人感到平衡的事物可能会在其他时候给人不同的感觉。这是一个进行着的过程，因为平衡点在不停地变化。

每个人都需要界定自己的平衡或平静，为了自己、孩子和家庭这个整体，竭尽所能做出选择，促进平衡的实现。围绕平衡的工作是一个不断变化的动态过程，而不是一个固定的终点。因为事实上，平衡永远关乎失去平衡和重获平衡。如果把觉知融入失衡的体验中，我们可以学到很多东西。

当我们的孩子还是婴儿时，我们取得平衡的形式是在一段时间的高强度付出中不断汲取内在和外在的资源。当体力和情感上要倾注那么多精力时，我们需要来自家人、朋友和夫妻彼此的能量和支持。

婴儿内在的平衡有赖于我们对他们需求的回应。当他们感觉不安、哭闹或看上去不舒服的时候，我们回应他们，那么平衡或早或迟都会得到恢复。在应对长时间的哭闹时，或许我们无论做什么都不管用，但哪怕在如此艰难的情况下，我们也该继续努力去保持全然临在。

当孩子开始学步时，取得平衡的形式是给他们一个自由、安全的空间，并密切关注他们的探索。当他们不开心时，无论是因为饿了、累了，还是受到了过度刺激，都要对他们给出的信号保持敏感，并尝试去帮助他们重新找到些许平衡。有些时候，给他们机会在活跃、热闹的玩耍中释放能量，可以帮助他们重获平衡，另一些时候，他们则需要被抱着、轻抚和安慰。随着时间的推移，这些回应性的互动可以帮助孩子发展自我调节的能力。

当我们感觉到孩子在某种意义上失去了平衡时，重新细致地查看孩子的作息可能会有帮助。活动时间与安静时间的关系如何？他在吃些什么？它们有益于平衡（蛋白质、健康的脂肪、复合型碳水化合物、新鲜蔬菜）还是容易导致失衡（太多糖、垃圾食物）？睡觉时间有多长？一贯的日常节奏、惯例、有充足的时间做事并从一件事过渡到另一件事，这些都有助于年幼孩子的健康成长。在把觉知融入日常生活中的这些方面时，我们可以尝试做出减少不必要压力源的决定，帮助孩子在一天中获得更大的平衡。

有些时候，遵循"少即是多"的原则可能是有益的，对于年幼孩子来说尤其如此。尽量简化他们的生活，给他们更多的例行常规，让他们有安静独处的时间，这可能正是他们所需要的。在我们忙碌的生活中，安静的时间可能在不知不觉中被挤走了。

滋养和恢复精力的时刻可以体现为很多种形式。它可以是安静、悠然的泡澡时间，可以是全然投入地与孩子一起做游戏的时间，或是讲一个故事、唱一首歌、一起画画、一起烤松饼、一起用石头打水漂的时间。把孩子抱在臂弯里或放在腿上时，他们所感受到的那份简单的宁静和安然，就可以是一种恢复。把计划和令人分心的冲动放到一边，我们可以把觉知带到呼吸上，让它保持深而缓，我们会感觉到孩子也放松了，他的呼吸自然地放缓，找到了自己的节律，并与我们的呼吸和谐一致。

我们可以让内心静如止水，从而让聚集在我们身边的生命看到，那可能是他们自己的映像，并因着我们的宁静而暂时过上一种更明晰甚至更激进的生活。

——威廉·巴特勒·叶芝，
《凯尔特的薄暮》（*The Celtic Twilight*）

我们发现自己身处的每种境遇都是不同的。每一刻都是崭新的。昨日所需可能对今日毫无裨益。要发现孩子的需求，我们须得保持敏感，注意他们的暗示并凭直觉、有创意地做出回应。我们自身的宁静和耐心可以让镜面清澈，令映像得以呈现。

*

学龄儿童部分地经由他们的友谊、活动及穿着来体验自主性和个性。当他们发现自己独特的兴趣和才能时，会体验到能力和力量。他们需要隐私和大量的心理空间，但当他们的世界开始扩大的时候，他们依旧需要支持和指导。在这个年龄，他们能够更好地自我调节，但有些时候依旧需要我们介入，为他们或与他们一同设立界限，以恢复平衡。要在这个时期找到平衡，通常需要努力与他们保持有意义的联结，因为他们在努力寻求自由和独立。

*

有朋友与我们分享了如下故事：他们11岁的女儿受邀参加一场生日聚会，先吃蛋糕和冰激凌，然后去看电影。朋友了解到，孩子们计划去看的这部电影有暴力和血腥场面，他们不想让女儿看到。危机来了。"每个人都去，为什么我不能？"父母还是强烈地感觉到，他们不应该让孩子看那部电影。在与其他父母的沟通中，他们发现，有一个家长很难找到时间在电影结束后去接孩子。于是两家一起计划让两个女孩去参加聚会，不去看电影，但可以一起过夜。这个方案既让女孩们满意，也令家长们满意。结局是愉快的，但是是以一些创造性且令人满意的协商作为前提。

"我所有的朋友都可以想看电视就看！""我们为什么要吃得这么健康？""劳拉可以睡得很晚，和她的朋友发短信，多晚都没问题，为什么我不能？""我的朋友都有自己的电视。"在令人感到不安的压力面前坚持立场，需要很多的内在力量。有时让步非常诱人，特别是当我们感到疲惫或支撑不住的时候。但是，在我们认为重要的事情上向孩子传达矛盾的信息，只会鼓励他们得寸进尺地要求得到他们想要的，这对他们和我们都不好。

在我们的社会中，占有就是力量。一个孩子在感觉失落或无力的时候，很容易专注于物质占有，觉得它们可以让他感觉好些，或者可以提高他在同伴中的地位。孩子内在生活的发展、他对自己和他独特存在的理解，需要一些比最新潮的运动鞋来得更复杂的东西。帮助孩子找到令他们充满活力的活动，无论是武术、舞蹈、运动、乐器、登山、画画、修建东西、写日志还是唱歌，比起以消费者为导向的文化中的快速解决方案，这些让他们证明自己是谁的事情可以提供更加令人满意的替代方案。

这样做的时候，我们面临着找到合适平衡的挑战：一方面是过度安排孩子的生活，给他们太多的选择和活动；另一方面则是忽视孩子，不投入所需的时间和精力帮助他们找到发挥创造力和独特禀赋的出路。如果为孩子安排无休止的活动，从而取代了他们与我们相处的时间，或是导致他们生活中的其他方面严重失衡或压力过载，那么，过度安排可能成为另一种忽视。

有些孩子很容易平衡自己，能自然找到他们感兴趣的活动，同时也知道如何安静独处和内省。有些孩子需要被推一把，有时甚至是用力一推，才能去做些事情、尝试新的事物，或者变得活跃起来。有些孩子则需要我们帮助他们慢下来，把精力重新导向更为安静的活动上。协助孩子在生活中创造平衡，需要我们在这方面的持续努力、鼓励和行动。

*

我的小女儿在 11 岁的时候从艺术课上带回来一张模特脸部的绘画。那看上去像是 30 岁的她。她抓住了个体的独特性，颜色的运用也是我未曾料到的：她用黄、蓝、橄榄绿色勾勒出人物的脸。她对自己的绘画能力一直不以为意，但我看得出来她为这张绘画而自豪，而她也确实告诉我，她为自己感到骄傲。后来，我看到她路过那张画的时候依然在看着它。她已经从单纯的看与画的不思考的模式，进入到一个在一定距离之外观察结果的状态。有一次，她为两只眼睛看上去十分不同而困扰，并问我觉得它们怎么样。我告诉她，正是那样才让脸部显得如此真实，如此有趣，人很少有完美对称的脸。她看上去心满意足。过去几天甚至几周里的所有风暴和破坏、挣扎和困难被冲刷到了一边。

在那个瞬间里，在她身上以及我们之间，有一种自然的平衡和幸福的感觉。

*

当我们的孩子进入青春期时，比起他们再年幼些的时候，我们与他们的联结感觉上就如同绷直的、有些许磨损的细线。维护这些细线，确保它们耐用持久，做我们能做之事去加固它们，这本身就是巨大的任务。尽管曾经焦虑、保留、怀疑、不开心，甚至在怀旧时感伤，但只要我们愿意给予孩子发现独特自我的自由，这些联结就会变得更强。

与此同时，为了平衡孩子日益增加的自由，我们可能也需要在适当的时候设定限制，那些考虑到当前现实情况的限制。当我们努力在自由和限制之间寻找合适的平衡时，我们要不停地问自己这样的问题：究竟多少自由是合适的，什么是有害的，什么是无害的。

当我们意识到一个青少年失去了平衡时，可能要鼓励他去检视一下自己，在他的生活中，什么进展得好，什么进展得不太好，并去寻找他自己的创造性答案。不过，有些时候，他可能需要在父母的帮助下开始一些或大或小的改变。这可以有不同的形式：协助他调整学校的课程，在校外为他的精力和创造力寻找健康的出口，并找到与更广泛的社区建立联结的有意义的方式，让他体会到更大的归属感和目的感。这需要以不减少青少年对自己内在资源的信心的方式进行，需要一些技巧和敏感性。我们需要对自己那些侵入性、强势、全知、控制性或剥夺孩子权利的冲动保持觉知。

在某些处境中，可能孩子或我们都无能为力。那么，作为父母，我们必须从长远考虑，对孩子的感受保持同情，无论那是什么样的感受。在这样的时刻里，认识到我们无法作为父母去为了孩子改变处境，认识到还有别的一些事情不应该试图去改变，无论我们有多么想，这种认识会成为我们力量的源泉，最终也会成为孩子力量的源泉。我们的这份理解可能是最为有用的：孩子会遭遇生命本身所呈现的不可避免的局限，他们可以从种种际遇中获得学习和成长。我们所持的这种观点所传递的信息是：我们对他们的能力深具信心，他们可以适应、承受，最终接受逆境。在第九章"局限和开放"中，我们会更加详细地谈论这个话题。

我们可能会发现自己在这些年里更加难以保持情绪的平衡和思路的清晰。我们少了很多控制，增加了很多忧虑。哪怕我们有着最好的意图和努力，交流也常会出现问题。我们可能会觉得困惑、害怕和绝望。养育青少年的挑战有时需要我们站在这些情绪之内，再难也要接纳，并且不去评判自己怎么会拥有这些情绪，也不要尝试做些什么，而只须认识到它们。通过把这些痛苦的情绪抱持在觉知中，并予以接纳，我们可以在内心重获一定程度的平衡和客观。这样的转变可以在困难时期支持我们，有时会促生新的开端或领悟。

*

从学校接回大女儿的时候，已经是深夜了。她快 15 岁了，上了一天课，又在划船队划了船，然后去波士顿看了在英语课上刚学的一出戏剧。她醒得早，因此通常在晚上十点钟的时候变得又累又暴躁。然而，今晚她精神饱满、兴致盎然。空洞和无聊的黑暗日子似乎已经远去。她全然投入到此刻——手上是因划船而起的血泡，对刚看的表演赞不绝口，规划明日要完成的事务，并询问我对下一年选课的意见。当我们谈论她明年想做些什么时，我珍惜她生命中这种平衡的感觉……这个春天的时刻——几乎到了午夜，这种安静的给予和接受。

*

有时，父母想要抵消或减少更广泛的文化对家庭的消极影响，因而不得不做出一些与孩子渴望的、其同龄人都有的权限相冲突的决定。持续但合情合理的限制有益于学龄儿童，使他们不至于接触到文化中濒于僵死的和破坏性的方面——从商场到电影，再到互联网。我们的立场在当时可能会让他们生气，但是他们会有一种安全感，因为他们知道父母对自己足够关心，且会坚持他们认为重要的东西，哪怕不受自己欢迎或暂时因此被自己"怨恨"。

做出这样的决定，并去帮助我们的孩子找到精力的其他

出口，可能占用我们很大的时间和精力。找到我们可以接受
又不会剥夺或惩罚孩子的解决之道，可能是项艰巨的工作。
我们总是生活在"同伴从众"的力场中，而这种从众有时会
给孩子带来格外强大的吸引力。重要的是尽力处理而非反对，
尊重他们的需要——合群、得到接纳、"像其他人一样"，与
此同时，鼓励他们找到表达个性的方法。当他们努力地定义
自己时，我们可以提供一份确定的框架，他们可能会与之相
碰撞。寻找合适的平衡要求我们提供合理的限制，同时又不
能太僵化、约束，否则我们就是在制造禁果，并在这个过程
中把孩子推远。

*

　　童年是一个天真无邪的时期，而这份纯真需要保护，当
孩子长大并日渐投身于更加广阔的世界中时，我们需要帮助
他们在天然的开放信任与对潜在危险的觉知之间保持平衡。
在合适的年龄，以合适的方式，我们可以鼓励孩子对他人如
何对待自己保持觉知，并相信他们自己的感受和直觉。我们
可以以身作则，若看到别人不够尊重自己、带有欺骗性或做
出奇怪的行为，就要让他们知道。我们可以问孩子在某些情
形下感觉如何，并支持他的感受。在看到制造困扰的行为
时为之命名，这是重要的人生功课。培养敏锐的眼光，能够
看到别人对待我们的表现是一项后天习得的技能。以这种方
式提高觉知，我们的孩子可以拥有适度的谨慎和小心，在某

些情况下，甚至可以带些怀疑。孩子与家人、朋友之间充满爱的关系足以平衡这份怀疑，因为这些联结是长期建立在信任、尊重、诚实和接纳的基础之上的。

*

对母亲来说，要找到平衡须得付出特别的努力，尤其是在认识到何时应该提供适度和必要的滋养以及何时不该这么做之间。这涉及更多地觉察自身的需求，而不是迷失在其他家庭成员需求的力场中。

我们可以从为所见所闻命名开始——"听上去好像你……""我能听出你……"，以一种实事求是的方式来回应孩子的需求，然后告诉孩子我们需要他们怎么做："我稍后来帮助你，现在我需要做完手头的事情。""我需要你自己搞定。""我需要躺15分钟，然后我会与你讨论此事。"对自己的说话语气保持正念会有所帮助。关键在于隐忍坚定。所有这一切都需要修习。

父母可能会觉得自己处在一种矛盾中：既要以有意义的方式参与这个世界，在经济上支持家庭，又要在家里与孩子相处并随时满足他们的需要和渴望。这是一个努力寻求内外平衡的持续过程。有时，我们必须刻意停下来，后退一步，盘点一下家庭中发生了什么。通过这样做，我们有可能发现以前没想到的创造性解决方案。

当我们自己更加平衡的时候，就可以对孩子和他们的需求有更大觉察，而不必一门心思全放在孩子身上。持续欣赏孩子的独特品质和过度卷入、过度投入之间有很大的差异。当我们感觉到平衡时，就更能欣赏正面的东西，而且不需要它有多显眼。我们能够从自身强大的中心与孩子进行沟通，与我们自身的完整性保持接触，以自己的方式与世界保持联结，体验我们自己的愉悦及意义感。

每当看到父母能够超越自身童年、他们成长的时代、习俗的限制，创造出不同于原生家庭的养育模式时，我们都会感动不已、振奋十足。他们能够在自己的养育中创造出更大的平衡，在僵硬处提供柔软，在曾经没有边界的地方提供保护和界限，或是尽管他们自己曾经遭到忽略，但能够给予孩子支持和鼓励。看到这些给了我们希望，如果我们关注此刻并看到自己拥有的选择，新的养育方式就会成为可能，这种养育方式会更加平衡、更加有意识。

作为父母，我们不停地在自由与限制、信任与怀疑、活跃与静止、无用与有用、联结与分离之间走钢丝。这是一种具有价值的平衡术，就像瑜伽中任何一个平衡体式一样，但更具挑战性。

第八章

现实

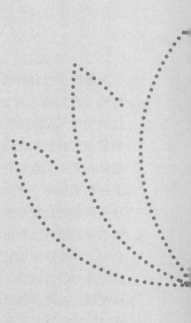

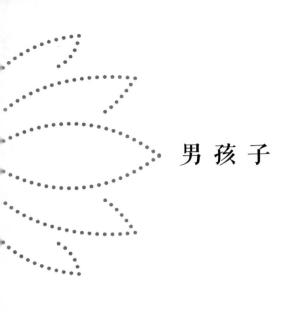

男 孩 子

男孩子有自然满溢的精力，他们对世界无止境地着迷和好奇，在探索、玩耍、安静中，或者在生气、郁闷的时刻，以数千种方式释放着他们的精力。这些都为父亲提供了机会，重新与这些自然能量联结，我们以此种方式在情感及其他方面滋养儿子，希望在他们成为男子汉的过程中，提供体现男性存在的榜样。作为父亲，我们可以很好地保持开放，了解孩子真正的自我和独特存在，那有可能与我们的气质、能力和兴趣相似，也有可能不同。最重要的，是临在于他们的生命中，并接纳他们的真实自我，找到富有想象力的方式满足他们各阶段的需求。这并不容易。这需要持续的关心、承诺和洞察。当儿子随着成长、变化从而更充分地拥有自己的生活时，我们有些时候要愿意从舒适地带跨越出去。我们也需要在身体上尤其是情绪上与他们同在，并有学习和成长的意愿。

作为一个父亲，与儿子在不同年龄段一起度过各种时光，与他一起面对世界，日复一日地看着他日渐成形的存在彰显着他的独特品质，这些给我带来了特别的快乐。他的旺盛精力令一切都变成了一种冒险。通过他的眼睛看世界，令我一再地打开了眼界。

当他对恐龙着迷的时候，我们会去科学博物馆，看那个巨大的、外表凶猛的霸王龙模型。我们先从二楼看，然后从底层往上看。接着，我们会探索博物馆的其他部分。当我出去跑步时，有时会带上还小的他，让他沿着人们常去跑步或遛狗的池塘骑着他的玩具摩托车。后来，我们有时会一起跑步。在平时晚上或露营期间，我喜欢给他读书，把他编入故事里，一边讲一边编。

我们常玩摔跤，在起居室的地板上翻滚，像狮子一般格斗，直到筋疲力尽。我们这样玩了好几年，直到他在高中里成为一名摔跤手，弄伤我的风险变得格外高为止。

在他还小的时候，我定期练习韩国禅剑的打斗（“心剑道”），有时会带他到道场看我们练习。他很爱这项运动，我也是。在他3岁左右时，我停止正式训练，但是在之后的好几年里，他和我依然不时用木剑进行有板有眼的打斗，在每一阵比试前后，彼此感激地鞠躬。他有一柄短剑，可以挥舞自如。用剑挡住彼此的攻击，看到我们能够保护自己免受来自各个方向的可怕攻击，并保持平静和稳定，安住于身体的动作、节律和木棍的撞击声中，这太令人振奋了。他从 7 岁开始进行各种武术训练，从未停止过。

偶尔有几次，我们在愤怒中撞击，并非用剑，而是我们自四面八方汇聚而成的强大意志。渐渐地，我学会了识别和软化我暴躁的脾气，并给他更多的空间。这是我在挣脱童年痕迹的成长中艰难地学会的功课。当我与他在一起的时候，我尽最大的可能临在，这对我来说很重要。

我们有很多相同的爱好，这让临在变得容易了些。但它有时依旧需要有意识的努力，特别是当我脑子里装满事情的时候（父母的"职业病"），生活永无止境地被各种事情所牵扯，很容易就破坏了全然临在。孩子永远都能意识到。太多时间分心会给人一种其他事情都更加重要的感觉。

不同的男孩子有不同的气质和兴趣，因而他们在成长过程中当然需要不同的事物。但他们都需要同一样东西，那就是有足够的心理空间去成长，在远离父母的时候找出事情的真相。作为一个在纽约市街头长大的男孩子，我花了无数的时间在街上踢球或闲逛，这几乎成了一种精妙的艺术，看着城市危险角落的生活，我从中学到了无可比拟的、永远无法从我父母那里学到的功课。幸运的是，我有着稳定的家庭生活，每个晚上，我都可以回家吃晚饭。我可以离开街道，从我的父母和兄弟那里学习别的东西。

除了独自一人、与朋友相处时的各种活动和爱好，男孩子还需要父亲、祖父和其他男性在生活中持续地临在，关照他们，对他们感兴趣，愿意陪伴他们，给他们讲故事并听他们讲故事。无论他们是否与父亲同住，都是如此。

在探索他们的兴趣、技能、力量及局限时，男孩子可以从男性的指导中获得极大的益处，这些男性可以提供鼓励，展示如何以积极的、对自己和别人都好的方式来使用力量。作为父亲，我们可以支持孩子去探索、了解自己的长处，并给予尊重，无须夸大或炫耀。同样地，我们可以鼓励他们玩耍，激发他们的创造力、归属感、责任感和被需要的感觉。

这类发现可能来自父亲与儿子花时间一起做事或无所事事时，比如钓鱼、玩传接球、在野外看云彩、散步、乘坐地铁、去球场或博物馆。

哪怕有时候面临挑战，比如在工作、职业责任、各种各样的枯燥事务、杂念、野心和上瘾等方面有挫败感，作为父亲的我们是否有可能做出承诺，支持儿子为他们的主动性和兴趣找到有意义的表达方式，帮助他们发展自己的长处及其精通的领域。同样重要的是，我们能否培养一种情感状态，在这种状态中，深刻地感受情绪不仅是可以接受的，而且被看作是重要和值得尊重的？这样的导向与女孩子需要从父亲那里得到的并无根本不同。虽然不同的孩子有不同的气质，需要付出的精力可能会有不同，但核心需求是相同的——全然临在，被看见、被善意地认可。

*

我们的文化对于"男人应该是什么样子"这个问题的看法

可能相当两极化。当今的社会规范变化迅速，而且包容性和多样性越来越强。然而，把有趣和潇洒等同于大男人、喝酒、冒险和沉迷女色的刻板印象依然比比皆是——只要看看电视上的啤酒广告或卡车广告就知道。其他刻板印象也俯拾皆是。父亲可以帮助儿子对文化释放的各种微妙或明显的信号及意象保持觉察，并做出解释。很多信息都传达着对女性和女孩子的贬低，如果你停下来仔细想一想，就会发现它们其实也贬低了男性本身。由此，我们的儿子就有可能免于陷入这种刻板意象和思维中，减少随之而来的伤害性行为。男性在这个社会中要接受的部分教育，就是去以最深刻的方式理解女性和女孩子是人，而非被使用的客体或对象。这是一个巨大而广泛存在的社会议题。作为男孩和女孩的父母，对此保持觉知对我们来说极其重要。当孩子在学校里，在社交圈里，以及在与一个更加广大的社会的交互过程中出现这样的问题时，作为家长，我们要直面问题并去解决它。虽然可能充满挑战，但是作为父亲，我们有时候可能需要去看看并承认自己在这一方面可能拥有并呈现的一些根深蒂固的、常常是无意识的积习。

在美国社会中占据主导地位的男性和女性形象，恰如罗伯特·布莱在几十年前所说，是"兄弟姐妹社会"的产物，处在这样一个世界里，父亲以及越来越多的母亲要么身体不在场，要么情感不在场，要么二者兼缺。在这个世界里，男性和女性的常见典范自然是由媒体、娱乐行业和同龄人提供的。如今，在互联网和社交网络的驱动下，这种现象发生得越来越多。男孩子难以找到现实生活中的指导者，难以找到某种通向集体认识、知识、智慧的成人礼。这是一个过去尚未被认识就被拒绝的世界。深刻的代际疏离会让年轻人尝试自我抚养和社会化，进而处于更大的危险和脆弱中。虽然存在一些社会性的努力来促进和保护儿童和女性的权益，但主流文化的很多方面依然带有剥削性和掠夺性。

*

我们不妨问问自己，当今的年轻男孩需要些什么，才能在这个剧变的世界中明智地生活。变化是如此之快，以至于身为父母的人不可能知道，在 20 年、10 年甚至 5 年内，孩子将面对怎样的挑战。在一个不够尊重、看重、优先考虑孩子的需求，并难以为孩子的发展和进入成人世界担当起社会责任的文化里，父母需要亲自耕耘，引导他们的孩子。我们从大量的研究中了解到，情商和情绪平衡（能够在不同处境下与别人保持关系）是未来幸福和有成效的生活所必需的一种能力。正念是另一个关键的生活技能。为了我们的儿子，做父亲的必须看重内在力量的培育，比如慈爱、同情、忠诚、情感上的可靠性、灵活性、明晰乃至智慧。所有这些都来自对内外关系时时刻刻的觉知。我们可以珍视并仰赖自己的自主权、最真实的本性和最好的传承，无论是美国原住民，还是非裔、亚裔、欧洲裔，等等。另一个选择则是无根地漂泊，不了解也不在乎我们是谁，没有了解我们、接受我们，以及让我们感受到责任与联结的群体或社区。

我们不打算谈论父亲形象的理想标准。相反，我们谈论的是能够且需要做出承诺的过程，出于关爱、自我成长和为了儿子而成为最好的自己的期望。我们能否在每个瞬间关注自己内在和外在的体验，去学习如何更加自如地做自己，如何在有些时候即使"不知"也仍感觉自在，并处理升起的恐惧以及关闭情绪之门或变麻木的冲动呢？我们能否练习在一天里，把正念融入自己真切的感受中？我们能否通过练习变得更具同理心、更善于接纳、更有趣？我们能否对自己在工作过程中的精力消耗保持觉知，然后努力去寻找更好的平衡？所有这一切都是正念在生活和养育中的切实应用。

年轻男孩需要一个强大且具有同理心的父亲、祖父或良师，进入青春期时，这一点会越来越重要。青少年极度需要得到理解、倾听、满足与接纳，需要有人鼓励他们对自己的行为承担起责任。对很多男孩来说，这是一生中所要经历的最大、最令人困惑、最不确定、最尴尬的过渡。从男孩过渡到男人，需要一种愿景、一种新的理解和存在方式。我们可以鼓励青春期的男孩去辨别并理解神秘和未知的东西，包括其他人群和风俗习惯。我们也可以鼓励他们去了解部落心态的危险——认为"我们"和"他们"之间有绝对区别，出于恐惧和偏见，投身于消灭"他们"的战争和暴力中，而无法意识到"他们即我们"。这是一种缓慢的成熟过程，一种摆正自身位置的缓慢学习，借用诺曼·费雪（Norman Fischer）的话："越来越能怀着觉知进入与自己和他人的稳固关系中，而这种关系会随着时间的推移不断地演变和加深。"

*

男孩子自然也需要从母亲那里得到爱和滋养，并从这种关系中获得关键的支持。被母爱的光环笼罩，而又不被控制，不必操心她的情感需求，这创造了一种内在安全和情感稳定的基石，而这份安全和稳定是男孩子在长大后与父母分离并进入这个世界冒险时所需要的。但男孩子在一开始也需要父亲，和女孩子一样。父亲也同样需要儿子。如果父亲在儿子生活的关键时刻缺席，可能就无法了解儿子。如果我们看着他们出生，在他们还小时抱着他们，让他们枕着我们的肩膀做梦，与他们一起在这世界上行走，听他们讲述所见所闻，为他们提供工具和可以让心、手一起动起来的项目，与他们一起在地板上玩耍，发明新的游戏，讲故事，看太阳落山，看雨落下，在沙滩上挖泥并建造沙堡，向水中扔石头，削木棍，爬山，坐在瀑布边，划船，唱歌，看他们入睡或温柔地唤醒他们……我们与他们息息相通，彼此滋养。

父亲和儿子可以帮助彼此成长，帮助彼此发现美和意义，有时是经由亲密的安逸时光，有时是经由黑暗的煎熬时期。我们的儿子希望我们是成熟、诚实的，对他们的爱和承诺不会动摇。我们需要给予他们空间，去找到走出痛苦和磨难的道路，并与他们同在。有时候，为了保障他们的安全，我们需要设立一定的界限。在另一些时候，我们可能不得不为了自身的健康去设立限制。这没有脚本，但这就是爱的全部内容，我们会被改变，并努力学到一些艰难的教训，就如同我们的儿子也在学习他们的教训。

对我们这些父亲来说，这也是正念显得弥足珍贵的地方。因为事态如何发展在很大程度上取决于我们是否愿意与不想要之事亲密接触，是否明白这些事有时就是当务之急，无论我们喜欢与否。我们可以对这种可能性保持开放：如果我们愿意去做一些内在工作，就可以了解到"不想要"本身也有利用的价值。譬如，正念有可能允许我们在某些瞬间看到自己如何固守成见，如何混淆是非，并让我们看到自己过去视而不见的东西。它会揭示，当我们因被不喜欢、不能容忍之物困扰而感到恐惧或愤怒时，我们多么轻易地放弃了自己的心和常识。每一次自我的收缩都是机会，我们可以理解自己，认识到自己有多么执着于头脑里发生的故事。我们接着可以提醒自己，这并非真相，不可能是全部的真相，哪怕有时候我们认为它是真相。我们可以提醒自己，如果可以摆脱那些未经检验、过于狭隘的观点和默认假设，我们就能以一种更加明智的方式来存在和联结。我们的很多反应来自思考的头脑，通常被我们的过去或对未来的恐惧所影响。它会让我们与此刻的需求失去联结，尤其是在最困难、最麻烦的时候，也正是我们最需要保持联结与回应而不是盲目反应的时候。

当我们的儿子渐渐长大时，他们会找到其他男孩子，分享他们的激情，建立友谊，有些友谊将持久而深刻。音乐、舞蹈、野外、城市生活、运动、文学和艺术，无不吸引着他们，伴随他们度过或明朗或黑暗的时期，提供意义和价值，并成为可以参照的镜子，让男孩子在其中继续发现自己是谁，爱什么，全然拥抱每个时刻，信任自身的力量，安住于身体中。当他们参与到关照新一代的议题中，找到自己在世界上的立足点时，他们就成了全然成熟的地球人。

在这个快速变化的世界里长大成人，找到自己真正的位置，是一个非线性的过程，有时可能会令人困惑、害怕，并且感觉危险。归根结底，长大成人是一段身心发展的艰苦跋涉。如果男孩子得到父亲和其他男性的一贯接纳与善待，就会在某种程度上与之产生共鸣，即使当时未必有此感觉。这种支持可以令他们越来越多地寻找或创造自己在这个世界上的位置。需要的时间或长或短，但这无关紧要。男孩子对自己的身心运作、思维和情感、欲望和渴求越熟悉和自信，就越能信任自己的觉知能力，就越能了解自己是谁，并对面前广泛的现实与可能性保持开放。

*

当凯和简恩四五岁的时候，我们会爬上秃山，然后回过头来看看我们住的地方。他们七八岁的时候，我们登上了松鸡岭，从松鸡岭往下看，可以看见秃山。几年之后，我们登上塞拉山脉八千英尺[○]高的英国山，从那里你可以看见松鸡岭。后来我们去了有一万英尺高的城堡峰，它是这片山脉的最高峰，爬到山顶时，你可以从那里望见英国山。我们继续往北，攀登了塞拉巴特斯山和拉森火山——后者是我们目前到达的最高处，从那里你可以看见城堡峰，你可以看见英国山，你可以看见松鸡岭，你可以看见秃山，你可以看见我们住的地方。世界就应该这样被认识。这是一种强有力的地理教育，而且永远不会远离你自身。

——加里·斯奈德（Gary Snyder）

○ 1 英尺 =0.304 8 米。

池塘冰球

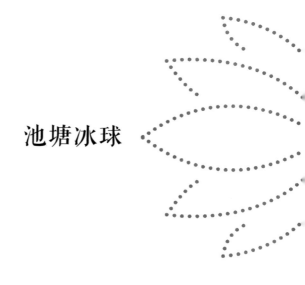

　　如果气温升高一两天，再回到天寒地冻，又没有暴风雪，那么新英格兰的池塘会是冬日里玩冰球的好去处。在周末或假期里，我（乔恩·卡巴金）和儿子会穿上层层厚衣服，抓起球棍、冰球和滑冰鞋，朝山下的池塘冲去。在那里，我们会穿上冰鞋，用冻僵的手指摸索着系紧长长的鞋带，摇摇摆摆地走过寸余厚的积雪，然后在冰面触及新的自由。

　　我们会先四处滑一会儿，查看一下整片池塘的情况，适应穿上冰鞋的感觉。然后小心地选择一个地方，把一双靴子隔开几英尺放着来充当球门。

　　我们一对一地玩……一人守着球门，而另一个试图进球。防守者可以离开球门很远，并试图从对方那里抢走冰球，所以我们滑得很快，球棍碰来碰去，冲刺着看谁先抢到冰球。我们灵活地在彼此身边操纵着球，有很多假动作和射门，在笑声中追逐着、冲撞着。当然，我们进了很多球，看到冰球滑过防守者，从靴子之间穿过，是一种纯粹的快乐。有些时候，那些太过离谱的击球路线让我们大笑不止。

我们玩耍的时候会产生热量。无论天有多冷，风有多刺骨，过了一段时间，我们都会摘掉帽子和手套，然后脱下外套和毛衣。有时候我们上身只穿着衬衣。只要继续滑冰，就是暖和的。

我们一玩就是数小时。任何时刻都是最好的时刻。每个时刻都是当下，超越思考，一次又一次地抗衡、带球、追逐、挡住射门、保护球门，就这样沉浸在分享男性能量的快乐中。

有时候我们在晚上玩，在小镇泛光灯散发出的橘黄色光晕中，阴影中的冰球几乎无法被看见。但我们大多数时候都是在午后玩，一直玩到冬日的太阳早早地落了山。有时，我们须得停下来喘口气。我们把外套铺在池塘边的雪上。然后躺在外套上，看着深蓝色的天空衬托着云彩，或是西方的天边开始露出缕缕粉色和金色的云霞。我们的呼气在正上方清晰可见，我们共同陶醉在这份静美之中。

我想说，我们每个周末都这样度过，年复一年持续了很久，但事实并非如此，这些时光已经过去很久了。我也想说，我的女儿们和我玩池塘冰球时也有着相似的愉快感受，但我们只是偶尔为之。女儿们被其他事情吸引着。她们热爱滑冰，

而且比我们滑得还好，但她们对棍、球、球门和追逐缺少
兴趣。

　　大多数时候，池塘上覆盖着厚厚的雪或粗粝的冰，无法
滑冰。有几年冬天，池塘的冰面没有达到我们所需的厚度。
我们也被其他事情召唤着，借其他的机会聚在一起。但是，
在冬日池塘上玩冰球一直都是无与伦比之事。

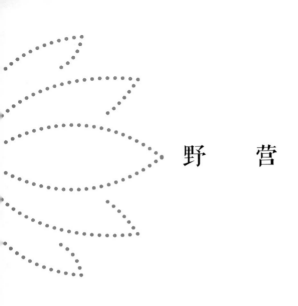

野　营

　　在孩子们还小时，我们偶尔试着分开带孩子，一个家长带一个孩子，而非总是全家出动。孩子们时不时需要从家长那里得到全然关注，做些特殊之事，无须与兄弟姐妹或另一个家长竞争注意力。这样的外出可以成为珍贵的冒险，无论它持续几个小时还是几天，无论是在野外还是在城市，无论是只有我们在一起还是与其他很多人在一起。它们会提供新的机会增进亲密感，并让我们对彼此产生新的认识。

*

　　我（乔恩·卡巴金）最喜欢与孩子们做的一件事，就是带他们去户外野营（一对一地）。在野营过后，我们会有新的经历，这给我们带来了新的联结和持续一生的美好记忆。没有什么比在野外生活几天更能提醒我们什么是重要的，什么是生活的本质。

一次，我带 9 岁的女儿来到白山山脉的野河边。我们把车停在登山路上的一头，然后沿着河走了大约八公里。她从一开始就想妈妈，单调沉闷的炎热天气让我们走得更艰难。在某个时候，作为对她的不开心的回应，我提议换上泳衣，泡在河里面来散热。她很喜欢在大热天里泡在凉凉的河水中，但当我们继续往前走的时候，她还是哭得很厉害。我背着我俩的背包，她在想回家和想去往目的地之间摇摆不定，不知道自己想要什么……就是觉得很不开心。

在某个奇妙的瞬间，我们迎面碰到了一队美洲驼。这个照面十分短暂，但给我们的冒险增添了一丝异域风情。

这是个插曲。我们不得不继续走，才能在太阳落山前到达我计划扎营的目的地。自然，她并不理解这一点，也不明白为什么一个地方没有另一个地方好。但我头脑里有着一个特殊的地方，一大块适合搭帐篷的平地，而且离一个小瀑布很近，我知道这会让她开心。

又想家又不开心，她一路走着，我则竭力保持镇静，为力不从心而纠结，担心这可能发展成一场灾难，为无法缓解她的担心，无法让她开心而失落。

终于，我们到了我想要去的地方，这是几年前我与她的哥哥在一次远足中经过的地方，那时我们登上了南秃头山，下山后到了这座山谷中。影子已经拉得很长了。我们一到那里，她的情绪就好转了。她很喜欢扎营搭帐篷、摆好睡眠用品和生火煮饭。小瀑布是我们的伙伴，我们干活、煮饭、坐在火边的木头上吃饭时，小瀑布一直在唱歌。空中闪烁着在城市和郊区都无法看到的点点繁星，星光透过树梢间的昏暗缝隙照到我们的头上。

我们早早地钻进睡袋，在潺潺河水声中入睡。她先睡着了。我仰躺着，望着天空，整个身体都在呼吸着，听着女儿均匀的鼻息，感受着一起冒险的快乐，与女儿在一起真是幸福。

醒来时，早晨的天光碧蓝，山顶开始泛出金色。我们穿得暖暖的，吃过早饭，坐在篝火边，制订一天的计划。我想登到山脊的顶部，但这全然不是她的想法。她只想待在原地。她没有兴趣爬到山顶，无论风景如何。她不想走路、爬山，尤其是还要背着背包。现在她有种待在家里的感觉。所以我们就待在原地，我放下自己强烈的期待和欲望，认识到在这样的情况下，由她做出选择是很重要的。

我们沿着河探索，当气温上升、太阳照进山谷时，我们开始下水探索。中午，我们坐上一块高高的、被奔腾咆哮的河水环绕的石头。在那里，我读阿斯特丽德·林格伦（Astrid Lindgren）所写的《绿林女儿罗妮娅》给她听，这个精彩的故事讲述的是，很久以前，一个坚强的女孩子与她年轻的朋友毕尔克住在森林里，他们试图解决两个家族的宿仇。能够远离现代文明，与女儿单独待在树林里，这样的时刻真好。我们享受着小小的幸福。阳光、水、森林、彼此、此时此刻。

打破忧伤的垒球

　　学校的假期开始了，这是一个星期天，我（乔恩·卡巴金）最近经常不在家，回家后觉得自己像个陌生人。我不在家时，麦拉和女儿们发展出了她们自己的节奏。为了与她们重新联结，我有时会问一些愚蠢的问题，譬如在她们说话时问："你们在讲些什么？"

　　她们不喜欢这样，感觉受到了侵扰。当麦拉与女儿讲话时，我站在女儿房间外的走道里。我在寻求亲密感，但她们觉得很不舒服，好像我希望有些事情发生似的，充满了无声的期望。在这样的时刻里，我觉得自己像是家里的陌生人。

　　在这样的时刻里，我的修习是全然临在，不把自己和自己的需求强加给孩子。这并不容易，事实上，堪称一种挣扎。只是临在，做我该做的事，但不向怨恨屈服，也不借着早早离开餐桌或去工作、打电话来进一步孤立自己——这些都是我面临的挑战。如果我这样做，就会令人觉得，虽然我的身体在家，但本质上我依然不在家。

*

这是一个寒冷的 4 月早晨，压得低低的云，和变得疏远的家人交流沟通，需要补上的工作，都让我心情郁闷。但是，我并没有待在书房孤立自己，我不断地进出厨房，确保自己在家人附近，而不向拿起周日报纸的冲动屈服。

想要我的女儿跟我一起出门做些事情并不容易，但今天的午后，我还是试了一下。在这个年纪，她通常会拒绝我提议去做的任何事情。但她的垒球教练几天前打来电话，告诉她应该练习一下接球，为球队的第一次训练做准备。晚饭后，她答应与我练习接球。我们来到室外。落日在云层下闪着光，而云层一整天都让天空灰蒙蒙的，与我的心情很配。而此时，西天傍晚的阳光涌入侧院，照亮了所有的一切。

我们开始来来回回地投球。起初，我们找不到左投手用的手套，她就用右手投球，宣称自己左右手都行。确实如此。她可以用右手准确地投球，然后用左手优美地接球。我们玩得很激烈，球嗖嗖地飞来飞去。我先朝她的一边投球，然后是另一边，这样她需要反手接不少球。技术动作随后扩展到高飞球和低抄球，各种动作都混合在一起。

已经一年没玩垒球的她大约接住了九成我投出去的球。

我们很同步。我能感受到她很享受，也能感受到她知道自己有多优雅和熟练。她是个天才，表现得很棒。但我知道，她应该戴上那只不知道在哪里的左投手手套。我们歇了一会儿，我去一个未曾找过的地方找到了它。

当她适应着新手套和相反的姿势时，她的接球一度不稳。但她抛球时右臂很有力，力度和准确度是她左手的三倍。前前后后，高手射球、低手射球、反手接球、正面接球。我已经好些年没这样做了。我飞速地重温着来自我孩提时代的古老节奏。40年来，这种动作模式还没有完全消失。手套似乎在大多数时候都知道球在哪里，这令我感到惊奇。

她的身体越来越暖和。她的脸颊变得通红，在寒冷的空气中不穿外套也没关系。她对我的态度也热乎起来。我感觉得到。终于，我们一起走到户外做了件事情，一件我们两个都可以享受，还可以边做边闲聊的事情。

这一刻我已经等了几个月了。我曾邀请她与我一起骑自行车，"不去"；一起滑滑板，"不去"；去散步，"不"；开车到一个风景优美的地方，在池塘边坐坐，"没门儿"。但此刻，转变正在发生，我不在家所造成的影响被冲淡了。此刻我们在一起，做着对我们来说十分稀罕的事情。如果她喜欢，一整个春天我们都可以这样做。现在是夏令时，我们可以在我下班回家后一起玩。

我们重新发现，我们还是有可能一起玩乐的。当球来来回回的时候，我感受到了她的力量，也看到她以最自然的方式感受到了自身的力量。我极其享受接球的乐趣，同时感受到她也很喜欢。我们离得那般远，在如此不同的世界里，我们可能变得彼此疏远。但至少有一种方式，至少在这一刻，我们证明了彼此依旧很紧密地联结着，并可以享受共同做些事情。当我们来来回回抛着球，听着手套上的撞击声，听着球越过我的头顶，击中身后的木篱笆发出的尖锐响声时，感觉好像我们会一直玩下去，永远不会结束。时间消融了。

我很小心地不让任何事情打断或终止此刻。我知道它不会持续多久。天光暗了下来。她在等一个朋友的电话，看看对方妈妈什么时候来接她去那里过夜。电话来了。她需要准备妥当。但我们终于又相见了，这对她、对我来说都意味着很多。

之后，我们坐了一会儿，等待门铃响起。屋子里只有我们两个人。突然，她主动告诉我（这从来没有发生过，我很难相信此刻它发生了），她在艺术课上画了一幅比她真人还要大的画。她解释说，这个练习要求笔尖全程不能离开纸上，看着镜子，尽量少看画。我本想提出许多追问，但她不会开口谈论它们的。她不回应探询式问题，但她有时会对你的存在做出回应。我明白，我的责任就是去理解这些并为她而临在，哪怕我们之间似乎隔着几光年的距离。

女　孩　子

当女儿们还小的时候，我（麦拉·卡巴金）对她们身上呈现出来的各种品质感到欣慰。

哪怕是最简单的活动，她们也会表现出热情：摘草莓，小心地品尝每颗成熟的草莓，然后把它放进篮子里；用我的旧衣服和碎布扮成王后和公主；在大海里游泳的时候，假装自己是小海豚。有时她们能够透彻地看待事情，并与我分享某个突然产生的领悟，或者以某种方式展示善意或同情，而我总会为她们身上这些可爱、令人暖心的地方感到欣慰。也有些时候，她们是不近人情、怒气冲冲、完全无法打动的。有时候，她们初生牛犊不怕虎的意志让我十分头疼，但我也发现自己十分珍惜她们的坚强、力量和执着。

在那些年里，家和学校在大多数情况下都是远离外面更广泛的文化的安全港湾。她们的世界是简单的，压力、期待或分心都很少见。自然，随着她们逐渐长大，情况改变了。渐渐地，我越来越多地察觉到，她们从主流文化中获得的信息无处不在，不仅限制了她们，还给她们带来了各种期待和压力，就因为她们是女孩子。

*

无论女孩子将目光投向哪里，在每一个收银台前，在报纸、杂志、电视和电影中，她们都会接触那些将深刻影响她们对自己看法的女性形象。这些形象或微妙或直白地提示着，她们最大的力量与消费、性感相关。对女孩子来说，这些信息有着巨大的限制和危害，尤其是在她们进入青春期的时候。

这样的形象被用来兜售各种商品。不仅不断关注购买和消费，而且整个产业都致力于说服女人和女孩子，她们需要让自己的身体更好看、更"完美"。但是大多数形象都与女性天然拥有的身体相去甚远，或者很难维持。这种"理想"的外表由广告、时尚和明星合成，可以令女孩子对自己的体形、头发、衣服、皮肤乃至每一个方面都产生强烈的不满。

外表被认为是至关重要的。这导致很多女孩子花费过多的时间和精力去关注自己看上去如何，不惜以身体的灵活性和力量、创造力及内在自我为代价。父母面临着一种持久的挣扎，在面对迷人、无处不在、深具诱惑力的媒体攻击时，如何提供真实的、支持性的和平衡的观点。虽然这可能很困难，但我们还是可以做些事情的。

　　我们可以从对这种产业的广泛影响保持觉知入手，这样它就不至于被完全忽视，或者被认为是文化氛围中不可或缺的一部分。觉知是第一步。我们一旦开始注意女孩子可能遇到的消极影响，就可以开始了解，这对她们的自我形象、自尊、自信、兴趣和目标会有怎样的影响。与其不断尝试修补可能的损害，不如在她们尚且年幼的时候，积极地以可能的方式限制她们接触和输入相关信息。当她们年纪再大一点时，我们可以更多地与她们讨论我们的观点，以不那么严厉的方式，这样她们就会理解这些女性形象背后的含义。她们可以开始觉察那些隐含的信息，以及它们是如何燃起观看者、读者和消费者头脑中的购买欲的。

　　在成长过程中，相对于接触媒体有限的女孩子，长时间接触各种媒体的女孩子会对更多狭隘和被贬抑的女性形象习以为常。限制接触还可以为真实的生活体验腾出更多的时间和空间，有望让女孩子拓展对自己的看法，认为自己是一个拥有珍贵长处、技能和独特品质的完整的人。当女孩子参加体育运动或投入其他挑战和发展创造力的活动与项目中时，无论它们是艺术的、智力的还是社区导向的，她们都时常产生上述体验。

　　与此同时，我们努力去创造一个庇护所，让她们免遭消极文化的可能影响，并鼓励她们对媒体的力量保持觉知，我们也需要在规则限制甚至观点的表达上保持平衡，以免在亲子之间制造一道鸿沟。毕竟，她们不仅被广告、电视、电影和音像的表象所诱惑，也被其艺术气息和商业方面的创新性所吸引。

这是正念养育如此困难的一个原因。作为父母，我们需要在面对这些文化因素时不断地处理我们的恐惧、局限和无力感。在家里，我们要在教导、限制和尽力保持开放、灵活之间保持一种微妙的平衡。随着女孩子渐渐长大，这涉及越来越多的协商和妥协，最终，要鼓励她们谨慎地做出自己的选择。

孩子非常需要感觉到自己的行为和理解是"正常"的，他们会自然地将自己与朋友们做比较，对比朋友们在看什么、做什么方面得到了怎样的许可，他们又是如何表现的。在我们的社会里，被当成"正常"现象的往往是暴力和残忍，以及很多时候对女性的恶意。这是如此普遍，以至于我们可以熟视无睹。不断把性与暴力联系起来，物化年轻女孩，忽略或调侃那些不够"理想"（传统、肤色白皙、娇柔、苗条）的女性——对这些现象的泛滥表示愤怒是很恰当的。但是，当然，女性是不该生气的。当我们生气的时候，就会被贴上各种不友善和贬低性的标签。我们会遭到质问："你这是怎么了？""你何必当真呢？""你的幽默感到哪里去了？""是不是生理期来了？"

在养育女孩子的时候，我们需要尽最大努力抵抗这种对女性的狭隘观点。默然接受这种主流观点，本质上就是在与社会对女性的贬低同流合污。作为她们的母亲，我们需要为她们展现另一种存在的可能，另一种审视所处文化的观点。她们看事情的方式、对她们最重要的事物或许不为所处文化看重，甚至不被认可，她们需要我们成为其盟友。

在这个方面，女孩子也需要她们的父亲。她们需要父亲对女性表现出更尊重的态度，需要感受到父亲看重她们是谁，而非她们的长相。随着我们的女儿从孩童时期成长到青少年时期，她们在身体和情感上经历着种种不同的、有时相当困难的转变。父亲尤其需要对无意识或习惯性对待女性的方式保持正念。这些模式也会在他们与女儿的关系中以不同的方式呈现出来，譬如缺乏尊重、控制、挑逗、把自己的需求放在首位。对女儿爱和景仰的需求可能会让父亲无法看到女儿真正需要他做什么。刻板模式会不可避免地浮现，当它们出现的时候，加以注意，对它们保持觉知，这样会给父亲一个机会，以少一点伤害、更积极和合适的方式来行动。这是一个观察、感受、注意习惯性冲动并相应地调整自身行为的过程。

检视一下我们对女儿的期待如何不经意地限制了她们的表达和自主性，这可能是很有益处的。我们可以问问自己，是否执着于她们以特定的方式存在，比如必须得是可爱、周到、敏感、善良和安静的？我们是否考虑到她们的气质，并对气质的改变保持开放，比如一个乐观、羞涩的小女孩变成了一个暴躁、倔强、精力充沛、外向、畅所欲言的青少年？我们是否能够允许女儿有时生气、大嗓门、讨人厌，就像我们接受儿子有时如此的表现？我们是否在支持她们寻找表达自己独特禀赋、创造性和力量的方法？我们对此类问题的回答可能每天或每时每刻都会有变化。但提出这些问题是为人父母的功课中关键的一部分。

该过程很大的一部分在于处理他人对我们女儿的期待。

当我们的女儿觉察到来自权威人士或同伴的限制性、贬低性信号（这包括性骚扰和性别刻板印象）时，我们可以帮助她们去识别并指出这些扰人的态度和行为，并支持她们的感受。这样做是让她们知道，我们是她们的盟友，当她们被不公平地对待或被微妙地贬低时，感到气愤或受伤不仅是可以的，而且是一种健康的反应。

正如我们在"男孩子"一章中所提到的那样，青春期男孩子中存在着一个令人不安的趋势：他们对女孩子的期待变得越发客体化和贬低化。这个趋势受到普遍存在的性别化和暴力的网络图像和视频的驱使，并被社交媒体和他们的同辈文化所加剧。相应地，很多青春期女孩子觉得她们需要去满足那些期待，即便它们可能对自己是有害的或创伤性的——这部分源于这些不健康的权力动力被正常化了。可惜有太多时候，她们接收到的信息是，抗拒是因为她们自己有问题，有那种感受跟她们自己有关。我们身为父母的最大挑战，就是尽一切可能觉知女儿自身以及所处社会环境的动态，支持她们指出那些对她们来说不可接受的行为，为自己挺身而出，并设立合理的界限。

*

紧闭我的嘴。把脸转开，走回过道。给那个行坚信礼时给了我一巴掌的主教回一巴掌。把"不"字像一枚金币一样含在嘴里，它是一个蕴含着价值和可能性的东西。要教会女儿们这个"不"字。看重她们的"不"，而非顺从的"是"。为说"不"而庆祝。把"不"攥紧在拳头中并拒绝放手。去支持那些对暴力说"不"的男孩子，支持那些对被侵犯说"不"的女孩子，支持那些说"不，不，我不干"的女人。热爱"不"，珍爱"不"，这个我们常常脱口而出的第一个字。不——转化的途径。

——路易丝·厄德里克，《冠蓝鸦的舞蹈》

*

我的一个女儿曾在 11 岁时连续好几个月对我说，她感觉到她的老师不尊重她或她的同学。我很高兴她觉得可以把学校里发生的事情告诉我，于是尽我最大的努力去支持她。一天，她告诉我如下故事。在学校的一个晚间活动中，她与她的朋友开怀地大声说笑，她的老师走近她，点了她的名字，斥责道："要像个女孩子！"她告诉我，她直视着老师的眼睛，说："我正在做一个女孩子，强大的女孩子！"

*

若感受能得到确认，随着时间推移，女孩子会越来越好地看清并指出那些令她们烦恼的态度和行为，更能与自己的情感联结，信任这些感受并有效地表达。这样一来，她们可以学着增强自己的力量，并构建完整的情感能力，而这会对她们进一步的发展起到关键作用。当她们独自生活在削弱女性自信心、剥削女性的社会中时，这样的力量显得尤其重要。

*

　　我与 11 岁的女儿在一家出售东方地毯的小店里。店主来自另一个国家，他满脸堆笑地招呼我们。这令我觉得有点不自在，但我很快就进入正事，去找几块地毯。当我们走到外面时，我的女儿告诉我，她觉得非常不舒服，因为她注意到，每当我的视线从他身上移开时，他就以一种"奇怪"的眼神看着她。我与她聊了聊文化差异。后来我认识到，我的回应是如此不恰当，我专注于替那个店主的行为开脱，而不是确认女儿感受到的不适。

　　那个晚上，与她道晚安的时候，我告诉她，我一直想着店里发生的事情，我不愿意那样的事情再发生。我们可以约定一个暗号，当有什么事让她感觉不舒服的时候，她可以让我知道。我提议，如果这样的事情再次发生，她可以拉住我的手，紧捏一下，我就会知道有什么事不对劲，我们可以马上离开。她思忖着这些话的时候，眼睛发亮，脸上带着微笑。

*

　　虽然可能很难，有时我们还会觉得力不从心甚至困惑，但女儿需要在我们的支持和鼓励下与自身最强大和最具生命力的部分保持联结。在 9 ～ 14 岁之间，女孩子通常会在社会化过程中放弃她们的声音和自主权。在下一章里，我们想与你分享一个来自挪威的神话，关于一个女孩子如何忠实于自己的本性。

破头巾公主：
"我就这样去"

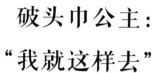

很久很久以前，有一对国王和王后，他们没有孩子，王后因此非常悲伤。她总是因为没有一个完整的家而痛哭，并诉说在宫殿里没有孩子陪伴是多么孤单。

国王建议，如果王后想要喜欢跑来跑去的小孩子，他们可以邀请亲戚家的孩子们同住。王后觉得这是个好主意，她很快就接来两个小侄女，任她们在各个房间里嬉闹，在宫殿的花园里玩耍。

一天，当王后满心欢喜地从窗户里张望时，她看到她的两个小侄女正在与一个陌生的、衣衫褴褛的小女孩玩球。王后急忙冲下楼梯。

"小姑娘，"王后厉声说，"这是宫廷的院子，你不能在这里玩！"

"是我们请她一起来玩的。"两个小姐嚷着，然后她们奔到那个衣着破烂的小女孩身边，拉起她的手。

"如果你知道我的母亲有多强大的力量，你就不会把我赶走了。"这个奇怪的小女孩说。

"你母亲是谁？"王后问道，"她又有什么力量？"

孩子指向在官殿门外集市上一个卖鸡蛋的女人："只要我母亲愿意，她可以告诉那些想要孩子的人如何怀孕，即使那些人试过各种办法都不行。"

这立刻提起了王后的兴趣。她说道："告诉你母亲，我想在官殿里与她说话。"

这个小女孩跑到了外面的集市上。不久，一个高大健壮的女人迈进了王后的会客室。

"你的女儿说你有种力量，可以告诉我如何有自己的孩子。"王后说。

"王后不应该听小孩子瞎说。"女人回答道。

"坐下吧。"王后说，她叫人送来一些精致的食物和饮料。接着她告诉卖鸡蛋的女人，她想要自己的孩子，这是她最大的心愿。女人喝完她的啤酒，然后谨慎地说，她确实知道一个咒语，可能有用，不妨一试。

"今晚，把你的床搬到外面的草地上。天黑后，找人给你提两桶水来。你必须分别在两桶水里沐浴，之后，把水泼在床底下。当你早晨醒来的时候，会有两朵花冒出来，一朵好看一朵罕见。你必须吃掉那朵好看的，但要留住那朵罕见的。别忘记。"

　　王后遵循了这个建议。第二天早晨，床底下果真长着两朵花。一朵是绿色的，形状颇古怪；一朵是粉色的，散发着香气。她立刻把粉色的花吃了。它是那么甜，以至于她忍不住把另一朵花也吃了，自言自语道："我不觉得这法子有用，不过反正也没害处！"

　　不久之后，王后意识到她怀上了孩子。过了一段时间，孩子出生了。先出生的那个女孩手里拿着一个木匙，骑到了一头山羊背上。她是一个看上去怪怪的小家伙。她一到这个世界上，就放声大叫："妈妈！"

　　"如果我是你的妈妈，"王后说，"请上帝赐予我恩典去改过吧！"

　　"哦，不要难过，"女孩子骑着山羊说，"下一个会好看得多。"果然如此。双胞胎中的第二个长得漂亮甜美，王后很是欢喜。

　　两个双胞胎姐妹要有多不同就有多不同，但长大之后非常喜欢彼此。一个在哪里，另一个也必定在哪里。姐姐很快就有了绰号"破头巾公主"，因为她很强壮、声音沙哑、无拘无束，总是骑着她的山羊到处跑。她的衣服总是呈撕破状并沾满泥土，她的头巾也破破烂烂。没有人能让她保持整洁和漂亮。她坚持穿旧衣服，最终王后让了步，让她按自己喜欢的方式去穿戴。

　　当双胞胎姐妹快成年时，在一个圣诞节的傍晚，王后房间外的走廊里响起了可怕的、叮叮当当的声音。破头巾公主问是什么东西在走廊里冲来撞去。王后告诉她，是一伙巨魔闯进了宫里。

王后解释说，这样的事情每隔 7 年就会发生一次，没有什么办法对付这些邪恶的生灵，只好视而不见，容忍它们的恶作剧。破头巾公主说："那简直没道理！我去赶它们走。"每个人都在抗议——她只能任由这些巨魔肆意妄为，因为它们太危险。但破头巾公主坚称她不怕这些巨魔。她警告王后，所有的门都必须紧闭。然后她跑到走道里去追赶它们。她挥舞着木匙，敲打着巨魔的头和肩，把它们集中到一起往外赶。整个宫殿都在横冲直撞和尖叫声中摇摇晃晃，似乎都要散架了。

就在那时，她的双胞胎妹妹因为担心她而打开一扇门，伸出头看看究竟发生了什么。啪！一个巨魔跳过来，把她的头拧掉了，然后把一头小牛的头安在了她的肩膀上。可怜的公主跑回房间里，开始像牛一般"哞哞"地叫唤起来。

破头巾公主回来见到妹妹变成这样，为王后的侍卫们没有好生看顾妹妹而愤怒至极。她把他们全都骂了一遍。并问如今她妹妹有了一个牛头，他们对自己的疏忽有何感想。

"我来看看我能不能把她从巨魔的咒语中解救出来，"破头巾公主说，"但我需要一艘装配得当、储备充足的船。"

至此，国王意识到了他女儿破头巾公主的不同凡响，虽然她是那么狂野不羁。他同意了，并说要给她配备船长和船员。破头巾公主很坚决——她既不需要船长，也不需要船员。她会独自航行。最终他们让她按自己的想法去做，然后破头巾公主带着她的妹妹出航了。

　　她们一路顺风，直接驶入了巨魔的领地，并在登陆处把缆绳系紧。她让妹妹在船上安静地待着，她自己则骑着山羊直奔巨魔的房子。透过一扇开着的窗户，她看见妹妹的头挂在墙上。她骑着山羊跃过窗户进到房间里。一把抓过头，然后跳出窗外。她带着头飞奔，巨魔则在她身后紧追。它们尖叫着，如愤怒的蜜蜂一般把她团团围住。但山羊嘶叫着，用它的角猛力冲撞，而破头巾公主挥舞着她的魔力木匙。最终它们放弃了，任她逃走。

　　当破头巾公主安全地回到船上后，她把牛头取下，把妹妹美丽的头颅重新装回去。她的妹妹恢复了人样。

　　"让我们继续航行，去看看世界。"破头巾公主说。她的妹妹有相似的想法，于是她们沿着海岸航行，时不时在各处停下来，一直到她们抵达了某个遥远的国度。

　　破头巾公主在上岸处系好了缆绳。城堡里的人们看到这艘奇怪的航船，派出使者来看看是谁在驾驶这艘船，又是从哪里来的。使者们吃惊地发现船上没别人，只有破头巾公主骑着山羊在甲板上四处转悠。

　　当他们问是否还有别人在船上时，破头巾公主回答说，有，她的妹妹与她在一起。使者们想见见她，但破头巾公主说不行。他们随后问，这对姐妹是否愿意上岸，去城堡里见见国王和他的两个儿子。

　　"不，"破头巾公主说，"如果他们想见我们，让他们到船上来吧。"接着她骑着山羊来回飞奔，直到甲板发出隆隆的声响。

大王子对这两个陌生人很好奇，第二天急急忙忙跑到岸边来。当他看到漂亮的妹妹时，立马就爱上了她，并想要娶她。

"不行，"她宣称，"我不会离开我的姐姐破头巾公主。她若不结婚，我也不会结婚。"

王子忧心忡忡地回到城堡，因为在他看来，没有人会愿意娶那个骑着山羊、衣衫褴褛、乞丐一般的人。但是对陌生人须尽地主之谊，所以姐妹俩被邀请去城堡参加盛宴，而大王子恳求他的弟弟陪同破头巾公主。

妹妹梳好她的头发，穿上最适合这个场合的衣裙，但破头巾公主拒绝更换衣装。

"你可以穿一件我的裙子，"妹妹说，"不用穿破烂的斗篷和旧靴子。"破头巾公主只是大笑。

"你可以把那件破烂的头巾摘下来，把煤灰从脸上抹掉。"她的妹妹为难地说，因为她希望她最爱的姐姐能够展现最好的模样。

"不，"破头巾公主说，"我就这样去。"

镇里所有的人都走出家门，争相目睹陌生人朝城堡行进，多漂亮的一队人马！在队伍的前面，大王子和破头巾公主的妹妹骑在披着金色垫布的白色骏马上。后面是大王子的弟弟，骑着有银色马饰的良驹。在他一边，则是骑着山羊的破头巾公主。

"你不像是喜欢对话的人，"破头巾公主说，"难道你没什么可说的吗？"

"有什么可说的吗？"他反驳道。他们在静默中行进着，直到他终于冒出一句："你为什么骑山羊，而不骑马呢？"

"既然你问起，"破头巾公主说，"如果我愿意，我也可以骑在马上。"那头山羊立刻变成了一匹好马。

哇！那个年轻人的眼睛睁得大大的，他开始饶有兴趣地看着她。

"你为什么把你的头藏在破旧的头巾下呢？"他问。

"它是破旧的头巾吗？如果我愿意，我就可以改变它。"她说。在她长长的黑发上立刻出现了一圈细密的金子和珍珠。

"你是个多么不同寻常的女孩子啊！"他惊叫着，"但那个木勺子呢——你为什么要选择带着它？"

"它是勺子吗？"她手里的木匙变成了一根上端镶着金子的山梨木魔杖。

"我明白了！"王子说。他微笑着，一边哼着曲子一边继续前行。

最后破头巾公主说："你是不是要问我，我为什么穿着这身破旧的衣服呢？"

"不，"王子说，"很显然，你穿着它们是出于你的选择，当你想改变它们的时候，你会改变它们。"话音刚落，破头巾公主的破旧斗篷消失了，她穿着一条裙子和一件绿色的丝绒斗篷。但王子只是笑了笑，说："这个颜色很适合你。"

当前方的城堡离得越来越近的时候，破头巾公主对他说："你不想看看我煤灰下的脸吗？"

"那也要看你的选择。"

当他们经过城堡大门的时候，破头巾公主用山梨木的魔杖轻触自己的脸，煤灰消失了。至于她的脸有多美或多普通，我们永远无法知道，因为这对王子或破头巾公主来说一点也不重要。

但我可以告诉你：城堡的盛宴分外快乐，有游戏，有歌声，有舞蹈，并且持续了好几天。

*

自主权与真实是破头巾公主的生命能量和一切的关键。她的言行在表面看来十分奇怪，甚至令人厌恶。破头巾公主不怕做她自己。她生下来就声音嘶哑、不同常人，从传统的观点来看，甚至可以说是"丑陋"。她大声说话、邋遢、无所畏惧、强大。她我行我素，无视他人的想法。在她的身体里没有一块骨头是被动的。她航行中既当船长又当船员，偷回她妹妹的头，而且在航行中大开眼界。她是一个狂野的女人，同时又爱着她"完美"的妹妹并为之奉献。她的妹妹具备一切外在美和社会所崇尚的女性传统特征。妹妹在光亮中，破头巾公主则处于黑暗中。她的外表也许不那么讨喜，但她存在的本质需要甚至理应得到人们的接纳和尊重，它深刻而美丽，哪怕对视而不见的眼睛来说是隐形的。

出于对她的爱，破头巾公主的妹妹想让她换掉破烂的衣服，洗干净脸。她想让姐姐看上去处于最佳的状态。作为父母，我们中有多少人曾经努力地试图保护孩子免遭他人的挑剔，想要他们如我们所看到的那般美好？但是破头巾公主立场坚定："不，我就这样去。"

当王子骑马陪在破头巾公主身边时，他沉默着。在她的要求之下，他最终开了口，但并没有闲聊。他实话实说，并问了一个直截了当的问题："你为什么骑山羊，而不骑马呢？"当她的山羊变成马的时候，王子若有所思。他开始更加关注她，并继续问了其他问题，但在问及她的衣服前，他打住了。在他的沉默中，我们感觉到了他对她的接纳。她不得不问他："你是不是要问我，我为什么穿着这身破旧的衣服呢？"他否认了，并说如果她想改变它们，她就会去做。就是在那个时刻，当那个年轻的王子确认了她的自主权，说着"那也要看你的选择"时，她获得了转化。而在这一过程中，她教会了他爱的关键。

支持、自信和责任

　　我（麦拉·卡巴金）和一个朋友有着类似的体验：我们被叫到学校去讨论女儿在学校里的一些行为。主题是一样的——有着强烈意志的女孩子，会说出她们对事情的感受，而这被视为"无礼"。

　　一天下午，我被叫到小学校长办公室。校长说，一个助教告诉我女儿和一群五年级的女孩子，不应该与男孩子一起踢足球，她们必须停下来。我的女儿告诉助教，她有性别歧视，女孩子明明与男孩子有同等的权利去玩耍。校长为我模仿了我女儿愤怒、叛逆的肢体语言——抱着双臂，歪着头，她以为我会同意我女儿的这种行为是不可接受的。她接着告诉我，她和那位助教把我女儿叫去会议室，告诉她不可以表现出无礼的行为，助教必须确保其他孩子的安全，而孩子们必须听话。她向我保证，她已经让我女儿自己叙述了一遍事情经过，并告诉她，她需要给每一位助教写一封道歉信。

我同意校长所说的，我女儿需要以更尊重他人的方式来表达她的感受。但我说，故事听上去是我女儿在为她认为不公平的处境感到愤怒，并试图与助教沟通她的感受。而且，她的关切和看法似乎没有被严肃地对待，却得到了这样的暗示：她去表达它们就是她"不好"。我还问校长，如果一个男孩子抱着手臂，以相似的方式为自己辩护，这是否也会被视为十分严重的负面行为。

后来，我告诉我的女儿，她需要学习如何既坚持自己的立场，又不显得不敬。我告诉她，如果别人不理解她想说什么，那么说别人性别歧视感觉有点像是在骂人。同时，她也需要对她说话的方式、肢体语言和语气有所觉察，因为说话方式和说话内容同样重要。我想要她明白，她的行为影响到了别人，并且造成了一些后果，后果之一就是影响了别人理解她在说什么的能力。

学习以尊重的态度表达我们的感受和观点，这并不容易。它需要很多的练习。我们须得给孩子留出这样做的空间，从尝试中学习，从错误中学习，从再次尝试中学习。

她表达想法的勇气没有被肯定。她只收到了这样的信息：她应该保持安静和顺从。如果我的女儿在试图支持自己或他人时一再收到这种信息，如果她没有能接纳她的愤怒并努力理解她观点的父母，就可能开始变得内向，不再大胆地说出想法，失去自信。这是发生在很多女孩子身上的情况。9 岁的女孩通常是充满活力和自信的，而到 14 岁的时候，不知何故，那些优点可能会消失不见，她们变得有所隐藏、迟疑不决，甚至迷失自我。

*

我女儿的朋友是个特别有天赋的学生，追求完美，对自己要求很高。她对事情也有清晰的主见。她五年级的老师告诉她，周末要把项目材料（她做的木偶和从镇上图书馆借来的书）留在学校里，别带回家。她把这些东西带到课堂上，作为她想做的报告的一部分。她觉得在周末把它们留在学校里不安全，但她没有向老师解释，只是说："不，我想把它们带回家去。"老师觉得她不尊重人，给她的父母打了电话。虽然这个女孩子从未在学校里"表现不好"或"行为不端"，但她的老师选择用负面的眼光看待她的行为，而没有把它理解成，她只是觉得有足够的安全感来表达她的真实想法。

确实，她本可以向老师解释自己的顾虑，从而更有效地沟通，也显得更尊重人。但是，话又得说回去，沟通这门精妙的艺术需要实践和经验，作为成人，她的老师本可以更尊重她，问问她要把这些项目材料带回家的原因。

作为父母，我们需要帮助孩子识别他们的顾虑，鼓励他们以坚定但尊重的方式表达想法，并坚持他们认为正确的事，哪怕他们不被理解，或他们的感受不被当回事。为了这样做，我们可能需要在某些时候为孩子辩护，同时帮助他们理解自己有时遭遇的困难处境。

　　如果孩子感觉到自己的情感是重要的，有人尝试理解他们的观点，成人满怀同理心和质疑精神，而非既保守又惯于评判，那么，他们在学校里可以学到更多关键的生活技能。

课堂上的正念：
了解学校里的自己

    20世纪90年代，在犹他州南乔丹的韦尔比小学里，五年级的老师切瑞·汉姆里克（Cherry Hamrick）花了6年时间将正念整合到了她的教学中，支持她的学生们去做自己，并在投入功课时更好地了解自己。她每天都抽出时间，让孩子们关注内在，她将这段时间命名为"与自己亲近"。如今，很多老师以不同的方式把正念整合进他们的课堂工作中。汉姆里克是最早这样做的老师，是真正的先锋，本章内容让人得以一瞥她在该领域的创意天赋。

*

    每天都有一个不同的孩子负责在一段安静时间的开头和

结尾打铃。规则是，这个孩子可以决定整个班级静坐及关注呼吸的时间，上限是 10 分钟。孩子们可以选择他们练习多久，以及以何种方式练习。除了坐禅，他们有时也练习身体扫描、正念伸展，在校园里练习行禅，在排队进入课堂时进行立禅。起初，他们的减压练习看上去有些怪异，但这后来渐渐成了一天的重要组成部分，成为很多人喜欢且乐于与父母、兄弟姐妹分享的事情。

在专注于呼吸、察觉念头来来去去的过程中，他们学到，不必对头脑里的每一个念头都做出反应。在思维时不时不安地跳跃时，他们未必需要与它一起跳。通过练习，他们觉得沉默和静坐变得越来越舒服了。一个患有注意缺陷多动障碍的男孩子，在低年级度过了问题重重的几年后，他学了一年静坐，开始变得比较自在，能够一次专注于呼吸达十分钟之久。他在课堂里的专注能力有了极大的变化，第一次，他被同伴和老师所接纳。有一天我（乔恩·卡巴金）去参观他的教室的时候，他的母亲告诉了我这件事。这个男孩子带领整个班级，包括来参观的家长，做了十分钟的坐禅，当我们在静默中坐着的时候，由他来说指导语。

在年轻的时候，尤其是在学校里，学习触及内在的沉默和静止，以一种开放、非操纵、非强迫的方式去学习，这对平衡和应对学校里的各种刺激及向外的关注导向非常有价值。除此之外，孩子可以发现如何利用他们与生俱来的能力来保持专注，并且安住于更广泛的觉知中，从而更好地临在，投入学习和生活。汉姆里克老师的一名学生写信给我，这是一名 11 岁的女孩子，她在信里写道：

> 冥想对我来说成了一种令我自在的习惯，我会一辈子去做。在我刚开始冥想时，一旦感觉到痒，我就对自己说"感觉，感觉"，但一分钟之后，我会发现自己在挠痒。但现在，我不再去挠它了，因为我可以与痒的感觉待在一起足够长的时间，直到它自己消退。在冥想时，我注意到，我的呼吸变得越发深长，我也更能专注于它。做瑜伽时，我注意到我变得比以前更有能量，我想那是因为，对于在做的事，我更能保持正念了。因为冥想和瑜伽，我不再如从前那样匆匆忙忙地做事。

汉姆里克老师不仅把正念减压练习带进了课堂，还以各种富有想象力的方式把正念整合进数学、英语、科学和地理等课程中。她鼓励学生在学习中动用他们全部的身心。当他们接触一个科目时，不仅要去发展认知和信息加工方面的技能，也要去发展直觉、感受和身体觉知。这样一来，在培养对学习的更大热情的同时，他们也打下了所谓"情商"的基础。

该校的一位老师来信描述了他与汉姆里克老师一起上课的体验：

> 她课堂里的态度和气氛令人印象深刻，尤其因为我从未有过这样的体验。我觉察到她所使用的一些描述事物的特定用词……她说她在尝试打造一个"功能性的课堂"。

打开心世界·遇见新自己

华章分社心理学书目

扫我! 扫我! 扫我!

新鲜出炉冒着热气的书籍资料、心理学大咖降临的线下读书会名额、
不定时的新书大礼包抽奖、与编辑和书友的贴贴都在等着你!

机械工业出版社
CHINA MACHINE PRESS

刻意练习
如何从新手到大师

[美] 安德斯·艾利克森
罗伯特·普尔 著

王正林 译

* 成为任何领域杰出人物的黄金法则

学会提问
（原书第 12 版）

[美] 尼尔·布朗
斯图尔特·基利 著

许蔚翰 吴礼敬 译

* 批判性思维领域"圣经"

内在动机
自主掌控人生的力量

[美] 爱德华·L. 德西
理查德·弗拉斯特 著

王正林 译

* 如何才能永远带着乐趣和好奇心学习、工作和
生活？你是否常在父母期望、社会压力和自己
真正喜欢的生活之间挣扎？自我决定论创始人
德西带你颠覆传统激励方式，活出真正自我

聪明却混乱的孩子
利用"执行技能训练"
升孩子学习力和专注力

[美] 佩格·道森
理查德·奎尔 著

王正林 译

* 为 4～13 岁孩子量身定制的"执行技能训练"
计划，全面提升孩子的学习力和专注力

自驱型成长
如何科学有效地培养孩子
的自律

[美] 威廉·斯蒂克斯鲁德
奈德·约翰逊 著

叶壮 译

* 当代父母必备的科学教养参考书

父母的语言
3000 万词汇塑造更强大
学习型大脑

达娜·萨斯金德
[美] 贝丝·萨斯金德
莱斯利·勒万特 - 萨斯金德 著

任忆 译

* 父母的语言是最好的教育资源

十分钟冥想

[英] 安迪·普迪科姆 著

王俊兰 王彦又 译

* 比尔·盖茨的冥想入门书

批判性思维
（原书第 12 版）

[美] 布鲁克·诺埃尔·摩尔
理查德·帕克 著

朱素梅 译

* 备受全球大学生欢迎的思维训练教科书，
更新至 12 版，教你如何正确思考与决策，
开"21 种思维谬误"，语言通俗、生动，
判性思维领域经典之作

我注意到她的课堂上有一种平和的氛围，学生们在一起合作，讨论着他们的功课。学生们被鼓励讲话，但只限于与功课和"感受"有关的话语。学生和老师之间有着真正的兴趣和关切。每天，他们都会练习讨论感受以及如何处理它们。我注意到学生的自尊、对人类生命及所有生命形式的尊重都在提升。

这个课堂上的学生比我过去观察和体验到的更由衷地感到快乐和满足。他们以合适的触碰（拥抱）来表达自己的爱，他们知道如何以一种饱含爱意和关切的方式而非充满敌意或粗鲁的方式去解决冲突和问题。

汉姆里克老师也教学生如何去关注自己的呼吸，去与呼吸保持联结，并以此技巧来把握自己的生活。早晨花一点工夫做些冥想性的准备，似乎能让学生在一天之中更好地学习。我们以开放式课堂的方式授课，学生集中注意力的能力和不因环境中各种声音而分心的能力，正归功于汉姆里克老师对其培训及动力的实际应用。

汉姆里克老师在给我的信中描述了一段困难时期，当时学校要装修，她的教室需要临时搬到一个新的地方去：

五年级的老师们都在议论此次转移带来的干扰，以及学生剧烈的行为改变。实际上，在整个学校到处都可以听到有关不良行为的议论。对大多数老师来说，第一天是混乱的。我发现我们每日的正念练习，为迁入新环境中那段美好时光铺平了道路……

带着作为一个班级聚焦于集体工作的态度，我们第一天的搬迁非常平和……当整个学校都陷入疯狂中，老师们和学生们都在努力地查看四周，寻找东西在哪里时，"彩虹骑士"们只想带着"他们的感受"进入教室。当他们冥想的时候，他们只想在体验到的"感受"中一起坐着。他们喜欢他们共同体验到的满满的安然。当他们说这是难以描述的东西时，真是可爱极了。他们坚持这是"不可说"的，这让大多数成人感到沮丧，如果他们都想要一个解释。学生们说，这是需要去体验的东西，它要过去一段时间后才会到来，而当他们在一起的时候，效果是最好的。

第一天搬迁，我只是袖手旁观，让他们带头。我常那样做，因为它会让我感受到他们的理解和处理问题的真实水平。他们并没有兴趣去了解所有东西在哪里，只关心洗手间和饮水机这些关键东西的位置。他们只是想互相联结，并对我们自己的教室有所投入。我一直等到上午11点，请他们在想参观整个学校的时候告诉我。他们只是笑着说怎样都行。他们说我可以在午餐时带他们看看餐厅，但此刻还没到吃饭的时候呢。学生们继续礼貌地跟我解释，说我是在"使用我的预测才能"，但现在还是留在此刻为好。我说："哦，好吧。"我也很好奇他们是如何看待我的。那个患有注意缺陷多动障碍的男孩对上述解释不满意，说："不要去抢救她那颗思考的心。她自己会明白的。"

我们在新地方已经待上一个星期了，他们依旧只想看当前所需的关键事物和教室。我很爱我们练习的结果。我继续请他们告诉我何时想参观学校，他们说等我们要离开这里时再到处看看也挺好的。他们议论着所看到的，"其他班级都被那些未必需要的东西缠住了，无法专注于存在，无法专注于与自己或他人一起工作"。P. 说："他们到处跑动，总是想获取一些东西，永远停不下来。"

在这个富有技巧和想象力、怀着很深的动力又很大胆的老师的带领下，这些孩子学会了关注内在。因此，他们能更好地理解自己，并以一种有意义的、真实的方式体验一起工作。

*

切瑞·汉姆里克是一个走在时代前头的弄潮儿。在近 20 年后的今天，全美和世界其他国家的老师们正在把正念带入学校生活的方方面面。很多不同的项目和课程得到开发，并被实施和研究。它们旨在促进增强自我觉知、注意力、专注以及亲社会行为，包括提升同理心和对他人的理解力。把这样的练习变成亲密无间的课堂体验的一部分，孩子们有机会去了解和探索自身的存在之域。这为中小学教育构建了一个充满希望和具有革命性潜力的转化。

*

有些时候，对正念的有益应用会在孩子身上自然地呈现。在那些时刻，我们可以仰赖自己的体验和实践，譬如向年幼的孩子提议在受伤时注意他们的疼痛，并仔细地看看是什么影响了疼痛，体验疼痛在每时每刻的变化；或者在他们难以放松或入睡时，向他们演示，如何在呼吸的波浪上如同一艘小船般"漂浮"；或者在有人用言行伤害他们时，让他们看看自己能否观察头脑中的"波涛起伏"。

　　了解孩子在不同年龄里发出的信号和表达的兴趣，似乎是很明智的。最终，我们所能给予的最好教育就是以身作则，经由自身对临在的承诺和对孩子的敏感来实现。当我们正式练习的时候，无论是坐是躺，我们都是沉静的体现。孩子会看到我们极深的专注，并逐渐熟悉这种存在方式。经由正念修习所发展出的领悟和态度，会自然地渗入我们的家庭文化，影响到我们的孩子，他们日后可能会发现这种影响对自身生活的裨益。

第九章

局限和开放

期　　待

　　我们对孩子未经检视的期待很容易影响我们对事物的看法、做出的选择及采取的行动。有些期待可能是有益、积极的，而且可以促进自信、能动性和责任感。也有些期待会造成限制，甚至给孩子和我们自己造成不必要的痛苦。

　　我们都有所期待，对自己、对他人，尤其是对孩子：他们的行为应该如何，外表或穿着应该如何，应该在学校里表现得多好，拥有怎样的人际关系，在这个年龄或发育阶段里应该做些什么，等等。正如你在生活其他方面所见，紧跟期待而至的往往是某种评判。只要我们注意到自己的想法和情感，就可以看到自己的内心充满了期待及与之相关的无声假设和评判。当我们僵硬地坚持这些期待时，它们就成了大问题。我们忘了它们不过是往往满载着强烈情绪的想法，而未必是事实。因此，把正念融入我们的期待会极具启发性，令人如释重负。

如果从检视自我期待开始，我们会发现自己怀有一系列的期待，一旦无法达成，我们就会严厉地评判自己。常见的一些期待有：我们应该永远把事情做好或做"对"，事业有成，做个好家长，做个孝顺体贴的儿子或女儿，被别人喜欢和尊重。

根据特定的处境和我们的生活史，当我们觉得没有达到自己的期待时，严厉地评判自己会激发一系列的情绪。其中可能包括羞耻、失望、难堪、愤怒、屈辱，以及觉得自身存在缺陷。当我们的孩子感觉自己被评判时，也会体验到类似的情绪。出于这个原因，对我们的期待及其表达方式、目的以及可能产生的影响保持觉察，是非常重要的。

对于不同的孩子，在不同的年龄段，我们的期待是不同的。对男孩和女孩的期待也可能有所不同。有些是关乎日常生活的，譬如谁负责做什么，有些是关乎彼此如何相处的。我们还有可能抱着更加沉重、有潜在问题、往往无意识又难以言喻的期待，譬如，孩子应该永远听话，或不服输，或羞涩，或外向。我们并非有意伤害他们，但可能在不经意间把孩子放进条条框框，既限制了他们，也缺乏尊重。真正的问题还在于，我们有多么容易纠结于自己的想法和意见，而没有看到孩子本身的完整和复杂性。

作为持续培育正念的一部分，我们要记着把觉知带入自己的想法。这样，我们就可以看到自己所持有的期待及相关的情绪。我们可以问自己一些特定的问题，譬如：我们对孩子的期待究竟是什么？它们现实吗？适合他们的年龄吗？它们对孩子的成长和能动性发展有益吗？我们是否期待得太多或太少了？我们的期待是否会让孩子体验到一些不必要的压力和失败？我们的期待和表达方式能否增强孩子的自我意识，抑或压抑、限制或轻视了孩子？它们是否能促成孩子的幸福，让他们感到被爱、被关心和被接纳？它们适合这个特定的孩子吗？它们又是如何与孩子独特的气质、学习方式和兴趣相关联的？进行这样的探究极富创造性。我们既可以经由这种方式来提问，也可以经由这种方式觉察到思维即思维、情感即情感、评判即评判。

检视我们的期待是否考虑到了每个孩子本性的诸多方面，是否给了他们尝试不同行为的空间，这也将是很有益的。譬如，我们是否允许孩子表达他们的愤怒，只要不会伤害他人？我们能否看到，期待一个孩子永远充满同情和爱，却在他们展现出愤怒或利己心时表达失望，这本身就既非同情也非爱呢？

如果你想要孩子慷慨大方，
必须先允许他们自私。
如果你想要他们自律，
必须先允许他们顺其自然。
如果你想要他们努力工作，
必须先允许他们懒惰。

这是一种微妙的区别，而且难以向那些批评你的人解释。

如果全然不懂一种品质的反面。

就无法全然学会它。

——《对立之必要》（*Opposites are Necessary*），

摘自《父母的道德经》（*The Parent's Tao Te Ching*）

我们有着无穷的机会去练习以一种善意、实事求是和清晰的方式，更有技巧地表达对孩子的期待。随着时间的推移，我们可以支持孩子以现实和健康的方式去觉察和培养他们对自己和他人的期待。

*

我（麦拉·卡巴金）很清楚地记得，在有了第二个宝宝之后，我对第一个孩子的期待发生了变化。年长的孩子突然被期待能够更加负责和独立，而在他的小妹妹到来之前，我们对他并无此期待。比起新生儿，这个曾经是我们"宝贝"的孩子突然被以不同的眼光看待，而且开始承受成倍增加的期待。这种现象十分常见，部分原因可能在于这可以让我们与新生儿的生活变得轻松一些。这也有可能是某种生物物种保护机制的副产品：我们爱上了新生儿，年长的孩子失去了他的魔力光环，因为他在求生方面对我们的依赖并不如新生儿那般强烈。

当我看到其他父母对年长的孩子有着相似的期待时，我希望能够提醒他们：两岁大的孩子在很多方面依旧是个宝宝；他们 4 岁的孩子也就只有 4 岁大；他们 6 岁的孩子照旧想被抱着，感受他们爱的能量；虽然他们 8 岁大的孩子可以承担更多的责任，并从中获益，但他依旧需要拥抱，需要父母与他们独处的时间，需要自由自在地做个孩子。

　　孩子对我们也有期待。他们可能期待我们准时，或期待我们永远迟到；期待我们可靠或不可靠；期待可以找到我们，或找不到；期待我们会立即发火，或表示理解。这种期待基于他们对我们过往行为的体验。他们可以揭示我们的行为，而那可能是我们的盲点。这为我们提供了机会，做出对他们和我们都更健康的改变。

　　当我们突然之间变得脾气暴躁、易怒、言语尖刻时，孩子会感到困惑或不安。如果我们能够在那个时刻承认我们累了或正在经历一个困难时期，我们就给了孩子一个理解我们行为的框架。当我们的行为出乎意料时，如果我们能够指出那究竟是什么，就是在把一个不可预测、令人困惑的领域秩序化，并让它更能被理解。这样一来，当家长的情绪突然改变时，孩子就不会那么容易责怪自己，或者感到紧张和焦虑。这也能教会他们一些为人处世的有益知识，让他们在长大后更清晰地看待自身行为的各个方面。

　　如果一个孩子不小心打碎了东西，她就可能预期父母会因此而生气。如果他们没有生气，她就会有些吃惊。这可能是因为父母曾经在相似的情况下生过气。但这一次，父母以更大的理解和接纳回应她，因为他们正在努力对自己的行为及其对孩子的影响保持更大的觉知，努力牢记什么才是最重要的。这样做体现了更大的善意和理解，并打破了他们对女儿的有限期待，而在此过程中，也改变了她对父母的期许。

我们对孩子的期待并不总是相同，这取决于我们面临的压力、觉得可以依赖的资源有多少。当我们感到压力和不知所措时，可能会发现自己想从孩子那里得到同情或理解。这是人之常情，但我们需要提醒自己，关怀我们不是孩子的义务。这并不意味着，他们不能够给予同情或理解。有些时候，孩子可以抱有极大的善意和同情，但他们通常只想得到自己想要的，对我们的问题并无兴趣。年幼的孩子对长篇大论的解释更不感兴趣，但是让他们了解我们的行为与我们的感受相关，正如他们的行为与他们的感受相关，可能会有些帮助。

当孩子还小的时候，我们会在家中建立一定的规矩和期待，譬如"没有大人陪着，你不能过马路""无论你有多么生气，都不可以打人""你需要以尊重的方式讲话"。我们也会期待他们有良好的餐桌礼仪，会问候人，等等。我们必须决定做对自己重要、对孩子和整个家庭最为有益的事。若父母的行为前后一致，且设定清晰的边界，小孩子会感觉特别安全、有保障和轻松。

随着孩子日渐长大，他们将在需要做的事情和行为方式上担当起更多的责任。当我们要求他们对自己的行为负责时，要给予他们机会去体验自己行为的自然后果。

有时候，我们会发现自己的期待与孩子的期待有直接冲突。当孩子不希望我们参加他学校的活动时，我们既吃惊又失望。我们非常想去，而孩子想自己去体验。他想让它成为他独享的体验。

儿子上大学第一次去学校时，我（麦拉·卡巴金）很想也很期待开车送他过去。作为他的母亲，我想看看他的新家，参与到这个重要的转折过程里。他想要的则不同。他想要他的朋友，一个与他共同走遍全国各地的朋友开车送他。他想以一个独立成人的身份到达学校，而非一个由家长送去学校的孩子。他告诉我们这些后，有好一阵子，我在强烈的失望和从他的角度看待事情的努力之间左右为难。最终，我理解了他要这样做的原因，这帮助我放下了我长久以来的期待，并能够带着真诚和接纳说："我理解你为什么想跟朋友一起去，没问题。"

在这类情况下，孩子需要家长从他们的角度来看问题，得到理解和接纳。太多时候，父母只是在自己的需要和欲望框架内行事，忽略了孩子的需要和欲望。我们应该对这二者都有所觉察，在可能的范畴内，看到什么对孩子来说是最好的，并在必要的时候放下我们对事情应该如何的强烈执着。

若我们斟酌自己的期待，并自觉地放下那些不能很好地服务于孩子或无益于他们成长和健康的期待，就是送给了他们一份无形但珍贵的礼物。这是正念养育实践中很重要的一部分。当我们能够这样做的时候，家中的气氛会变得更愉悦，会有更大的宽松度和平衡感，而每个人也会获得更大的成长空间。

做出让步

我（麦拉·卡巴金）刚刚经历完高压且忙碌的几个星期，我最小的孩子又生病了。她头疼不止，脸颊通红。我原本竭力想要些自由的时间，却突然被束缚得更紧了。

我又生气又困惑，觉得被推到了极限。我不想这样。我想退缩，自己蜷缩在床上，关上门，但我知道她感觉很糟。她想要我。她需要我。我的心朝她而去。她这样做并非为了折磨我，她没有办法，她生病了。我发现自己深深地吸了一口气。面对眼前被需要的情况，我开始让步，并把我的期待和计划要做的一系列事情放到了一边。

发烧强化了她对一切事物的体验。光亮让她的眼睛不适，所以窗帘被拉上了，她的房间幽暗而平静。她有时会睡着。当她醒过来的时候，她不想一个人待着。我陪她坐着。我在她的额头敷上一块凉布，递给她茶水和烤面包，读书给她听。我为自己能做这些令她感觉好些的事而自在。给她读书，或者只是陪她坐着，握着她的手，那些瞬间蕴含着一种静谧的富足。当我读书给她听的时候，她会愉快地看着我，或者说："我很开心我们在一起。"她的眼睛格外明亮，脸庞几乎是半透明的，我心想：如果她在上学，那么她的一天会有多么不同，我为这个生病的时刻如此充满滋养而惊讶。我常常注意到，当孩子们从病中恢复过来时，会带着一种不同的神态，仿佛他们长大了，被发烧的考验和退入安静后接受的照顾所改变。

自然，有些时候她也会烦躁、愤怒、有很多要求。那些时刻是我的实验室。它们考验着我。我是否会认为这是在针对我，并因此对她生气呢？还是理解生病的滋味，充满同情与接纳？我能够让她表现出烦躁和痛苦而不去评判或挑剔她吗？我能够放下我对这一天的期待，并对既已呈现的事物的必要性和美做出让步吗？

温暖而坚定

有研究表明：若父母非常宽容，不提供任何边界或限制，孩子会受苦；若父母非常专制、僵化、霸道，孩子也会受苦。而倘若父母温暖而坚定，在合适且清晰的框架内给予适当限制和边界，孩子长大后就更容易有信心和安全感。在充满关爱、联结、亲密的关系中，体验限制可以为我们的孩子带来更多可能性，而非我们扔在他们路上的障碍。

对于特定的孩子、在特定场合中，什么样的安排和限制才是最有益的，这并不总是昭然若揭。在我们家，我们通常要努力不向常见的独裁冲动屈服，同时坚持我们认定的必要限制，这通常围绕着那些会对孩子的健康产生负面影响的事物（如电视、垃圾食品、电影、电子游戏），以及那些会影响他人幸福感的行为（如不敬、打人或骂人）。

　　设立限制时，我们努力以自己觉得合适、对孩子公平的方式去做。当然，孩子通常觉得我们的决定是不公平的。不过，只要我们知道什么是必要的，就可以带着善意坚持自己的决定。正如我们前面所述及的，生活本身自然会向孩子呈现一些障碍，阻止他们心想事成，让他们在很多时候经历失望和失落。儿童发展专家戈登·纽菲尔德（Gorden Neufeld）和加博尔·马泰（Gabor Maté）把这样的体验称为"徒劳之墙"（the wall of futility）。他们认为这种遭遇一个不可撼动的客体或者处境的过程对孩子认识到自身在改变特定处境上的局限十分重要，对孩子适应现实中随之而来的忧伤和失落感也十分重要。与事物达成和解是疗愈的本质。正如苏珊·斯蒂菲尔曼（Susan Stiffelman）在她的《不带权力斗争的养育》（*Parenting Without Power Struggles*）一书中所指出的，要感受悲伤并最终接受它，我们的孩子需要经历一个自然的过程，这个过程有点像伊丽莎白·库布勒－罗斯（Elizabeth Kübler-Ross）的哀伤的阶段——从不相信无法如愿（否认），到愤怒，到尝试去讨价还价或协商，到最终体验他们的忧伤。当我们加入到和孩子的讨价还价中去的时候，我们把这个重要的过程带偏了轨道。如果他们能够表达他们的愤怒，然后也可以去感受他们的悲伤，那么他们就有可能达成某种接纳。随着时间推移，孩子会学着与不能总是如愿以偿达成和解并适应。

　　应对徒劳之墙的一个关键在于，孩子体验到我们是可靠且充满同情的存在。与父母拥有健康和充满信任的联结会让孩子感到足够安全，允许孩子脆弱并感受自己深深的伤悲。如果我们明白，对我们的孩子而言，去与无法撼动的局限和丧失达成和解是多么重要，那会帮助我们免于卡在与他们的讨价还价中，免于不知情地削弱他们体验到忧伤并接纳那些他们无法改变的事物的能力和需要。

我们就正念养育所讨论的一切都以发展孩子在面对阻碍时的自主性、自我觉察和韧性为导向。当然，发展出改变周遭世界中需要改变的事物、不对局限和妨碍望而却步的能力对孩子来说是至关重要的。当我们要在家庭中设立健康的、必要的限制时，理解孩子撞上徒劳之墙的重要性和价值，会让我们更容易坚持自己的立场。

我们需要辨别哪些限制对孩子有益，哪些没有。在有些问题上，如果我们太僵化，就可能会在无意中鼓励他们对任何得不到的东西都想入非非。随着年龄的增长，这种风险会变得更高。如果我们太僵化，他们就可能会停止信任我们、对我们撒谎或完全退缩。在另一些问题上，如果我们过于宽松，在他们能够自我调节之前就听任他们为所欲为，或者有求必应，我们很快就会看到这对他们的消极影响。这可以通过不同的方式表达出来：疲劳、紧张、焦躁、害怕、焦虑、判断力低下、行为失控，以及总体上的失衡。

当我们的孩子还年幼时，我们试着给他们自由去探索、追寻他们感兴趣的事，或是去尝试不同的行为。当他们所做之事有害或有潜在危险时，我们试图只限于对那些特定行为做出反应，就事论事地让他们知道：不可以。同时，要让他们感受到，他们本身没问题，我们对他们的爱和接纳是不变的。

有时候，我们是出于愤怒而设立限制——感觉到"这已经是最后一根稻草"。但更多时候，设立限制源于我们的所见所感、简单常识，来自对孩子睡多少、吃什么、安全与否的关注。随着时间推移，他们能渐渐学会照顾自己，最终学会如何为自己做出健康的选择。

年长一些的孩子会面对强大的同辈压力和社会压力，因此我们有时必须介入并对他们的活动施加一些限制。这需要相当程度的坚持、技巧和智慧。养育青少年可能令人精疲力尽，我们的努力和耐心是必要的，就像半夜起来照看还是婴儿时的他们一样。

随着孩子年龄的增长，当我们的期待和他们的行为相差太大时，我们会越来越多地发现自己想说："我无法容忍这个！"当我们把抗议说出口时，可能带着一种强烈的自以为是的语气，而这只会令问题更加复杂。与此同时，我们在私下又可能觉得完全无力改变这种情况。因为在我们宣告自己不会容忍某种行为之后，接下来又能怎样呢？那些在孩子小时候奏效的简单策略，譬如分散和重新引导注意力，或者直接将他们带离某些场合，对年长的孩子而言既不合适也不可能奏效。

无论我们决定做什么或说什么，都可以把觉知融入身体的任意一种紧张感，融入我们的呼吸，通过有意识地让呼吸变得缓慢而深长来让自身安然，并与自己的能量状态和情绪保持联结。这种做法通常可以让神经系统平静下来，而这势必会影响到我们的孩子。我们也应该对我们使用的语气保持觉知。在这样的时刻，我们可以试试放下不自觉流露的严厉和高分贝的生硬声音，以更平静且实事求是的方式去表达。在这些困难时刻，我们需要不断地与自身的内在力量保持联结，并提醒自己什么才是最重要的。

归根结底，孩子对行为限制的反应在某种程度上有赖于他们与我们、与整个家庭的联结，有赖于他们能在多大程度上看到这些限制出自我们的关切，即使他们暂时感到不悦。

*

和很多有中学生子女的父母一样，我们经历了这样一段时间：女儿把所有空闲时间都花在了打电话上，这让我们遭受了很大的负面影响。开始时似乎没什么大碍的事情后来变成了一种麻烦，自她从学校回来一脚踏进家门，到上床睡觉，她不是在打电话，就是在等电话。任何时候，无论她在做什么，包括完成家庭作业，只要电话一来，都会被打断。最终，哪怕她保证不会忽视她的功课，她仍然没有安静的空间来真正专注于有些难度的功课，功课也因此受到了影响。无限制地使用电话也给她与家人的关系带来了负面影响，影响是如此巨大，以至于我们相处时既易怒又疏远，仿佛陌生人一般。

我们认识到，只是告诉她"要限制打电话的时间"会太专制，并拉远她和我们之间的距离。我们决定召开一次家庭会议，每个人可以不受干扰地发言，说出他们对电话问题的感受。听到彼此的心声，我们得以更好地理解对方的观点。每个人都谈及自己可以忍受什么，无法忍受什么。我们最终确定了一个电话时间表，这是个令所有人都满意的妥协方案。

吃晚餐时不受干扰，晚餐后花一小时写作业，几天下来，她承认"有点喜欢"这个新的电话时间表了。我们可以看出，有一段安静的、不被打扰的时间，令她感到宽慰。这不是她会主动提出来的事情，需要由我们提出。

一两个星期之后，不可避免地，她开始想法子要求通融，试图改变我们的协定。她告诉我们，她想提前半小时打电话，我们说，如果她能提前半小时结束就行。她不愿意这样做，还是遵循了原先的协定。持续觉察这种限制对女儿和整个家庭的积极影响，让我们更容易坚持自己的立场。

总有些特殊的状况和时刻需要我们保持灵活，对此保持觉知非常重要。从某种角度来说，这让养育变得更困难了，因为孩子知道有些事情有商量的余地，他们有可能找到某个契机，要求通融。在为自己据理力争方面，他们有时是言之凿凿的辩护律师，令人不得不欣赏他们的这种本事，哪怕它会有碍于我们的权威。但是，学会"不"就是"不"，没有商量或改变的余地，这可以创建出清晰的期待和一个可靠、安全的家庭环境，对年幼的孩子来说尤其如此。

每个孩子需要的限制都是不同的。早起者的就寝时间自然不同于夜猫子的就寝时间。孩子若喜欢阅读，在晚间相比于阅读困难的孩子就会拥有更多的资源。对于更能自我调节、较少冲动的孩子，父母设定的限制自然也比较少。

哪怕我们意识得到，容忍和设限会因不同的孩子或不同的情况而变化，但正念养育恰恰意味着，不断重新检视我们的所做所想是否符合孩子的最佳利益，并自问是否还有更好的、未被认识到的方法。

当孩子成为青少年的时候，做父母的道路会变得更加曲折，能见度会降低，事情似乎变得有些扑朔迷离。孩子需要隐私，这意味着我们常常无法了解正在发生什么，不了解他们真正在做什么、参与什么。他们关注的焦点很容易变成"我能侥幸做成什么"，而不是"什么对我来说是最好的"。大孩子的问题迹象比婴儿的哭闹更容易遭到忽视。我们可能会发现自己在对那些想说"不"的事情说"好"，因为这可以回避争吵，而且我们担心说"不"会把他们推得更远。

和年幼的孩子一样，青少年需要在沟通中知道我们的所见、所感和所忧，需要我们在看到危及他们幸福的事情时如实相告。当我们想对他们的需要说"不"时，那个"不"通常带着其他未说出口的信息，譬如"我们不信任你""你很坏""你不具有判断力"。如果这些情感真的存在，我们需要对它们及其可能激发的自动反应保持觉察，这样才不至于在已经足够困难的处境中制造更多不必要的隔阂和距离。

如果对青春期的女儿说："不，你不可以与那个男孩子在他家里单独相处。"我们可能得到的回应是："你们不信任我？"经过思考，我们可以如此回应："我们不相信的是当时的情境。你很容易迫于压力去做一些令你事后感觉很糟的危险之事。"

这个回应至少不会被理解为武断地使用权力，也并非对孩子的诚实的怀疑，而是对情境的一种尊重和客观的评估。她可能不理解我们的观点并完全拒绝，既憎恨又生气，但是，在那个瞬间，父母指出了部分真相，并理解无论结果如何，这次互动势必只是诸多此类沟通中的一次。以一定的智慧去选择置自己于何种处境，是需要时间和经验来学习的人生功课之一。

*

一个朋友接到女儿的电话："妈妈，我在纽约。"这发生在她与女儿的多次讨论之后，她不想让女儿一个人在 16 岁的时候从波士顿跑到纽约去看她感兴趣的学校。她的女儿告诉她，她没能联系上计划中的借宿对象，因此找到了最近在一次当地聚会中认识的另一位年轻女性，并会住在她那里。这个母亲该如何对这样的既定事实做出反应呢？她该如何处理女儿扔给她的处境呢？

她很智慧地花了点时间评估这个情况。她认识到，女儿在尽力照顾自己，并足够周到地打电话给她，让她不要担心。她女儿已经在纽约了，再多的怒气也都无济于事。她告诉女儿："我现在并不生气，但我保留以后生气的权利。"这样，她选择在更合适的时间里应对自己的不安情绪，随后问了女儿一些问题，关于她是否安全，完成这次旅行和回家所需的东西是否都已准备好。她认识到，她的女儿在做对她自己来说非常重要的事情。虽然她并不赞同女儿的所作所为，但与此同时，她能够欣赏女儿的勇气和足智多谋。通过清楚地了解自己的感受，同时深深地照顾女儿的需求，这位母亲能够理解她们矛盾的立场，并避免其制造隔阂。

*

当孩子越来越大的时候，养育不可避免会面对的挑战是：当他们进入外面的世界时，会遇到很多有潜在危险的处境，而我们不能如他们小时候那样对这些处境加以控制，很多事情对我们来说变得更加可怕了。在为人父母的过程中，一项重要而艰难的内在功课就是对自身的恐惧和焦虑保持正念。这至少给了我们一个机会，不至于被负面情绪所裹挟，被它们完全蒙蔽眼睛、削弱感受力，进而无法看清孩子身上正在发生什么，或是无法与他们有效地沟通。

这是我们可以仰赖之前的努力去建立信任的时刻，家庭内那份共享的联结感尤其关键，如果以此为基础，那么虽然不容易，但我们仍有可能与孩子谈论酒精、毒品、无保护措施（包括情绪上与身体上）的性行为等话题。

孩子拥有越来越多的自由和各种各样的选择，而有些选择是破坏性的和危险的，有时还需要面对来自同龄人的强大压力，因此发展自我觉察的能力对年长些的孩子来说变得极其关键。这包括能够在任何处境中与自己的感受保持联结，并学着询问自己真正想要的是什么。若能带着一些自我觉察，他们会更有可能做出较为合理的选择，并有可能更好地设定自己的限制和界线。在这个领域中培养正念是一个随时间推移而展开的过程。越来越多的学校将正念同其他许多能力训练一起纳入从幼儿园到高中的课程，以培养自我觉察和情商。

很多活动会自然而然地培养孩子的自我觉察、自律和自信。诸如武术、瑜伽、舞蹈、绘画、攀岩、野营、写日记等活动，可以让孩子体验到真实或想象的极限，体验到可能性及突破的满足。对在某一领域的自我效能感和精通的内在体验必然会渗透到他们生活中的其他方面。最终，孩子长大到某个年龄，当他们离家在外，独自面对生活中持续展开的挑战时，他们需要依赖自己的觉察、良好的判断力及过去的经验。

关注你自己的事情

他弓莫挽，他马莫骑，他非莫辨，他事莫知。

——无门，13 世纪中国禅师

"你去了哪里?"

"外面。"

"你做了什么?"

"没什么。"

父母很容易就会陷入这样的思考：我们需要了解有关孩子的一切，包括他们的内心活动。这样想很自然，因为他们年幼的时候与我们那么亲近。那时，我们陪伴着他们去发现、了解自己和世界，去体会快乐和忧伤。但是随着他们长大，我们要留给他们心理空间，尊重他们的隐私，由他们选择与我们分享什么，在何时分享。这本身就是一种慈爱。当他们确实需要或想要与我们分享时，他们可能会觉得可以信任我们，我们可能会理解他们的顾虑。

这需要我们全然临在，当孩子需要的时候，我们在那里，也需要我们对自己的事务有合理的解决之道。这是一种微妙的平衡，需要高度的感受力、洞察力和耐心。

自然，每一个孩子都不同，每一个家长也都不同，更没有全然相似的处境，因此，我们需要对目前的家庭状况及自己的内心有所觉察。为了处理好自己的事务，我们需要了解作为父母的真正职责是什么，不是什么。

它也不仅仅是了解那么简单。让孩子觉得我们时时都想管着他们，想知道的信息比他们愿意分享的更多，又在遭到孩子的排斥或情感上的隔离时不断抱怨自己受伤，这远远不如怀着不试探、不追问、不专横的耐心与他们同在更能积极促进亲子关系。

回想一下自己的青少年期，可能会让我们有些领悟。在某些时候，难道我们没有只想让自己知道的事情？那些事情与父母没什么干系，永远不会也不可能与他们相干，因为那是在我们自己的内心世界中涌现的体验。

孩子可能在某个时刻告诉我们，他恋爱了，或者准备结婚了。我们也许知道事情的表象，或是对内里有一点感觉，但永远都不能完全了解那份内在经验，而这是正常的，因为它本就不是我们的。我们的工作是照顾好自己的事情——自己的内心、自己的身体、自己的关系、自己的生活，并在孩子从完全依赖我们的小宝宝过渡到完全独立的成人这一过程中给予他始终如一的自由和尊重。

　　与孩子的那份联结质量如何、有多温暖，取决于我们是否持续完成自己的内在功课、保持合适的界限，以及有多大意愿让年长一点的孩子自己解决问题或自行决定是否与我们协商。临在和开放、爱和兴趣、回应的意愿，它们共同创造了父母与孩子之间更加开阔的空间。这部分事务才是我们需要用心关注的。

永远都是你先行动

跟两个女儿看完电影，大女儿起身去休息，但小女儿在就寝前还有些其他需求。她穿上睡衣裤，想要听一个故事，但又改变了主意，问是否可以在她的床上下国际象棋。我们同意玩一局，然后熄灯睡觉。

棋盘放在床垫上，我们须得非常小心，才不至于打翻棋盘。起初，她像个公主一样，问我是否可以给她拿个橘子，"还有，爸爸，一个暖水瓶"，这样可以让她的床在11月的寒冷夜晚里暖和起来。找到暖水瓶和塞子后，我很高兴地递给她，然后去取棋。

我们在一起下棋已有几个星期了。有时她提出想下，有时是我提出来。有很长一段时间，我没办法吸引她下棋，但是麦拉想到一个主意：买更大的棋盘、更大的棋子和双人棋钟——每移动一枚棋子就敲一下作为记录。这个钟绝对增添了新的乐趣，仿佛在确认你走的每一步。她喜欢这个钟，我也喜欢，虽然我们下棋时从不看时间过去了多久。吸引人的是在每步棋之后的敲击。

我们进入到晚间的游戏中。她执黑棋。她总是选择黑棋。我早早地把她将死了。我们两个都很吃惊。我开始还没有意识到是将死。她用车护王，我把我的王后带到她的国王那里，以象作为后盾支援，不知怎的，她竟然没有一颗棋子可以把我拿下或挡住我。这一局进展得很快，我们决定再玩一局。

我试图以同样的方式开局。她很快就看穿了我。我可以看出来，因为她正确地把一颗卒子移到了合适位置，让我没能得逞。我在几个关键位置提供了微小的帮助，使得她先我一步将死了我。真是太好玩了，我们决定再玩一次。

到这个时候，我已经累了，产生了一种很强烈的阻抗，不想再玩下去。不过当我们开始玩时，这种阻抗就消失在了此时此刻的能量中。

这一次，我们杀得难分难解，一直到棋盘中心，两个王后紧邻彼此，两个国王殿后支援，还有一些车和象在附近打斗，我们的国王左右突击，彼此追逐，将，然后又失利，反反复复。真是美妙无比。我们俩都不曾经历过这样的局面。到这个时候，她已经是躺着在玩了，她枕着暖水瓶，视线与棋盘平齐。

下棋时，我们有时会有一些顽皮或怀疑的目光接触，默默捕捉对方的企图，或者体验在有 64 个格子的优雅模型的有趣世界里全然投入的纯粹快乐。她从不要我向她指出些什么，但有时候，如果她会失去一个重要棋子（如王后）或错过一个重要机会，我就会让她悔一步棋。她也会让我这样做……除此之外，不想听到其他任何话。

她想自己解决问题，在每一局中，我看到她一步一步走得越来越好。她从经验中学得如此之快，比我要快得多。她会抓住我无意中的错误，有时候很宽容，有时候不肯放过。她正在学习观察我如何走每一步棋，分析它们可能的走向，她如何能够干扰它们，以及如何形成自己的策略，来给我造成压力，推进棋局。我可以从她身上看到，有一种空间性的智慧在成长，觉察力面临着提升的挑战。风险需要被察觉并权衡。制订计划，又一再改变，以此应对棋盘上不断变化的情况。策略和战术的发展是必然的。

每一局棋都由无数种可能性慢慢地缩小到一个不可避免的结局，那个我们得到的结局。但有些时候，我们可以重演不同的可能结局。这如同在个人的困境中，对不同的情景进行角色扮演。我们看到有关因素、它们的组合，以及自身做出选择、引导事情进展方向的力量。我们想象并切实地探索不同的方法，并看到每种不同的方法所带来的结局。各种各样的心理治疗都会通过角色扮演来厘清情感困境和克服困难的方法。玩游戏的时候，想象开始学习这样做，并发展自己的内在技能，看到不同的开局和行动，它们将以可能具身体现智慧元素的方式推进我们的生活。

游戏结束后，就该睡觉了。她问我可不可以陪她一会儿。

我关了灯，坐在她床上。从她突然加深并逐渐安静的呼吸中，我知道她很快就睡着了。

在她这个年龄，大多数时候，如果我问她"我可以抱你去睡吗"，她都会说："不！"因此，这样的邀请对我来说是非常特殊的，我觉得对她来说也是很特殊的，这是对她曾经经历过多次的情景的重温。

我随她一同呼吸着，又过了几分钟，轻声地掩上她的房门，离开了。

*

有时候，当轮到我们去行动的时候，我们不介意去寻找暖水瓶的瓶塞之类的事物。在另一些时候，通常是很多时候，哎，我们不愿意去寻找暖水瓶的瓶塞，不想去取那个橘子，或以其他方式付出。太晚了，我们太累了，只想让孩子上床睡觉，不想再玩国际象棋或其他任何一种游戏。

但是，有时可以选择去做一个试验，特别是当我们最不想做的时候，对孩子有求必应并愿意与他们相处，我们可能会发现，一个崭新的世界为双方豁然打开——一个共享的世界，这是我们或许未曾预见但在回味时不愿意错过的，比我们可以做的任何其他事情都更重要，哪怕我们有点疲惫，哪怕我们再忙，在时间上有再巨大的压力。

做出决定，去在此刻关注孩子，这并不意味着我们是他的仆人（虽然有时候会感觉如此），而更像是一个真正的国王或女王，一个君主，时间丰沛、内心慷慨。

不过，让我们面对现实吧。作为父母，虽然我们有时候是君主，但在某些阶段，我们也是仆人，就如同一个智慧的国王、女王或任何领袖都是王国的真正仆人。在这种意义上，做一个仆人是值得的。

这是一件需要技巧的事，与无限的给予和陪孩子共度无尽的时间无关。我们可以看到，从存在的角度来说，把我们全然交给孩子，这份付出在本质上确实是没有止境的。这几乎有悖于社会的原则，即使谈论它也是一种禁忌。然而，作为我们自己的正念练习的一部分，去谈论、检视、体验它是很重要的。它相当于在我们的棋盘上走出新的一步，甚至大胆到以前从未想过的一步，并从结果中学习，世界会为我们的奉献开启更多的空间，尤其是在我们采取主动时。

> 你们是音符，我们是芦笛，
> 我们是山脉，你们是传来的声音。
> 我们是卒，是国王，是车，
> 你们被摆在棋盘上：我们要么赢，要么输。
> 我们是旗帜上奔腾的雄狮。
> 你们是无形的风，把我们带至世界。
>
> ——鲁米

分 叉 点

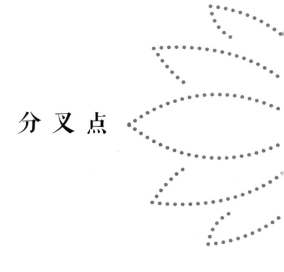

你是否曾停下来想过，如果不是那些深不可测、细小、看似随机的事件影响了我们的生活，并提供了重大的潜在机会和限制，我们的生活会有什么不同？如果在 12 月的某日，我（乔恩·卡巴金）决定提前或推迟 5 分钟去吃午饭，如果麦拉不是在某个特定的地方遇见一个朋友并聊起了天，我们可能永远都不会遇到。我们就不会拥有如今这些孩子，也不会过着现在过的生活。这指向生活本身的珍贵和神秘，可能值得我们深思。

如果事情不是如此进展，那么，毫无疑问会有其他事情发生，我们会过着另一种全然不同的生活。我这个人也会很不一样，因为我现在的样子在很大程度上要归功于我们这段长达 45 年的关系、我们的子女和孙辈以及我们对彼此的爱。

　　生活可能是普通的，但爱和美却是独特的。这个世界持续地召唤我们在我们真正有归属感的地方、在我们感觉最自如的地方去珍爱这些爱和美。它召唤我们去珍爱我们的孩子、我们要过的生活，如果我们能够为生活而存在，并对生活的本质、模样和声音保持觉察，那么生活中这些亲密的、永远呈现着的方面，将不会局限于相册所贮藏的记忆中。当下的存在是真正的恩典，而每一天的细节都不亚于一个个奇迹。

　　这个观察不断地提醒我对每个瞬间所孕育的可能性保持敬畏，提醒我每个瞬间的重要潜力，哪怕在下一个瞬间抵达之前，我们并不知道也无法预见，哪怕在很大程度上，很多的瞬间在开始时都是单调而乏味的，而每一天都如出一辙。我们很容易忽略每一个瞬间都包含着整个宇宙的浩瀚，忽视其中的惊喜和出乎意料的可能性，也很容易忘记我们可以看着每一个瞬间在面前展开，并被召唤着去参与到这份展开中。年幼的孩子是这个魔幻世界的原住民，这里所有的一切都是新鲜的，并且充满可能性。

　　当我们的生活展开时，把每一个瞬间看作可能的分叉点，将是一种极其有益的看待生活的方式。我们常常热切地渴望将来会有不同的模样，无论是与孩子拥有更好的关系，还是在生活中创造一些新鲜的事物，而当下正是我们可以采取行动的唯一时刻。现在不就是未来吗？今天不就是昨天的未来吗？它已经到来。我们在此时此地拥有它。

　　以这种方式看待现在，我们可能会问自己：它怎么样？我们确确实实地安住于此刻吗？在此刻或生活中的任何时刻，我们是否切实地了解、体会和感受到自己身处何地，又是如何到达此时、此地的？

唯一的了解之路是睁大我们的眼睛，这也意味着开放我们所有的感官。即使如此，了解可能并不意味着"知道"，而意味着意识到我们"不知道"什么，并坚持提问，因为它是那么有趣，我们又很好奇，无论生活目前如何，此时此刻，它正在展开。而这真的就是一切。

我们知道，每一个瞬间都经由前一个瞬间展开，并受到前一个瞬间的某种影响。此刻自有它的重要性。我们的行为永远都有后果。如果我们希望去学习某种东西，或是成长，或表达我们的情感，或提高将来生活的质量，那么在生活之旅中，此刻是我们能够影响绵延不断的行动和结果之流的唯一时刻。如果我们担负起责任，去关照此刻的质量和可能性，那么无论是与孩子一起，还是只为了自身，下一个瞬间都会被那份觉知影响，从而有所不同。

因此，正念可以为我们提供以前无法触及的可能性，因为它让我们拥有了看待事物的不同方式。这些可能性永远会以潜力的形式存在着，而它们的实现常常需要我们的全心投入。所以，该是洗碗的时候，就全心全意地洗碗。而这会开启下一个可能性。任何事情皆是如此。

挑战在于，我们该如何真正地在生活中身体力行——这是我们的生活，有需要我们呵护的孩子，在此时、此地……当我们走过光明、走过黑暗时，此时此刻、每一个瞬间、每一个白天、每一个黑夜，都是新的开始。

第十章

黑暗与光明

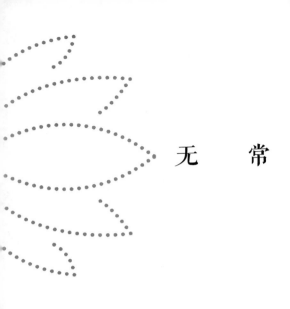

无　　常

　　7 月的一个早晨，我（乔恩·卡巴金）在缅因州北部的湖上划着独木舟去看麋鹿，而我的家人仍在湖边的木屋里安睡。我看到平静的水面上泛起旋涡，一个从船桨外缘涌起，一个从船桨内侧涌起。它们以相反的方向转动了一会儿，在独木舟前行时滑到我身后。它们是运动中的、暂时分离的水，由于打旋而产生独特的形状。当我往回看，想与之保持接触的时候，看到它们很快消失了。它们运动的能量返回到湖中。每一次划动都会产生一些其他的旋涡，每一个都不一样，都是独特的。它们令人着迷。因为湖水和桨提供了某些条件，所以从虚空之中短暂地呈现出了形状。

　　对我来说，这些旋涡就如我在那个早晨没有找到的麋鹿一样吸引人，它们没有太大的不同。有生命的东西，在我们称作"身体"的、似乎独立的存在中短暂地呈现一段时间，在白天的光亮中跃动，又很快消逝。我们了解到，依凭一些特定的条件，生命以独特的形式存在着。我们知道，它会从独特的"相"中消失，并在别处重新出现。我们对死亡有些了解，但我们认为一头麋鹿或一个人或多或少是永恒的，对其消逝感到吃惊、悲伤，甚至恐惧。然而我们知道，事物的消逝，如同它的出现一般，是事物的一部分。我们知道，所有的事物都是无常、转瞬即逝的，但事物的这一层面一直隐藏着，直到它突然呈现在我们面前。

几个星期之后，当我看到一个 50 岁的朋友时，又想起了这些。他患有淋巴瘤，已然垂死，身体苍白而干瘦。家人和朋友在他身边，他形销骨立的样子令人震惊，除了死亡，我们无法看到其他。尽管饱受疼痛、腹泻、担忧之苦，只能靠药物支撑身体，但他依旧打起了不知从何而来的精神，出来参加聚会。他躺在躺椅上，以惊艳、高超的技巧弹奏着吉他。从琴弦的震动上散发出来的美，直入我们的心房。他的妻子和 11 岁的女儿坐在他旁边，充满生命力。

我被其中的深刻和辛酸所打动。我的孩子们从未见过这样的场面。它并不令人愉悦，但是令人敬畏，且具有超然的力量。我们这些朋友（包括他长久以来的医生朋友，聚会就在医生朋友的家里举行）能够做的事很少，除了让他舒适些，并向他依旧拥有的活力致敬。

我们无法阻止事物的进程，甚至觉得难以名状，否认或回避的冲动是如此强烈。当他细细的手指拨弄着琴弦，用另一只手定着音符时，他的脸费劲地扭曲着。他似乎醉心于这些短暂却超越时间的瞬间，我甚至觉得，他是在向我们（尤其是他的女儿）展示和分享他依旧拥有的力量，以及他在生命中所了解到的美。

最近我遇到一位女士。她的儿子在大学的最后一年去世了。在他于夜间穿越沙漠时，车冲出了路面，出了事故。也许他睡着了。她永远无法得知原因。再充分的解释也于事无补了。生命在最美好的时候陨落，这位女士的人生破了一个洞，她养育的孩子、那千丝万缕的联结，突然之间不复存在。如何把持？如何接受这无法承受的事实？然而，从伊始之际，这就是为人父母的一部分。

我们所能做的最好的事，可能就是去感受生活及此刻的转瞬即逝，并尽可能饱满地活在其中。拥抱我们的孩子，为他们的生活而欢欣，同时也感受到死亡的确定性，感受到生命的消长。呼吸可以提醒我们，它来来去去，如同我们的瞬间、我们的朋友、我们的念头和天气一样。我们能否找到方法，正念地乘风破浪，让生命流经我们？那些无法了解的奥秘既塑造了脆弱的人性，也赋予了它令人惊奇的力量和智慧，我们能否尊重它们？

*

爱的边界

之前和之外失衡的激情，

这四个部分

被秘密地编织在一起。

我们真相的布置；

可能性诞生

却又立刻遭遇埋藏。

隐藏的星系，以及

无谓的失落，

我们不耐烦的心严禁这些。

那些未知

精妙而难以捉摸。

——莱恩·乔·罗宾逊

1995 年 10 月，16 岁

这首诗写于莱恩死于枪杀前的几个星期。当时他在一个朋友家，参加一个没有成人照看的青少年聚会，现场有酒。男孩子们在父母的房间里找到了一把手枪，他们以为枪没有上膛。这是一把俄式手枪，与美式手枪不同，这把枪的保险栓可以让扳机往后扳动并发出"咔嗒"声。男孩子们取下了弹匣，并朝着火炉来了多次"空弹射击"。保险栓一定是在莱恩被瞄准前不小心被关闭了。没有人想到枪膛里会有一颗子弹。他的父亲去年夏天参加了我指导的正念禅修，他在信中如此写道：

莱恩刚转到一所新的、规模更大的高中。第一天，他坚持要穿以前的朋友为他做的 T 恤衫，胸前写着"嗨，我是莱恩"，背后则写着"初来乍到，请多关照"。当他冲出家门时，已经迟到了，而我正在厨房里。他又急急忙忙地跑回来："我的披风呢？我忘了我的披风。"我说："别穿披风了。这才第一天，不用了。你为什么不先打探打探，了解一下情况呢？"他慎重地回答："究竟是你认为我应该这样做呢？还是如果是你，你自己想要这样做？"答案是显然的。他有真正看透他人并指出真相的能力，尽管没有明说。有时，那种能力可能令人感觉是一种对峙。但它总是真诚的。

过完16岁生日后不久，莱恩死了。他的死永远地撕裂了我们原本温馨的小家庭。死亡所导致的分离将我的人生分成了两部分：原本我想当然的日子，和此后极度痛苦的每一天。在头两个月里，我所体验到的悲伤大大超过了我对活着的感激。活着实在太痛苦了。

在那个寒冷的10月夜晚，我的很大一部分与莱恩一道死了。在过去四个月里，我的生活如同在监狱中服刑，是必须去忍受而非享受的东西。在事故之后的很多个星期里，掠过我头脑的念头和画面已经无法控制。它们耗尽了我的睡眠和醒着的时光。我会尝试着观察它们、注意它们、与它们同呼吸，但这令人绝望。无论我走向何处，都会被提醒，都会想到他，头脑中就像有一千匹马在失控地奔走。

感谢我的正念修习。它引导我走出了艰险的、非常痛苦而又未知的地带。很有意思的是，我曾经相信，我的想法就是我自己。如今，我的想法是我所拥有的，并不是我。生活似乎变成了一个容纳我所有想法发生、所有情绪奔涌的大容器。有些想法和情绪像最狂野的牡马，继续不受拘束地狂奔，我任由它们摆布。不过，大多数想法我都能够观察、体验到，并让它们过去，我则回到我的呼吸上。我能够抓住马鞍，并在快要握不住缰绳，被自己那名为"受害者"和"自艾自怜"的石头绊倒并跌下马之前，挺直身子。我为此充满感激。

白天，我能观察到各种念头。"我再也撑不下去了……我不值得一活。我是失败的父母。"在静坐冥想时，我能观察到这些和其他想法……与此同时，我耐心地尝试回到我的呼吸上。我忘记了，然后回来。我跟随着我的念头而去，又回来。我注意到了我的不耐烦，然后回来。在那些念头和情绪之下，在那些悲伤之下，我能够看到，除了虚空和我全部的悲伤，还有别的东西。那就是我对一个我非常想念的、美好的年轻人绝对而无条件的爱。

我从这个悲剧中学到的最大的教训，可能是意识到自己在事故发生之前与他人关系中所保持着的那份傲慢。我学到，当你爱着某个人的时候，把这份爱说出来是多么重要。因为明天只是我们头脑中的一个概念。

被埋葬的悲伤之河

我（乔恩·卡巴金）曾经与各个年龄的 700 位男士同处一室，他们中的每一位都曾因为与父亲之间关系的失落而眼中噙泪。在他们走进这个房间，花时间和大家一起谈论和倾听之前，大多数人几乎都没有觉察到，他们竟然怀着这样大的悲伤，此前也几乎没有人会与其他男性分享这份悲伤。

我也曾经与几百个健康专业人员共处，在高强度的正念培训中，来自童年时期的巨大悲伤从每个男性和女性身上倾泻而出。在这样的静修中，我们让这些悲伤的情绪得到表达，让承载着它们的故事自然地发生，如此持续一段时间，除了我们全然而静默的关注，不做任何反应或评论。人们有时难以认识到，为深切和令人不愉快的情绪留出空间，如同跟随呼吸一样，是正念的很大一部分。

　　似乎的确有一条悲伤之河流经我们。而它的河道并不总是明显的，因此我们可能并不知道它的存在。但当我们看到它流经别人内心时，会意识到这条悲伤之河并非如想象中那么遥远和陌生。无论是否被看到，它都会影响我们的整个生命旅程，包括我们的性格、职业选择以及如何做父母。

　　我确信这条河流经所有人，带着我们很少触及甚至不知其存在的深刻的、原始的情感。当我们与自己的悲伤失联，而他人与自己的悲伤保持联结时，我们可能会觉得有些尴尬和奇怪。我们很容易为他们感到尴尬，或是在冷漠之余带着些评判："他们为什么这样小题大做？""事情已经过去那么久了。""难道他们没在心理治疗中处理它们吗？""我可能已经过了那个阶段了。"

　　我们对自己所携带的最深的情感都有某种程度的防御。如果没有这些防御，我们就不再能够以同样的方式来携带它们。正念真正的功课是怀着开放、平和、同理心和慈悲去为正在发生的一切提供空间。这意味着对自己和他人都要有耐心，不要因为不舒服而过早地转到其他事情上。

　　在那些罕有的时刻，当我们与自身的悲伤联结，当我们的情绪在此刻浮现，无论出于什么原因，情况都可能突然会变得很不一样。整个世界都随之陷入痛苦之中，我们觉得这份悲伤远远超过了个人的范畴，整个宇宙都染上了悲伤的色彩。

　　如果我们在孩提时期得到了更具善意和更周到的抚养，也许就不至于背负那么多被埋藏的悲伤。我们无法断言。这因人而异。每个人都是独特的痛苦经历和对这些经历的反应的集合体，它们有些被埋藏着，有些则被挖掘出来了。

若要从这样或那样的损失中恢复过来，从童年时期缺乏认可、尊重和照顾中恢复过来，需要多年内在和外在的努力。通常，哪怕是开始觉察我们最深的情感和遭遇，也需要多年的时间。这并不总关乎一个人的父母是否酗酒，是否曾经虐待或严重忽视孩子。对很多人来说，许多伤害都来自：父母竭尽所能做到最好，却受限于手头的资源，受限于他们世界与世界观的框架。子女被自身正面或负面的经历所塑造，被父母传递的经验所影响，代代如是。每一个家庭都是爱、耻、罪、责备、隐瞒和贪婪的独特组合。若不经觉察，这些情绪是最具伤害性的。

一位女士告诉我，当她母亲去世的时候，她还是个小女孩，家中还有几个年幼的弟弟妹妹，她的父亲拒绝在家里再提及她母亲。母亲被埋藏了，好像从未曾存在过。所有的孩子都被迫进入这个情感的壁橱。这位父亲觉得，不沉湎于过去、向前看会更好，会少一点创伤。但这给家庭带来了莫大的伤害。

所以我们看到，无明（在佛学中，意为"不知事物的实相"）往往是苦难的根源。这种无明会导致家长不了解自己的孩子。即使是在有诸多积极成就、表面上充满和谐与爱的家庭中，这种无明同样可以存在。它们是可以并存的。

无意识的悲伤投下的阴影可以延伸，触及我们的灵魂深处。它在我们记忆的最深处游荡，表面光鲜，内里却有着自己的生命。确实，有时候表面越是光鲜，情感的阴影就越长、越黑。

罗伯特·布莱在《人类阴影小书》（*The Little Book on the Human Shadow*）中，用年幼时获得的一个无形包袱这一意象，来描述被我们埋藏的情感的动力。随着我们的成长，我们很容易把被认为不可爱的那些部分塞进包袱中，努力争取重要之人或重要圈子的理解和接纳。这可以持续一辈子，我们会为了维持表象或显得善于适应而生活在一个谎言中。

当我们还是婴幼儿的时候，可能就从父母那里接受了关于如下问题的信息：什么可以取悦他们，什么不可以；什么样的想法、情感和行为是"可以接受的"，什么不是。后来，在面对学校的同伴、老师和更广阔的世界时，此种情况依然在继续。随着时间推移，我们把越来越多的自己塞入包袱中，包袱变得越来越长、越来越重，装载着我们的愤怒、冲动、自发性、软弱、力量，甚至是智慧。我们为了被喜欢、接纳和看好而不顾一切地努力，或者削足适履，成为我们相信自己必须扮演的某种角色，如禁欲者、殉道者和智者。包袱里面非常黑暗，因为我们不愿意让任何一点光亮照进去，看看我们内心究竟在发生什么。

如果我们假装肩上没有这个包袱，三四十年都拒绝打开它，还往里塞入了更多的东西，我们的一部分会因为缺乏承认和表达而溃烂、生毒，因为这些被塞进去的阴影不被我们接受，却又切实而重要。它们以我们可能并不知晓的重要方式逗留着，严重影响我们的人生轨迹。它们可能只偶然地在梦里出现，在生活的结构被磨损或突然瓦解时出现。我们在内在世界中常常不愿去看的东西却往往显露在外在世界中，也就是我们的脸上。内在反映外在，外在也反映着内在。要达成和谐，需要内在和外在的联合，需要在觉知和接纳中让它们再次融合。

也许是时候了，彻底教育自己去认识肩上的包袱，不断有意识地在每时每刻接纳我们的全部，倾听我们的阴影和河底下埋藏的悲伤，与之交流，并尽最大努力以无条件的接纳和善意抱持它们。这相当于在通往"真正的成年"之路上养育自己。

如果我们能以这种方式"养育"自己，可能（仅仅是可能）就会对孩子有更清晰的了解。为了被接纳而修剪自身的某些方面，这种努力令人心碎，我们应该尽可能减少孩子的这种行为。

*

敲响那还能够响的钟。

忘了你完美的供奉。

万事万物都有裂缝。

而那恰是光进入之处。

——伦纳德·科恩（Leonard Cohen），《颂歌》（*Anthem*）

千钧一发

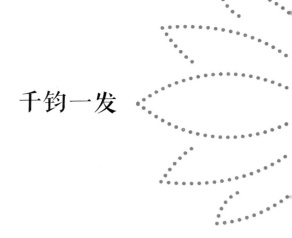

　　当孩子无病无痛时，养育都已经足够艰苦，更何况是孩子受到伤害时，我们也会随之受伤。有些时候，我们处在千钧一发的关头。

*

　　孩子们互相打架、发脾气、抱怨"好无聊"、长牙、吵闹、无眠之夜、漫长的冬日、阴暗的雨天，我们情绪低落、疲惫，试着满足各种需求、保持平衡、应对工作和家庭及其他诸多事务、调解矛盾、想出或有创意或没创意的点子，还有晚餐需要准备……一天结束时，我（麦拉·卡巴金）感到精疲力尽又恼火，仿佛受到极大的限制和约束。我的世界变得太狭隘了，我有一种强烈的想要往外跑的冲动，去呼吸一些空气，去获得一些距离、一些空间。

若是天气不适合户外活动，必须长时间地待在家里，那时候我会迫切地感受到自身的局限，以及所有我未曾获得因而不能教给孩子的技能。

我也非常明了我们文化的局限。能做的一切似乎就是以某种方式去消费。购物、吃饭或看电影，很多时候一切都空洞且缺乏生机。在我们的城镇中，哪里有舞蹈和音乐中心、故事中心、供各种年龄的人们聊天对话的中心呢？

有人说，抚养一个孩子需要全村人的努力。但在我们的社会中，哪里有这样的村庄呢？在那些大家庭、社区中心、援助团体、跨代友谊和信仰团体中，我们可以依稀看见古老村落的遗迹。可是，太多时候，父母们都会发现他们是孤单的。对单亲父母来说尤其如此，可能无人分担他们日复一日的挣扎，他们无法得到看待问题的不同视角，甚至无人同情——虽然从另一个角度来说，伴侣们可能并非互相支持，反而更加多事。即使有支持我们的朋友或伴侣，最艰难的处境也往往出现在我们独自一人的时候。养育是一份孤独的工作。

我们需要有不同背景和才华的人的支持，需要一个社区来弥补我们个人资源和技能的局限，给我们提供大量的集体意见、激情和生活经验。作为父母，我们得为家庭提供坚实的基石，却无法为自己提供一切。

*

随着孩子进入青春期，各种复杂状况和问题相继而来，我们可能会发现自己有时处于困惑、沮丧甚至绝望中。相比之下，婴儿和幼儿期的养育近乎简单。正如我们所见，当青少年开始脱离我们，越来越多地受到同龄人的影响，有时被潜在的自我毁灭行为所吸引时，我们会觉得自己正在失去他们。我们也明白，当他们探索世界时，在某种意义上，我们确实是在失去他们。有些时候，我们会为他们的脆弱、为我们无力提供保护而感到痛苦；在另一些时候，我们会为他们的表达方式（或不表达）感到愤怒。

对年幼孩子那种直觉的、基本的、非常耗费体力的养育变得不再适用。我们可能会发现，我们体力上的耗竭被精神和情绪上的耗竭取代了，部分原因是我们在不断调整自己作为父母的角色，因为我们的青少年在努力满足他们对自主性、联结、爱和意义的需求。

他们在以各种令人惊讶、出乎预料、有时令人难以忍受的方式成长和蜕变，而我们也被召唤着去成长和蜕变。当他们变得独立，对我们的需要日益减少时，我们会发现自己滑入了例行公事的惯性中。他们会觉得这种惯性是肤浅、令人不满的，既与我们自身脱节，也与他们脱节。他们需要更多的独处时间、更多的空间，以及我们在不同方面的敏感性。在某种程度上，我们与他们无关，但又并非真正无关。

当他们生气、挑剔、封闭情感的时候，我们很难看出

（尤其是透过愤怒和担忧的面纱去看）他们依旧需要我们。当我们感到被边缘化、困扰和绝望时，需要极大的意图才能拒绝消失，拒绝完全与他们割裂。

青少年有时难免会觉得生活令人不满，当他们最大的内在需求没有被满足时，他们会不开心地诘问："生活是什么？意义在哪里？生活难道就是这样吗？我在哪里？"他们可能会变得情绪化、退缩，感觉到与我们更加疏远了，比我们在他们小时候所想象的更远。他们可能主动用充满敌意、愤怒的行为把我们推开。我们看着他们受伤，但难以触及他们。

当他们觉得疏离和孤单的时候，他们需要感受到我们依旧与他们在一起。我们可能看到，他们如隔着鸿沟那般看着我们。触及他们也许是困难的，那隔阂可能令双方都感到害怕。我们可能会感觉到在他们小时候从不曾遭遇过的无力。他们无意中让我们瞥见了自己的脆弱、疑虑和恐惧，而这些通常被深埋在我们心中，被保护得很好，避开了平日里的检视。

当我们的青少年孩子对情感、人乃至自身的真实性发出质问时，我们不妨在内心寻找一个真实、安然、简单而实在的地方。在这样的时刻，我们可以花一些时间向内聚焦，把注意力带到我们的呼吸、身体和情感上。在这些时刻，我们可能并不觉得与孩子有紧密的联结，但我们可以怀着同理心临在，抓住他们给我们的任何线索，不管那线索有多么细微。

如果合适的话，我们也可以抛出一些线索来，无论多么具有试探意味和微妙。这可能包括倾听和肯定他们实际体验到的困难、痛苦和不确定性。也许它会引起一些更加戏剧性的事情，譬如给他们放一天、一个周末或者一周的假。这并不总是可行的，但是真正困难的时刻需要创造性的答案。选择他们想做的事情，尽可能抽出一些时间和他们待在一起，无论以何种方式，这些都会提醒他们，在忙碌单调的日常例行事务之下可能蕴含着更深刻的意义。而有些时候，哪怕是因危机而起的，跨出我们的日常生活也会起到相同的作用，能够帮助我们重建与他们的联结。

有时候，当年纪较大的孩子觉得卡住、受限、生活不幸福时，我们可能要采取一些适当且必要的行动。当我们预感到他们可能会去做一些危险或自我破坏的行为时，尤其如此。他们需要知道我们担心他们并且在担心什么；需要我们跟他们一起解决问题，甚至支持他们，帮助他们找到令生活更满意、更有意义的方法。

青少年通常对事物的实质有着非常清晰的领悟。但他们也有明知事情不对劲，却找不到根源的时候。在那些时候，他们可能需要我们分享自己从生活经验中拾集的智慧，帮助他们解决手头的问题。孩子和我们都需要很长的时间去理解世界是如何运作的（我们真的能够完全"理解"吗）以及如何让事情奏效。

如果我们被他们视为问题的一部分，那么以任何方式帮助他们都将是困难的。虽然我们可以对改变自身的行为保持开放，却不一定能够帮助他们改变生活。双方甚至无法在"究竟需要什么"以及"问题究竟是什么"上达成共识。但有时候，只要承认他们正在经历艰难的时刻，就可以让他们从感觉被孤立转向感觉有联结，从感觉被评判转向感觉被关心。从父母那里感受到关心和怀着爱意的接纳，这能为他们审视自己的困难提供一个更有意义的框架。

*

有时候，无论孩子多大，他们都似乎会"退行"到一个更小的年龄。朋友16岁的儿子跟家人有情感隔阂，与此同时，他因为感染而病得很重。他的父母本可以选择把他的疾病视作纯粹的生理疾病，与他的情绪状态、他和家人所面对的困难无关。但是，他们选择在一个更大的框架中看待孩子的疾病，并开始检视孩子在生活中、家庭中承受的身体和情感压力。然后，他们利用孩子生病和康复的这段时间，来促进一种更为全面的疗愈。他们接受了孩子"退行"的需要，允许他待在家里——慢下来、花时间内省、吃特殊的营养食物、与家人重新联结，并认识到了这对他、对彼此关系的恢复和转化的作用。

退行是带有强烈贬义的字眼。通常意味着适应不良、无法做出适龄的行为、回到更加孩子气的阶段。但有些时候，孩子（不仅是年幼的孩子）就是需要时间被关照，需要父母给他读书、唱歌，而这段时间的内省可以为再一次的向外探索做准备。当孩子需要这样的时间时，以不带评判的善意和接纳回应他们，这将滋养他们身上正在努力成长的部分。最终，这会帮助他们蜕去一层旧皮，继续往前走。这是我们给予他们的真正礼物。

给孩子这样的时间并不总是容易或可能的。工作和其他的要求可能令其变得困难甚至不可行。但如果我们记住，孩子外在的变化并非事情的全部，这可能会有所助益。通过反省，我们可能会找到一种方法来信任那份也许正在展开的内在转化，并用善意为它留出空间。随着时间推移，我们可能会对孩子的挣扎有所理解。

一个不开心、失去平衡、正在退行的孩子可能是很难相处的。如果我们把这些困难的行为当作是针对自己的，进而封闭自己、披上盔甲，陷在自身的恐惧和受伤的感觉中，我们之间的墙就只会变得越来越厚。这些时候，我们需要以整体的眼光来看待事情。这意味着心怀检视的意图，在尽可能大的脉络中看待发生的事情，保持全然临在，并在距离感和同情并存、看似矛盾的框架内进行审视。如果能够放下感受到的伤害、憎恨或愤怒，我们就有可能与孩子一起进入一个真正崭新的时刻。

在充斥着无尽挑剔和负面事物的一天快结束时，我（麦拉·卡巴金）10岁的女儿过来依偎着我，真诚地告诉我她爱我。这份保持灵活、放下愤怒的能力会随着孩子的长大而改变。他们需要我们通过自己的行为告诉他们：我们的确有可能对各种问题保持觉察，同时，在每个时刻都愿意重新开始。

归根结底，最重要的并非我们的想法，而是我们在所面临的怀疑一切的痛苦时刻里融入的真实存在和体现的关怀。

你不必这么听话。

你无须穿越沙漠,

跪行千里忏悔。

你只要让柔软的身体

爱它所爱。

让我们谈论彼此的绝望,

这个世界仍将继续。

同时,太阳,那纯净如鹅卵石的雨滴滚落过穿行的风景,

越过草原和幽深的森林,

在高山上,在河流边。

这时,野雁在洁净湛蓝的高空中

头朝着故乡。

无论你是谁,也不管有多么孤独,

世界正如你所想象,

召唤你,像野雁鸣叫那般,尖锐而激昂——

一遍又一遍地宣告

你在万物中的位置。

——玛丽·奥利弗(Mary Oliver),《野雁》(*Wild Geese*),

摘自《梦想书》(*Dream Work*)

失　控

　　父母都有失控的时候。我们发脾气。我们会失去理智。我们会失去平衡、原则、尊严、自尊。无论由什么引发，当这些发生的时候，我们都非常痛苦。

　　失控通常发生在我们精疲力尽、所承载负担已超出极限之时。极度的困惑会涌上心头，也许我们无法及时地认出它们，也许不知道如何去"换挡"，甚至已经疲于应付。失控有时会以尖叫、高喊或刻薄的话语等方式表现出来。有时候，我们会猛然抽孩子耳光。一旦发生此情形，我们会感觉糟透了——对自己生气，为孩子难过。突然之间，我们置身于梦魇中。我（麦拉·卡巴金）可以给你举个例子。

　　我正把女儿放到床上。她一直难以入睡，在 8 岁的时候，她依旧是个夜猫子，可以一直醒着。而晚上 10 点之后是我一天中最糟糕的时间。我无法很好地履行职责。我缺乏耐心。而她通常在就寝时分对各种事物都变得格外敏感：她想喝点东西，不想一个人待着，想留着灯，又嫌夜灯不够亮。

到了上床的时候，我陪她坐了一会儿。在那个特别的夜晚，我看出这将是一场持久战，而我实在太累了，不想待得太晚。于是，我对她说："睡我床上吧。"她照做了。但我说："在我床上，你要穿件衣服，这是规则，因为我不想整晚为你盖被子，好让你别着凉！"她明知这一点，反对归反对，还是穿上了一件衬衣。她随即开始挑剔这件衣服，对床又踢又捶。我又给了她一件更柔软、舒适的衬衣。此时，她更加生气，并开始咒骂我。她要开灯。我要关灯。渐渐地，这变成了一场意志的较量。我担心会吵醒她的姐姐，觉得自己陷入了困境，受到控制，感觉很无助。事态正朝某个方向发展着，而我似乎无法改变它。

接着我听到她的姐姐朝我们喊：小点声。她被吵醒了。我因此更加生气。我喊着要她安静。她继续弄出声响，捶着床，很不乐意。最后我感到沮丧、生气和无助，就打了一巴掌。她开始哭喊，并更响亮地尖叫。她姐姐又开始喊：安静点。我对自己打了她感觉格外糟糕。她大叫，说我虐待儿童，她要给警察打电话。我瘫软在羞愧和悔恨中，置身于一个巨大的噩梦里。在大约 20 分钟之后，我确定所有的街坊都听到了她的哭喊，她说要爸爸。但爸爸不在家。最后她开始呜咽："妈咪。"

我给她冰块和毛巾，陪她坐着，告诉她我刚才的行为很糟糕，告诉她我为伤害了她感到难受。终于，一个小时之后，她在我床上睡着了，依偎着我。我躺在那里，很清醒，感觉糟透了。

*

每个孩子都不一样。有些孩子每晚都抵抗上床睡觉的过渡时间，在早晨醒过来也同样困难。对另一些孩子来说，一个睡前故事或一首轻声的歌就够了。有时候，无论我们做什么，感觉都像正在朝灾难撞去。那天晚上，哄女儿睡觉，从在炉火边读故事开始，然后是坐在她床上画画——这个开端很温馨，却以大家的痛苦结束。

后来我自问：我本可以做些什么？有些时候，这个问题的答案非常清楚。但在这种情况下，一切并非那么清楚。也许如果我不坚持让她穿衬衣，就可以避免这次冲突。但她可能会反对其他东西。有时候，这样的晚间风暴似乎难以避免，仿佛它们会自导自演。但这一切真的有必要发生吗？有没有什么东西可以令她入睡的过程变得不那么困难呢？我该如何处理自己的怒气和困扰，而不至于把事情搞得更糟呢？我何时该放下坚持？何时又坚持得不够？我能否逆转事态？有时候，我们需要从一个更广大的角度来看待正在发生的事情。可能睡前仪式应该有所不同，需要更一致、更简单，并在孩子更小时就开始。

在风暴中，如果我停顿一会儿，对呼吸保持觉知，并意识到我不需要在那个时刻解决任何事情，可能会有些帮助。这样做，我可能得以避免只会令事情变得更糟的、失控的愤怒反应。

对我的举止表达悔意，对她的感受加以关注，而非不去面对和检视所发生的事，这对疗愈和学到一点东西格外重要。对我来说，这意味着承认所发生的一切是多么糟糕，而不是淡化这件事，或者责怪她。第二天，当风暴过去，一切都平静下来时，我们可以谈论所发生的事和自己的感受。但愿每当有这样的事件发生时，我们都能学到一些东西，减少它再次发生的可能性。

发脾气并伤害到孩子的后果是很可怕的。我们最不希望的就是对孩子造成伤害。当我们发现自己变得反应性很强的时候，选择权依然在我们手中——只要在事态白热化时记得停下来。尽力安住在身体中，安住在呼吸中，并带着善意和接纳去把觉知带到我们的所有感受中，无论那是沮丧、恐惧、愤怒还是其他什么。在这样的时刻，以这种方式，我们让自己变得柔软和开放的意愿蕴含着可以以更具智慧的方式回应孩子的可能性。

无以保证

父母们颇费周折地了解到，有很多事情我们无法控制，无论我们怎么做，都无法保证结果。而正念养育的一部分，正是去面对我们的期待和局限，并尽力处理每种状况，而不是强求某个确定的结果。

从怀孕的那一刻起，到孩子出生，以及在之后的年月里，有很多因素影响着一个孩子的人生轨迹和发展。有些因素是我们知道的，另外一些我们则不知道。有些是易懂的，有些则是非常神秘的。也许我们做的一切都"正确"，到头来却发现它们可能并不合适。还有些因素我们未曾觉察过，可能当时没有人能够觉察。说到底，我们只能依赖直觉、常识、觉知和信息，而最重要的是爱的结合。即使尽最大努力去满足孩子的需求，也必须认识到会有很多因素影响他们，而我们未必能够控制或预防。

最明显的例子是悲惨事故和创伤经历，这可能会让一个孩子永远改变，让家庭挣扎着调整他们的生活去满足孩子的需求；或是孩子的死亡，这给生者留下巨大的空洞。孩子的健康也可能因暴露于各种环境毒素中而受损害。有关这种危害的新信息层出不穷。环境中的很多化学制品都被认为将造成癌症和先天缺陷。另一些是神经毒素。酒、烟草、毒品、石棉、铅、砷和杀虫剂都会危害人类的健康，对孩子的影响尤其大。它们对健康的长期影响还有待更深入的研究。

作为父母，我们须得力求某种平衡：一方面，认识和接受自己存在知识上的局限，无法全面保护孩子；另一方面，明智地了解信息，并尽最大努力去保护孩子。我们之所以常常焦虑、担忧，是因为我们力不从心，要关心太多事情。找到已知的环境因素，并权衡它对每个家庭成员的风险，远不如忽视整个环境中的危险领域来得容易。

有时候，环境的危险就在你家门前，如加热管上分解着的石棉，或剥落的含铅油漆。有时候，鼻子会警告我们，有福尔马林等挥发性有机化合物，比如闻到那些新装的地毯和家具所散发出来的气味。有些东西则是我们的感官无法探测到的，如铅和水中的各种化学物质。水井的化学污染、食物中的杀虫剂、学校糟糕的室内空气质量，这些环境危害可能需要我们组织团体游说，为我们的孩子大声疾呼，保护或恢复环境安全。诚然，让孩子感觉到情感上的安全至关重要，但努力确保他们所处环境的安全也是父母的责任。

*

　　父母无法控制又必须处理的因素，还包括孩子天生独特的生理和情感特征。譬如，家长都知道，每个孩子生来都有独特的特征，会随着时间的推移而展现和改变。气质就是其中之一，德国哲学家和教育学家鲁道夫·斯坦纳（Rudolf Steiner）将气质分为四大类——胆汁质（暴躁、精力充沛、擅长运动、认真、意志力强）、忧郁质（内向、孤独、悲观、敏感、喜欢阴雨天气和悲伤的故事）、血液质（随和、健忘、善变、擅长社交、爱做梦）、黏液质（爱吃、喜欢舒适、内向专注、谨慎、善于观察、缜密）。[一]

　　我们都是以上各种气质的混合体，在不同的时间里，会由不同的特质占主导地位。情感热烈、难以满足的胆汁质婴儿可能会长成血液质儿童，也可能有忧郁质的影子。血液质的婴儿也可能长成一个有着强烈意志和火暴脾气的青少年。

　　有时候，孩子独特的气质特征会给父母带来很大的困难。而我们无意识的期望和自身的气质又会令情况变得更为艰难。在家庭中，不同的气质可能引发极大的冲突、未满足的期待及愤怒。热爱运动、成就斐然的父母可能很难理解喜欢蜷缩在书籍和零食之中的黏液质孩子；口才出色、言语导向的父母，在面对极端感性、寡言少语、有艺术天赋的孩子时，可能会感到不知所措。对孩子和自身特质的觉察，可以让我们

　　[一]　四种气质类型说的提出者或为古罗马医生盖伦（Galen），斯坦纳对其在儿童身上的体现做出了进一步的阐释。——译者注

变得更宽容和接纳，并能带着更大的洞察力去处理各种情况。

　　也许我们有一个很容易喂奶、擅长与人相处的宝宝，这会令我们内心升起期望。不料我们的另一个宝宝对吃奶不感兴趣，难以交流、联结，有腹绞痛或过敏。在一个随和、灵活的孩子之后出生的可能是一个在任何过渡期都有困难、把父母逼到极限的孩子。在一个学习有条理、热爱阅读的孩子之后出生的可能是一个难以打理自己、有阅读困难的孩子。

　　有些孩子似乎在各方面都比别人更困难些。他们可能生来就患有发育综合征，比如阿斯伯格症、自闭症等，或者患有精神分裂症或双相情感障碍。其他人可能遭受创伤，并经常遭受其持久和痛苦的后遗症。有些孩子可能会被吸引到令人担忧、充满危险和破坏性的道路上。在这些情境下，父母要应对家庭内部极端棘手、复杂、难以预见、令人筋疲力尽的现实。培育更大的正念无法使境况奇迹般地好转起来，或者确保孩子与我们不再承受痛苦。但它带给我们的是一种实践，它培养了我们对孩子和我们自己更大的接纳和同情，这是安慰与力量的源泉。

　　正念养育对我们有很多要求。既需要去做深刻的内在工作，也需要去做深刻的外在工作。我们的觉知必须包含全部。我们是为了孩子而这样做的，同时我们明白没有万无一失。

迷 失

　　但丁在《神曲》开篇写道："在生活之路的中间，我发现自己身处黝黑的树林。没有清晰的道路。"换言之，他迷失了。他的诗句告诉我们，从隐喻的角度来说，为了真正地了解自己究竟在哪里，一个人需要先潜入地下，进入黑暗的地狱。只有这样，他才有可能升入天堂。

　　当我们觉得迷惘时，可能在经历黑暗、绝望或困惑之事，不妨问问自己："我怎么会来到这里？""我在哪里？""我如今身处何处？"

　　一旦我们开始关注，就不再迷失了。我们就在自己所在之地。无论是从身体上来说，还是象征性地来说，当我们失去方向感时，当我们在养育、工作或整个生活领域中不知所措时，我们现在所在之处永远是一个好的起点。

也许从某种角度来说，我们一直都是迷失的，因为我们并不是全然清醒的。也许最重要的是我们全然安住于当下的意愿，无论是黑暗还是光明，都无须到别处去。只有这样，当行动的时机到来时，我们才有可能知道该往哪里迈出脚。

戴维·瓦格纳（David Wagoner）根据美国西北部原住民传统所写的诗歌《迷失》就捕捉到了这种精神。年轻孩子来到长辈面前问："当我迷失在森林中时，我该做什么？"长老的回答如下：

> 安静地站在原地。前面的树和你身旁的灌木丛并没有迷失。
> 无论你在哪里，都是此地，
> 而你必须把它当作强大的陌生人，
> 必须征得允许去了解它，并被它所了解。
> 森林呼吸着，聆听着，回答着，
> 我在你四周营造了这个地方，
> 如果你离开它，你可以重新回来，回到此地。
>
> 对渡鸦来说，没有两棵相同的树。
> 对鹪鹩来说，没有两根相同的树枝。
> 如果一棵树或一丛灌木令你迷失，
> 那么你就真正迷失了。安静地站着。森林知道你在哪里。
> 你须得让它找到你。

这首诗提醒我们，生活有赖于对事物细节的敏感。如果一座森林、一棵树或是一个孩子的神情令你迷失，那么，你一定在某种较深的层面上迷失了。这召唤着我们去关注，去在处境中觉醒，对面前和四周的此时此地，觉醒。我们能否学会安静地站在原地？我们能否听到生命与世界之林的呼吸，让我们安静片刻，去觉醒，去感受万物休戚相关，去认识到每个瞬间都独一无二的召唤？我们能否这般去倾听孩子？

　　这是把正念融入养育的挑战，尤其在那些看似黑暗的时刻，尤其在我们感到漂泊不定、失落和迷失的时候。我们能否在那里、那时安静地站在原地？我们能否存在于此时、此地，专注于感知最根本的东西，并跟随它的引领？

一切都来得及

在某种程度上，我们都是时代的产物。作为父母，我们所做出的教养选择受到所处时代及主流价值观的影响，也受到自己的父母、朋友，当然，还有"专家"的影响。无论是父母抚养我们的方式，还是儿科医生的善意劝告，我们都倾向于相信权威的言论，却忽视了其社会背景。在每个人都用奶瓶喂孩子的时代，在一个缺乏支持、指导和模范的环境里，亲自去哺育婴儿是一件困难的事。也许我们成长于一个从不互相拥抱、情感得不到确认或者爱永远有附加条件和期待的家庭。我们可能把那种存在方式带进了对子女的养育中，依赖熟悉和舒适的感觉，却不多加思考，或是不能鼓起勇气或决心逆流而行。

有时候，对于为人父母时所做的一切，我们都感到不自在，我们的直觉可能会表达出这份不适或渴望其他东西，但我们可能觉得自己别无选择、别无他法。我们的情感、本能和直觉可能都已被深深埋藏，也许日后只能徘徊在后悔、伤心与痛苦之中。

我们竭尽所能，但与此同时，我们对事物的看法永远是片面的，且不可避免地会改变着。我们都心怀悔意，永远是事后诸葛，希望当初能够采取不同的行动。

*

一个成年子女的母亲给我们寄来了她在遇见我们的几年前写的反思性文字。

当我生第一个孩子的时候，我自己也只是个孩子。23 岁的人希望的是去欧洲游历，或是去读研究生，又或是同一个星期与几个男生约会，而不是换尿布、给玻璃奶瓶消毒、把婴儿用的棉布垫在大腿上。但这是 60 年代⊖初期，一个好犹太女孩除了嫁给一个好犹太男孩，再生个小孩，还有什么可做的呢……

这是 60 年代初期，我开始阵痛时，丈夫只是把我送到医院，医生说会打电话到我家里告诉他……不要担心，抓紧时间睡一会儿。"再见，亲爱的。"他说道。我坐在轮椅里，护士推着我，看着我瘦弱的身形，她问我："你为什么来这里？""生孩

子。""孩子在哪里呢?"她看着我的肚子问道。这是60年代初期,体重增加得越少越好,时兴的是把凸起的肚子藏起来。让肚子显现出来就像在开花一样,是绝对落伍的。

我被推进产房。这是60年代初期,分娩时保持知觉是落伍的……时兴的是失去知觉、无痛分娩,我被打了针,以催生睡意。在产房里我什么也感觉不到、看不到。我唯一记得的是有人摇着我的手臂,我依稀听到:"你生了个男孩。"这是60年代初期,直到分娩后好几个小时我才见到我的儿子。在60年代初期,医院里不允许母婴同房间睡,父亲只能在指定时间来探望。母乳喂养落伍了……奶粉则很时兴……由护士来照顾婴儿4个星期才是时兴的……与婴儿的联结……哎,没什么人谈论母婴之间建立联结的过程。

我和丈夫就算当了父母,自己也依旧像是孩子。我们俩没想过一些深层的问题,当护士在4个星期后离开时,我开始哭泣。冲击力实在太大了。在23岁这个年纪,我就被束缚住了。每一天的日程安排都是喂奶、换尿布、洗澡和睡觉。那些建议听得我耳朵都起了老茧:"不要宠坏他……不要抱他……让他哭。我们那时就是这样带你的。听我们的话……我们是你的父母,已经养大了两个孩子,我们知道什么是对的。最糟糕的是在他哭的时候你认输了……哦,你可以看看他是否需要换尿布或者喂奶,但如果他不需要,就听任他哭,最终他会睡着的。"

我接受他们的规劝……我想做个好母亲,拥有一个不被宠坏的孩子,于是我喂奶,换尿布,给孩子洗澡,当他哭的时候,我让他哭。

宠坏这个词听上去很刺耳……它唤起了一些不愉快的回忆，当年我的父母说我被宠坏了……

"你应该感谢你已经拥有的……我们为你所做的……其他孩子都没有你所拥有的这么好……我们真是宠坏了你……"

我看着我的宝宝……我不会屈服于他的哭声。

这是60年代初期，时兴的是让管家住在家里、参加乡村俱乐部、打室内网球联赛。这些我都没有参与，但我也没有满足儿子对亲密和接触的基本需求。直到25年之后，我才听说了联结这个词。

在80年代早期的某些时候，我开始注意到有些女人在公共场所、在安静的居家环境里给孩子喂奶。在电视节目上，我得知有各种需求是可以的。我听到诸如接触、温暖和联结这样的词。我内心深处有着巨大的悲伤，想痛哭。我渴望重新回到还是宝宝的儿子身边，将他抱起，亲吻他的眼泪；我渴望能够抱他在怀里，哄他入睡，但再也没有第二次机会了。

已经是90年代了……我的儿子已经长大成人，对我来说，感受痛苦与情感正当时。

*

对错失机会的悲伤，对某个时间里所做之事与未做之事的悲伤，深埋于人类的心灵中。它让我们渴望疗愈孩子和自身的痛苦，使彼此更加亲近。我们不得不承认，过去无法重来，只能被深深地理解，被深深地感受，因着我们的确认和接纳，这些感伤可能转化成一种新的可能性和希望。新的可能性只存在于当下。承认我们的痛楚、感伤，以及我们所造成的痛苦，是塑造那些可能性并给予自己某种新生的一部分。这可能需要蜕掉一些陈旧的东西，无论我们和它们粘得有多么牢。

在我们看来，孩子可能因为我们过去的无知（无论有多无辜或情有可原）以及缺乏注意、忙碌、忽略、拒绝给予、评判或虐待而受到伤害。无论如何，尝试与成年子女修复关系永远不迟，哪怕他们不信任我们，哪怕他们因为我们过去的态度和行为而气愤。

我们可以通过书信或面谈的方式尝试疗愈这些伤口，与成年的孩子分享我们对那些伤害或被忽视之事的懊悔和认识。以书信的方式开启交流可能较为敏感，尤其是如果孩子觉得我们侵犯了界限或未考虑到界限。为了拥有真实的价值，这一方式必须展现真正的友好姿态，并把孩子的幸福放在首位。有时，虽然难以接受，但还是要承认这种可能性：无法弥补的伤害已经造成，和解已不复可能。我们的立场需要超越寻求同情、理解、保证或关爱，超越任何解释内疚的欲望。当这些情感出现时，我们可以予以确认，但随后要把注意力带回到"什么对孩子最好"这个问题上，哪怕孩子已经成年。

*

把正念融入与成年子女的关系时，我们的假设和期待可能会在某些方面让孩子觉得受到限制和不尊重，认识到这一点非常重要。同样重要的是，对于他们在生活中可能面对的要求和压力，我们要有更大的同理心和更多的认识。

这并不意味着，在与成年子女的互动中，我们不能表达自己的情感或需要。当令我们不安的事情发生时，觉察这份不安，并尽早沟通，而不是让情绪积累。当我们有求于他们时，记着他们已是成年人，有说"不"并表达相应情感的自由，这可能会对我们有帮助。

如第一次见面那般看待我们的成年子女，这样做将是有益的。这并非在说将他们视为新生儿，而是说视他们为新的存在。任何在一起的时刻，哪怕只是在电话里，都是一个崭新的机会，让我们全然临在、建立信任、与他们保持谐调、敏感、富有同理心、接纳他们并尊重其自主权。

如果有时我们陷入了旧有的惯性模式，发现自己挑剔、刻薄、评判、苛求、不愿付出或呈现出任何负面形象，我们都可以花一点时间，看看究竟发生了什么。我们可以承认自己的所作所为，从中吸取教训，并为之道歉。然后……我们可以重新开始。

*

西方医学源自希波克拉底（Hippocrates），以不伤害为首要原则。希波克拉底誓言可能也需要我们在养育中的集体确认：不伤害是第一要务。这本身就是一种修习。如果没有正念，我们怎么知道自己是否在某一刻做出了伤害行为，又怎么事后反思呢？

正念关乎活出我们本该活出的生命。只有当我们留出空间，令我们的本性（内在最深刻、最美好的东西）一一呈现时，它才有可能发生。诚然，我们出生时都很美好，但倘若没有适当的滋养，天赋就会因缺氧而窒息、被扼杀。而滋养我们本性的氧气存在于宁静、专注、爱、自主权和社区中。正念养育的挑战在于，寻找能够同时滋养孩子和我们自己的路，在普通而又伟大的旅程中保持觉知，进而成长为我们真实的样子，为孩子，为自己，也为世界。

正念养育中的四种正念练习、七个意图和十二项练习

后 记

日常生活中的四种正念练习

1. 沉入当下

这是在日常生活中培育正念的核心练习。无论正在发生什么，无论何时，只要你愿意，你都可以让自己沉入当下。你能否保持片刻的安静，领会内心和外在正在展开的一切？

你可以从意识到呼吸进出你身体的感觉开始，有时可以在与人接触时这样做。哪怕只有几秒钟，吸气一次、呼气一次，都能帮助你更好地全然临在。如果你愿意，就可以让它延长得更久。这意味着把当下当成朋友一般，温柔地对其保持觉知。

你也可以试着扩大一下觉知，将身体视为一个整体，在觉知呼吸时将其包括进来……注意到身体中那些明显的感受……压力或紧张感……

试着扩展觉知的范围，包括可能升起的念头……认识并接受它们是念头，是觉知范畴中的活动，犹如天空中的云朵一般来了又去。

同时注意任何可能存在的情感或情绪，无论是愉快的、不愉快的，还是中性的……为它们铺上"迎宾毯"，不要评判它们。如果发现自己在做评判，留心就好……

感受一下，这些情感或情绪在身体的哪些部位。

尽你最大努力，温柔地安住于觉知中，一个片刻接着一个片刻……体会生命在此时此地的展开……

当你意识到自己被念头或其他事情裹挟（这会自然并且频繁地发生）时，注意头脑中有什么，觉察它，然后温柔地将注意力重新带回呼吸和身体此刻的体验上。

2. 与孩子同在的觉知

不妨选择一天中的某个时间，尝试一下将全然临在和注意力带到正在发生的事情上。可以是早晨叫孩子起床时，或是帮他们准备上学时，或是他们刚从学校回家时，或是就寝时分，或是换尿布、哺乳时，或任何时候。

最重要的是，只是体验与孩子共处的这一刻，全然临在，不去想接下来的任何事情……只在这个永恒的瞬间里。

如果你迷失在想法中（我们都会这样），那你永远都可以回到呼吸和对整个身体的感觉上，安住于此刻，然后将注意力重新放到孩子身上。如果你注意到心念从一个地方跳到另一个地方，或是心烦意乱，或是一直想着其他事，请注意它去了哪里，然后温柔地把它带回此刻。如果你愿意，尽量频繁地练习。

3. 练习接纳

你可能会发现，当评判浮上心头时，特别留意它的内在景观是有益的——头脑执着于想法和意见，执着于非黑即白的思考，想要守住喜欢的、推开不喜欢的。当你注意到你又开始做评判时，留意一下想法的内容，然后温和地把注意力带回到呼吸上，回到丰盛的当下，回到孩子、伴侣或是工作上。

请记住，正念可以被简单地描述成：当我们有意识、不带评判地关注此时此刻时所呈现的觉知。那并不意味着你不会有评判。你当然有，而且有很多！我们都会有。但是，我们可以不对想法做出评判，而是尽可能单纯地视其为往往伴随着这样或那样的强烈情绪的念头，就像在空中飘浮的云，来来去去，有时逗留，但此时不需要去对抗、纠结或评判。

你可以尝试在每一天中选择一段时间来有意识地努力接纳事物（孩子、你自己、在那个时刻里发生的事）的本来面貌，以此培育更广泛的接纳——放下改变事物或想让事物有所不同的想法。试着把怀着开放之心和洞察力的临在融入这个"接纳"的时刻。

4. 对孩子的反应与回应

当孩子说了或做了什么时，区分你的自动的无意识反应与带着极大的正念和意图的回应是十分有帮助的。当你发现自己在失察中做出反应时，你可以把注意力带到正在发生的事情上吗？这样的反应可能包括一系列的想法和情感，从轻微的气恼和恼怒，到被愤怒、受挫、恐惧等情绪所劫持。

在这种时候，你可以把觉知带到身体和呼吸上。这包括将好奇心、开放、"温情"的关注带到任何可能影响这一刻的想法和情感上。你可以注意到浮现的任何事物，然后尝试与升起的想法和情感共同呼吸，不迎不拒，也不多想。只是带着善意，用觉知拥抱它们。在情绪激烈的时候，这可能是相当具有挑战性的，但随着时间流逝，这样的修习可以带来新的领悟和机会。

接受这个时刻的情绪强度后，你能看到有哪些回应方式会少些自动性，且更合适、更有利于建立信任吗？哪怕你有着强烈的冲动去解决或改变处境，也不要立刻那么做，这可能会大有裨益。在那个时刻，你可以试着从孩子的角度来看事情。孩子的感受和需求是什么？需要从你那儿得到些什么？你能否寻找到与他们保持联结的方法，听出他们话语背后真正的感受，或许去对你从他们那里听到和感受到的东西加以确认，并且尽力安住在自身——一座处在此刻的波涛汹涌中的稳固岛屿？如此，此刻究竟需要什么或许会变得更加明晰。

如果你困惑而迷茫，不知该做什么，不知该如何应对有挑战性的时刻，那就请考虑什么都不要做——至少现在别做。

如果你发现自己变得被动，被情绪裹挟，无法改变事情的进程，那么可以随后花点时间反思所发生的事。身为父母，你会得到很多练习机会来打破习惯性模式。

正念养育中的七个意图

意图：指导行动的目的。

我们设定的意图将提醒我们，什么才是重要的。当我们形成加深正念的意图时，这个意图会聚焦并塑造我们的选择和行动，包括在我们很可能被裹挟并陷入无觉知的那些时刻。我们临在的可能性和对生活中重要之事的敏感性将得到极大提高。在生活中引入正念，永远不会太迟。有意识做出承诺的那一刻，就是开始的最好时刻。

下面是一些可能对你有所帮助的意图。当然，最重要的是创造你自己的意图。

1. 我把养育看成一种意图训练，一种在关系中存在的体验，这份体验使我有机会培育自觉、智慧和开放的心态。

2. 我将养育视为一个机会，愿我能够认识并体现自身最深刻、最美好的部分，并向孩子和世界表达它。

3. 我将更大的正念和洞察力带入日常生活，尤其是在与孩子的相处中。我运用对身体和呼吸的觉知来安住于当下。

4. 我尽一切努力看清孩子的本来面目，并记得接受每一个年龄阶段的他们，而不被自己的期待和恐惧所蒙蔽。

5. 我尽一切努力从孩子的角度看事情，了解孩子的需要，并尽力满足这些需要，包括牢记他们需要学习自己做事，而且难免面临严格的限制。

6. 我理解自己和孩子在生活中遇到的一切，包括那些最黑暗、最艰难的时期，并利用它们加深自己的同理心与慈悲。

7. 我把这些意图种在心里，决心每天都以尊重孩子和自己的自主权的方式尽力付诸实践。

正念养育中的十二项练习

1. 尝试从孩子的视角想象这个世界。每天至少花些时间这样做，提醒自己：孩子是谁，在这个世界中可能有哪些经历、感受。

2. 从孩子的角度想象一下你的模样和声音，即此刻作为父母的你是怎样的。这种觉知会如何改变你的言谈举止？你想如何与孩子在此刻相连？

3. 练习将孩子看作完美的人。看看你能否在每一刻里对他们的自主权保持正念，并努力用善意接纳他们，特别是当你难以做到时。请记住，这与你是否喜欢或赞成他们的行为无关。

4. 觉察你对孩子的期待，并考虑它们是否真的适合孩子的年龄、符合孩子的利益。这是一个持续性的过程，包括质疑自己的假设，并努力看到自己可能会错过什么。觉察你是如何用行动或言语传达这些期待或限制的。当你必须建立坚定而合适的边界时，要确保它们前后一致，且与你对孩子需求的理解相一致。留心你关于事情进展的结尾陈述（比如"现在是上床睡觉时间"）是否带有敷衍的意味，比如只是加上一句："行吗？"

5. 练习无私的爱，对他人福祉的无私关切。在孩子年幼时，这自然意味着把他们的需要置于你的需要之上。当他们渐渐长大时，这可能意味着给予他们更多的责任和力量去满足他们自己的需要。你可能会惊讶于孩子的需要和我们的需要有这么多重叠之处，特别是如果你极富想象力和耐心。

6. 当你感觉迷失或不知所措时，安静地站着，如同戴维·瓦格纳在诗中所言："森林知道你在哪里。你须得让它找到你。"通过把你全部的注意力集中到你的处境、孩子、你自己和家庭中来进行整体冥想。这样做，你可能会超越思考，甚至超越周密的思考，用你的整个存在（你的身体、头脑和心灵）直觉地感知真正需要做什么。如果不是很清楚，那最好什么都不要做，直到情况变得更加明朗。

7. 尝试具身体现静默的存在。随着时间流逝，它会从正式和非正式的正念修习中呈现，你会发展出更大的自我觉察，并与自身内在的舒适和从容保持更好的联结。

8. 学着与压力共处，但不失去平衡。练习这样进入每一刻，无论有多么困难，都不想着改变任何事物，也不期待特定的结果。只是把你全部的觉知和存在融入此刻。练习看待问题的新视角——无论出现什么，都是"可以与之共处的"，尽力相信你的直觉和本能。孩子在年幼时需要你做一个平衡、值得信赖的中心，一个可靠的地标，帮助他们在自己的内在景观中确定方位。

9. 如果失信于孩子，你要道歉。道歉有疗愈的作用，它显示出你已经对某个状况做了思考，并能够看得更加清楚，也许能更多地从孩子的角度来看事情。但我们需要对过多的"对不起"保持觉知。因为如果我们总是这样说，或是把后悔变成一种习惯，那么道歉就会失去原有的意义。它可能变成我们拒不承认自身行为责任的方式。对此保持觉知是很好的。偶尔咀嚼懊悔是有价值的冥想修习。

10. 许多时候，我们需要练习用清晰、坚定的态度对待孩子。这些态度都应该出于觉知、开放的心和洞察力，而非出于恐惧、自以为是或控制欲。

11. 你可以尝试常规地使用慈心练习，把每一个孩子抱持在你的心里片刻，并祝福他。你可以默默地祝福："愿他安全，免受伤害。""愿他幸福。""愿他健康。""愿他自在地生活。"

12. 你能给予孩子的最好的礼物就是你自己。而这意味着，为人父母的你有一部分工作就是不断在自我认识和觉知上获得成长。我们需要安住于此刻，分享自己身上最深刻、最美好的部分。这是一种终身的修习。以令我们感觉舒适的方式为安静的冥想留出时间，这样做将支持这种修习。此刻是我们唯一的拥有。让我们为了孩子，为了自己，对此刻善加使用。

正念

多舛的生命：正念疗愈帮你抚平压力、疼痛和创伤（原书第2版）

作者：（美）乔恩·卡巴金（Jon Kabat-Zinn）著 ISBN: 978-7-111-59496-3

正念减压（八周课）权威著作

正念：此刻是一枝花

作者：（美）乔恩·卡巴金（Jon Kabat-Zinn）著 ISBN: 978-7-111-49922-0

正念练习入门书

全 年 龄 段

《叛逆不是孩子的错：不打、不骂、不动气的温暖教养术（原书第2版）》
作者：[美] 杰弗里·伯恩斯坦　译者：陶志琼

放弃对孩子的控制，才能获得更多的掌控权；不再强迫孩子听话。孩子才会开始听你的话，樊登读书倾力推荐，十天搞定叛逆孩子

《硅谷超级家长课：教出硅谷三女杰的TRICK教养法》
作者：[美] 埃丝特·沃西基　译者：姜帆

"硅谷教母"埃丝特·沃西基养育了三个卓越的女儿，分别是YouTube的CEO、基因公司创始人和名校教授。她的秘诀就在本书中

《学会自我接纳：帮孩子超越自卑，走向自信》
作者：[美] 艾琳·肯尼迪-穆尔　译者：张海龙　郭霞　张俊林

为什么我们提高孩子自信心的方法往往适得其反？
解决孩子自卑的深层次根源问题，帮助孩子形成真正的自信；
满足孩子在联结、能力和选择三个方面的心理需求；
引导孩子摆脱不健康的自我关注状态，帮助孩子提升自我接纳水平

《去情绪化管教，帮助孩子养成高情商、有教养的大脑！》
作者：[美] 丹尼尔·J.西格尔　等译者：吴蒙琦

无须和孩子产生冲突，也无须愤怒、哭泣和沮丧！用爱与尊重的方式让孩子守规矩，使孩子朝着成功和幸福的人生方向前进

《爱的管教：将亲子冲突变为合作的7种技巧》
作者：[美] 贝基·A.贝利　译者：温旻

美国亚马逊畅销书。只有家长先学会自律，才能成功指导孩子的行为。自我控制的七种力量和由此而生的七种管教技巧，让父母和孩子共同改变。在过去15年中，成千上万的家庭因这7种力量变得更加亲密和幸福

更多>>>

当代正念大师
卡巴金作品

《正念：此刻是一枝花》

《多舛的生命》

《穿越抑郁的正念之道》

《正念地活：拥抱当下的力量》（待出版）

《觉醒：在日常生活中练习正念》（待出版）

《正念疗愈的力量：一种新的生活方式》（待出版）

《正念之道：疗愈受苦的心》（待出版）